KB212459

명상 입문

명상 입문

2021년 11월 10일 초판 1쇄 인쇄
2021년 11월 20일 초판 1쇄 발행

지은이 김재천
펴낸이 정창진
펴낸곳 도서출판 여래
출판등록 제2011-81호
주소 서울시 관악구 행운2길 52 칠성빌딩 5층
전화번호 (02)871-0213
전송 0504-170-3297

ISBN 979-11-90825-10-8 03200
Email yoerai@hanmail.net
blog naver.com/yoerai

값은 뒤표지에 있습니다.

명상입문

지은이 / 김재천

여래

서문

영조 때 시조작가 김천택金天澤이 시조 580수를 엮어 편찬한 『청구영언青丘永言』(1728)에는 "말하기 좋다하고 남의 말 말을 것이, 남의 말 내하면 남도 내 말 하는 것이, 말로써 말 많으니 말 말을까 하노라"라는 작가 미상의 시조가 수록되어 있다. 그리고 대승불교의 공사상을 확립한 인도의 나가르주나(nāgārjuna, 龍樹, 150~250)는 『중론』에서 우리의 전도된 인식을 깨고 사물의 진상인 연기(緣起, pratītya-samutpāda)와 공(空, śūnya)을 보기 위해서는 희론(戱論, prapañca: 말 · 형상 · 개념 · 분별을 일으킴)을 적멸(寂滅, upaśānta: 고요하게 함)해야 한다고 주장한다. 인류의 문명은 1만 년 전 정착생활을 시작하면서 비약적으로 발전하였다고 하는데, 그 근저에는 인간의 자랑인 언어가 자리잡고 있다. 그러나 그 언어로 말미암아 인간의 역사는 엄청난 폭력과 불행으로 점철되어 있다. 언어는 사회를 만들고, 사회는 계급을 만들고, 계급은 인간을 나락으로 떨어지게 만들어왔다. 위대한 선각자들의 깨달음은 언어를 통해 전승되면서 왜곡되고 오염되고 일부계층의 독점물로 전락하였다. 논쟁적 말싸움은 교리 · 사상 · 철학 · 이념의 이름으로 인간 위에 군림하면서 허상과 우상을 좇게 만들어 선각자들의 바람과는 십만 팔천리 멀어지게 만들었다.

'명상(冥想, 瞑想)'이라는 단어는 일본의 명치유신(1868) 이후에 서양의 '메디테이션meditation'이나 '컨템플레이션contemplation'을 번역하면서 불교의 용어인 '명사(冥思=冥慮: 불 · 보살의 깊은 생각)'를 원용하여 만들어진 것으로 보인다. '메디테이션'은 사전적으로는 "종교적 수행으로서 또는 일상의 문제를 더 잘 처리할 수 있기 위해서 얼마동안 고요하고 조용한 상태에 머무는 행위다"라거나 "오랫동안 매우 조심스럽고 깊이 있게 무엇을 생각하는 행위다"라고 정의하고 있고, 국어사전에서 '명상'은 "고요히 눈을 감고 깊이 생각함. 또는 그런 생각"이라고 풀이하고 있다. 메디테이션과 컨템플레이션이라는 개념은 세계종교의 역사적 · 문화적 지형에서 매우 다양한 형태로 나타나 수행 · 수양 · 수련 · 수도 또는 다라나(dhāraṇā, 受持, 總持) · 다냐(dhyāna, 靜慮, 修定, 禪定) · 요가(yoga, 修習, 修行) · 사마디(samādhi, 寂定, 三昧) · 바바나(bhāvanā, 修習, 修定) 등 다양한 용어로 사용되고 있는데, 영어권에서는 두 단어가 뚜렷하게 구분되고 있다. 먼저 메디테이션은 컨템플레이션의 성취을 위해 꼭 필요한 준비적인 단계로 보는데, 메디테이션은 상징 · 교리 · 사상에 생각의 초점을 맞추는 인식적이고 지적인 단계이고 컨템플레이션은 추론적 사고와 추리를 넘어 영적기능으로 직접 보는 것이다. 스코틀랜드 태생의 영적 작가이자 신학자인 세인트 빅터의 리처드(Richard of St. Victor, 1110~1173)는 이를 "메이테이션은 연구하는 것이고, 컨템플레이션은 경탄하는 것이다"라고 간결하게 정리했다. 컨템플레이션은 고행적 탐구의 목적이라고 할 수 있는데 특히 유대교 · 그리스도교 · 이슬람의 유일신 전통에서는 신의 은총으로 개인에게 주어지는 축복받은 통찰이라고 해석한다. 아무튼 명상이라는 말 자체는 최근에 만들어진 것으로 고대부터 동서양에서 전해 내려오는 그 전승을 정확하게 지칭하는 용어일 수는 없지만, 현대의 우리에게는 너무나 익숙한 용어가 되었으므로 이 책의 제목도 그렇게 잡았다.

명상이라는 것이 현대사회의 보편적인 문화현상으로 대두하기 시작한 것은 대체로 인도의 마하리시 마헤시 요기(Maharish Mahesh Yogi, 1918~2008)가 1959년, 미국에 전파한 뒤부터라고 볼 수 있다. 그는 초월명상(Transcendental Meditation=TM)이라는 스트레스나 긴장 · 두려움으로부터 벗어나게 하며 몸과 마음을 회춘시켜주는 작용을 하는 비종교적인 명상기법을 창안하여 미국과 서유럽사회에 큰 반향을 불러일으켰다. 그리고 명상이 정신적 · 신체적 질병 예방과 치유에 탁월한 효과가 있음을 의학 · 심리학 분야에서 앞다퉈 연구하고 입증하여 이후 세계적인 하나의 사회적 유행을 이루어 오늘날까지 지속되고 있다. 우리나라에서는 소설 『단丹』(1984)이 출판되고 '국선도'(1967)나 '요가협회'(1970), '단학선원'(현 단월드, 1985) 등의 수련단체들이 창업하면서 개인주도의 자기계발과 자가치유 건강법을 찾는 사회적 현상이 큰 흐름을 이루게 되었다. 그러나 명상의 남발 · 난무 · 범람 · 오도는 명상의 본래적 의미를 퇴색하게 만들어 오히려 사회적 문제를 야기하기도 하였다. 해서 명상이 무엇인지 차분히 앉아서 되돌아볼 시점에 왔다고 볼 수 있다.

동서양의 자료들을 찾아보면서 명상 또는 깨달음은 한마디로 진리를 보는 것, 즉 직관(直觀=直覺; 감각, 경험, 연상, 판단, 추리 따위의 사유 작용을 거치지 않고 대상을 직접적으로 파악하는 작용)하는 것임을 알게 되었다. 그리고 선각자는 사랑과 자비의 마음으로 우리가 직접 진리를 보라고 독려하는데, 그 후계자를 자처하는 사람들은 자기 말을 무조건 믿으라고 강요하며 권위주의를 내세우는 모습도 공통적으로 나타나고 있다. 진리를 스스로 직접 볼 것이냐, 남의 말을 무조건 들을 것이냐, 명상의 중요한 관건이라고 생각한다.

필자의 저작 의도는 다음 두 가지다.

첫째, 가급적 최초 선각자의 원전에 있는 자료를 찾아서 그대로 소개만 하고자 하였다. 필자의 성숙하지 못한 식견이 괜히 끼어들지 않도록 노력하였다. 그러나 목차 자체가 필자의 시선이라는 것은 숨길 수가 없다.

둘째, 원전의 본래 표현을 되도록 가공하지 않고 소개하여 독자 스스로 음미하고 판단해보기를 원했다. 2차 · 3차 해석 · 재해석을 거치는 동안 원래의 길에서 조금씩 벗어나 왔다고 보기 때문이다. 특히 한국의 명상 편에서는 우리 선조들이 단군을 어떻게 인식해왔는지 문헌에 나타난 것을 일부 인용하여 조금 길게 소개하였다. 우리 문화와 수행전통의 뿌리가 거기에 있다고 생각했기 때문이다.

아무쪼록 이 책이 조그만 계기가 되어 명상의 본래 의미를 독자 스스로 찾아나가기를 간절히 바란다. 그리고 이 책을 엮을 수 있게 만들어주신 각 분야의 연구자님들과 '여래'의 정창진 님에게 감사한 마음을 전하며 모두의 무궁한 정진을 기원한다.

저자 김재천

차례

제2장 인도의 명상

제3장 중국의 명상

제1장 한국의 명상

제1장 한국의 명상

1. 단군의 인식

한국문화의 기원은 단군신화이고, 이를 담고 있는 현존 최고의 기록은 일연(1206~1289)의 『삼국유사』(1281)이다. 여기서 환인을 '제석'이라고 풀이하였는데, 제석은 산스크리트어로 śakra devānām indra(釋提桓因)이다. 샤크라śakra는 인드라신으로 '석', '석가釋迦'(음사), '제석帝釋', '천주', '제석천주'이고, 데바devā는 '천天' 또는 '천신'이고, 인드라는 '인因'(음사), '제帝', '천주', '제석천'이다. 제석은 곧 '하느님'을 뜻하며, 환인은 한님, 환웅은 한울을 음사한 것이라고도 한다.

고조선[왕검조선]

『위서魏書』에 이렇게 말하였다.

지금부터 2000년 전에 단군왕검壇君王儉이 있어 아사달(『(산해)경』에

무섭산이라 하고, 또 백악이라고도 이르는데, 백주 땅에 있다. 개성 동쪽에 있다 했으니, 지금의 백악궁이다)에 도읍을 정하고 나라를 열어 '조선'이라고 불렀으니, 바로 요(堯: 원문에는 고려 정종의 이름 '요'를 피휘하여 '고高'라고 표기함) 임금과 같은 시기이다.

『고기古記』에는 이렇게 말하였다.

옛날 환인(제석을 말한다)의 서자 환웅이 자주 천하에 뜻을 두고 인간 세상을 탐내서 구하였다. 아버지가 아들의 뜻을 알고는 삼위태백을 내려다보니 인간을 널리 이롭게 할[弘益人間] 만하여, 즉시 천부인 세 개를 주어 내려 보내 인간 세상을 다스리게 하였다. 환웅이 무리 3,000명을 거느리고 태백산(: 지금의 묘향산) 꼭대기 신단수神壇樹 아래로 내려왔다. 이곳을 신시라 하고 이분을 환웅천왕이라 한다. 풍백 · 우사 · 운사를 거느리고 곡식, 생명, 질병, 형벌, 선악 등 인간세상의 360여 가지 일을 주관하여 세상을 다스려 교화하였다[在世理化].

그 당시 곰 한 마리와 호랑이 한 마리가 같은 굴속에 살고 있었는데, 항상 환웅에게 사람이 되기를 기원하였다. 이때 환웅이 신령스런 쑥 한 다발과 마늘 스무 개를 주면서 말하였다. "너희가 이것을 먹되, 100일 동안 햇빛을 보지 않으면 곧 사람의 형상을 얻으리라." 곰과 호랑이는 그것을 받아먹으면서 삼칠일 동안 금기했는데, 곰은 여자의 몸이 되었지만, 호랑이는 금기를 지키지 못하여 사람의 몸이 되지 못하였다. 웅녀는 혼인할 상대가 없었으므로 매일 신단수 아래에서 아이를 가질 수 있게 해달라고 빌었다. 환웅이 잠시 사람으로 변해 그녀와 혼인하여 아들을 낳았으니 단군왕검이라고 불렀다.

단군왕검은 당요唐堯가 즉위한 지 50년이 되는 경인년(庚寅年: 당요가 즉위한 원년이 무진년이니, 50년은 경인년이 아니라 정사년이므로 아마 사실이 아닌 듯하다)에 평양성(지금의 서경이다)에 도읍을 정하여 비로소 조선이라고 불렀다. 다시 도읍을 백악산 아사달로 옮기니, 그곳을 궁(어떤 곳에는 方으로 되어 있음)홀산弓忽山 또는 금미달이라고 부르기도 한다. 그는 1,500년 동안 이곳에서 나라를 다스렸다. 주나라 무왕이 즉위하던 기묘년에 기자箕子를 조선에 봉하였다. 이에 단군은 장당경藏唐京으로 옮겼다가, 그 후 아사달로 돌아와 숨어살면서 산신이 되었는데, 이때 나이는 1,908세였다.

당나라 『배구전裵矩傳』에는 이렇게 말하였다.

고구려는 본래 고죽국(지금의 海州이다)이었는데, 주나라에서 기자를 봉하면서 조선이라 하였다. 한나라가 세 군으로 나누어 다스렸는데, 이것이 현도 · 낙랑 · 대방이다.

『통전』에도 역시 이런 말이 있다(『한서』에는 진번 · 임둔 · 낙랑 · 현도의 네 군으로 되어 있는데, 여기서는 세 군으로 되어 있고 그 이름도 같지 않으니 무슨 이유인가). – 『삼국유사』 「기이제일紀異第一」

(1) 고려

고구려

곧 졸본부여이다. … (『단군기』에서 '단군이 서하 하백의 딸과 가까이 하여 아들을 낳으니 이름을 부루라 하였다'라고 하였다. 지금 이 기록을 살펴보면 해모수가 낳은 아들의 이름이 부루라고 했으니, 부루와 주몽은 이복형제이다.) – 『삼국유사』 「기이제일紀異第一」

고(구)려

제1 동명왕은 갑신년(기원전 37년)에 즉위하여 18년 동안 다스렸다. 성은 고高이고 이름은 주몽朱蒙 또는 추몽鄒蒙이라고 한다. 단군의 아들이다. – 『삼국유사』「왕력제일王曆第一」

동천왕 21년 봄 2월에 왕이 환도성은 병란을 겪어서 다시 도읍할 수 없다하여 평양성을 쌓고 백성과 종묘사직을 옮겼다. 평양이란 곳은 본래 선인仙人 왕검이 살던 곳이다. 혹은 '왕의 도읍 왕험王險'이라고도 한다. – 『삼국사기』「고구려본기 동천왕」

『구삼국사』를 얻어 동명왕본기를 보니 그 신이한 사적이 세상에서 얘기하는 것보다 더했다. 그러나 처음에는 믿지 못하고 귀鬼나 환幻이라고만 생각하였는데, 세 번 반복하여 읽어서 점점 그 근원을 알고보니, 환이 아니고 성聖이며, 귀가 아니고 신神이었다. 하물며 국사는 있는 대로 쓴 글이니 어찌 거짓을 전하였으랴. 김부식이 국사를 중찬하며 자못 그 일을 생략하였는데, 국사가 세상을 바로잡는 글이니 크게 이상한 일을 후세에 보여서는 안 된다고 생각하여 생략하였을까? … 동명왕의 일은 변화의 신이한 것으로 여러 사람의 눈을 현혹한 것이 아니고 실로 나라를 창시한 신기한 사적이니 이것을 기술하지 않으면 후인들이 장차 어떻게 볼 것인가? 그러므로 시를 지어 기록하여 우리나라가 본래 성인의 나라라는 것을 천하에 알리고자 하는 것이다. – 이규보(1168~1241)의 「동명왕편」(1193)

전조선기

처음에 어느 누가 나라를 열고 비바람을 다스렸는가. 석제[=제석, 평측(平仄: 음운의 높낮이) 때문에 글자를 바꿈]의 손자로, 이름은 단군일세. (『본기』에 다음과 같이 적혀있다. 상제 환인에게 서자가 있었으니 이름이 웅이었다. 환인이 환웅에게 말하기를, '지상의 삼위태백에 내려가 인간을 크게 이롭게 할지어다'라고 하였다. 이리하여 환웅이 천부인 3개를 받고 귀신 3천을 거느려 태백산 마루에 있는 신단수 아래에 내려왔으니 이분을 환웅천왕이라 한다. 손녀에게 약을 먹여 사람이 되게 하여 단수신과 결혼하여 아들을 낳으니 단군이라 이름했다. 조선의 땅을 차지하여 왕이 되었다.)

요임금과 같은 무진년에 나라 세워

순임금 시대 지나 하夏나라까지 왕위에 계셨도다.

은殷나라 무정武丁 8년 을미년에

아사달산(지금의 구월산이다. 딴 이름은 궁홀 또는 삼위라 하며, 사당이 지금도 있다)에 들어가서 신神이 되었으니

향국享國이 일천 하고 스물여덟 해인데

그 조화 상제이신 환인이 전한 일 아니랴.

후조선기

그 뒤의 164년 만에 어진 사람 나타나서 군신제도 마련하다.

(어느 본에는 '그 뒤로 164년 동안 부자는 있었으나 군신은 없었네'라고 되어 있다.)

후조선의 시조는 기자인데

주무왕周武王 즉위 원년 기묘년 봄

망명하여 이곳에 와 나라를 세웠다.

무왕이 봉왕하여 조서를 보냈네.

답례 차 찾아가 배알했더니

홍범구주(: 하나라 우왕이 남겼다는 정치 이념) 인륜을 물어오는구나.

(『상서尙書』 소疏에 적기를 '무왕이 기자를 가두자, 그는 조선으로 달아나서 나라를 세웠다. 무왕이 듣고서 그대로 제후로 봉하였다. 기자가 수봉하고는 신하의 예가 없을 수가 없어 사례하기 위하여 들어가니 무왕이 홍범구주를 물어왔는데, 무왕 13년의 일이다'라고 하였다. 이하 전에 나타난 것은 모두 주를 달지 않았다.)

한사군과 열국기

이리하여 땅을 갈라 4군을 설치하여

각 군에 장을 두고 백성을 돌보았다.

진번과 임둔은 남북에 자리하고

낙랑과 현도는 동서에 치우쳤다.

생존경쟁 겨루다가 의리 절로 끊어지고

풍속은 박해져서 백성은 불안했다.

수시로 합산하고 부침할 즈음에

자연히 분계되어 삼한(: 마한 · 진한 · 변한)이 이뤄졌다.

삼한에는 제 각각 여러 주현州縣 있었는데

어지럽게 강과 산곡 여기저기 흩어져 있었네.

저마다 나라 세워 서로를 침략하니

칠십여 나라 이름 증명할 것 있으랴.

그 중에서 어느 것이 가장 큰 나라던고

맨 먼저 부여와 비류국을 일컫고

다음으로 신라와 고구려가 있으며
남북의 옥저와 예맥이 다음이네.
이들의 임금은 누구의 후손인고,
대대로 이은 계통 단군에서 전승됐네.

고구려기

고구려 시조는 성은 고 씨에 시호는 동명이니
활 솜씨 때문에 이름이 주몽이라.
아버지는 해모수 어머니는 유화인데
황천皇天의 손자요 하백(河伯: 水神)의 외손자이다.
아버지는 천궁으로 돌아간 뒤 오지 않고
어머니는 불발수 맑은 물가에 있었네.
부여 임금 금와왕(: 동부여의 왕으로 해부루의 아들)이
별관지어 그녀를 맞이했네. – 이승휴(1224~1300)의 『제왕운기』(1287)

(2) 조선

예조전서禮曹典書 조박趙璞 등이 상서하였다. "… 조선의 단군은 동방에서 처음으로 천명을 받은 임금이고, 기자는 처음으로 교화를 일으킨 임금이오니, 평양부로 하여금 때에 따라 제사를 드리게 할 것입니다. …" – 『태조실록』 1권(1392)

옛날에 신인神人이 박달나무[檀木] 아래로 내려오자, 나라 사람들이 그를 임금으로 삼고 단군이라 불렀다. 이때가 요堯임금 원년 무진

이다.

– 권근(1352~1409)의 『응제시應製詩』 「시고개벽동이주始古開闢東夷主」 자주(1396)

하윤河崙이 또한 일찍이 건의하여 조선의 단군을 제사하도록 청하였다. 예조에서 참상參詳하기를, "기자의 제사는 마땅히 사전祀典에 싣고, 춘추春秋에 제사를 드리어 숭덕崇德의 의를 밝혀야 합니다. 또 단군은 실로 우리 동방의 시조이니, 마땅히 기자와 더불어 함께 한 사당[廟]에 제사지내야 합니다." – 『태종실록』 23권(1412)

경승부윤敬承府尹 변계량卞季良이 상서上書하였다.

"… 우리 동방은 단군이 시조인데, 대개 하늘에서 내려왔고 천자가 분봉分封한 나라가 아닙니다. 단군이 내려온 것이 당요의 무진년에 있었으니, 오늘에 이르기까지 3천여 년이 됩니다. 하늘에 제사하는 예가 어느 시대에 시작하였는지를 알지 못하겠습니다만, 그러나 또한 1천여 년이 되도록 이를 혹은 고친 적이 아직 없습니다. 태조 강헌대왕康憲大王이 또한 이를 따라 더욱 공근恭謹하였으니, 신은 하늘에 제사하는 예를 폐지할 수 없다고 생각합니다. …"

– 『태종실록』 31권(1416)

사온서주부司醞署注簿 정척鄭陟이 글을 올리기를,

"지난 신축년 10월에 중국 조정에 보낼 말을 점고點考하라는 명을 받들어 의주에 가서 말 점고하는 일을 마치고 다음해 2월에 돌아오다가 평양에 들러서 기자 사당을 배알하였습니다. 그런데 기자

신위는 북쪽에서 남쪽을 향해 있고, 단군 신위는 동쪽에서 서쪽을 향해 있었습니다. 신이 평양부의 교수관敎授官 이간李簡에게 물으니, 그가 말하기를, '예전에 중국 사신이 평양에 와서 기자의 사당과 후손의 있고 없음을 묻고 기자의 묘소에 가서 배알하였는데, 그 뒤에 나라에서 기자 사당을 문묘文廟 동편에 세우라고 명하였고, 또 단군으로 배향하라는 영이 있었으므로, 지금까지 이와 같이 하여 제향한다'는 것이었습니다. 신의 어리석은 소견으로 단군은 요임금과 같은 시대에 나라를 세워 스스로 국호를 조선이라고 하신 분이고, 기자는 주나라 무왕의 명을 받아 조선에 봉하게 된 분이니, 역사의 햇수를 따지면 요임금에서 무왕까지가 무려 1,230여 년입니다. 그러니 기자의 신위를 북쪽에 모시고, 단군의 신위를 동쪽에 배향하게 한 것도, 실로 나라를 세워 후세에 전한 일의 선후에 어긋남이 있다고 생각합니다. 신이 감히 어리석은 생각을 가지고 위에 아뢰고자 하였으나, 마침 아비의 상을 만나 미처 말씀을 올리지 못하였삽더니, 이제 신을 사온서 주부로 제수하시고 이어 의례상정별감儀禮詳定別監으로 임명하시었기에, 신이 이에 공경히 삼가 본조의 여러 제사 의식을 상고하오니, 향단군 진설도享檀君陳設圖에 '신위는 방의 중앙에서 남쪽을 향한다'고 하였습니다. 신이 전일에 뵈온 서향 좌차坐次는 이 도식과 합치되지 않사오니, 만약 단군과 기자가 같은 남향으로서, 단군이 위가 되고, 기자가 다음이 되게 한다면, 나라를 세운 선후가 어긋나지 않을 듯 하오나, 기자는 무왕을 위해서 홍범을 진술하고 조선에 와서 여덟 조목을 만들어서 정치와 교화가 성행하고 풍속이 아름다워져서 조선이라는 명칭이 천하 후세에 드러나게 되었고, 그러기 때문에 우리 태조 강헌대왕께서 명나라 태조 고황제에게 국호를 정하는 일을 청했을 때, 태조 고황제는 조선이라는 명칭을 이어받기를 명하였던 것이고, 그 뒤로 중국 사신으로서 평양을 지나는 자가 혹 사당에 가서 배알하게도 된 것이니, 그런즉 명칭은 기자 사당으로 되어 있는데, 단군 신위를 모시는 것은 진실로 미편한 일입니다. 신이 또 들으니, 기자 사당에는 제전祭田이 있고 단군을 위해서는 없기 때문에, 기자에게는 매달 초하루와 보름마다 제물을 올리되, 단군에게는 봄, 가을에만 제사한다 하옵니다. 현재 단군 신위를 기자 사당에 배향하게 되어서 한 방에 함께 계신데 홀로 단군에게는 초하루 · 보름 제물을 올리지 아니한다는 것은 또한 미안하지 않을까 합니다. 신의 생각에는 단군의 사당을 별도로 세우고, 신위를 남향하도록 하여 제사를 받들면 거의 제사 의식에 합당할까 합니다"하니, 이 글을 예조에 내리어 그대로 이행하도록 명하였다.

-『세종실록』 29권(1425)

예조에서 각도산천단묘순심별감各道山川壇廟巡審別監이 보고한 조건에 의해서 마련하여 아뢰기를,

"… 1. 기자전箕子殿의 신위판神位版에 '조선후 기자지위朝鮮侯箕子之位'라 쓴 것은 본조本朝의 모든 사전祀典 의식에 따라 '후조선 시조 기자後朝鮮始祖箕子'라 고쳐 쓰고, '지위之位' 두 글자는 삭제하도록 하소서. 1. 단군의 신위판에 '조선후 단군지위朝鮮侯檀君之位'라 쓰고, 고구려 시조의 신위판에 '고구려 시조지위高句麗始祖之位'라 쓴 것은 본조의 모든 사전의 의식에 따라 '조선 단군'이라 고쳐 쓰고, '후侯'와 '지위之位'의 두 글자는 삭제하게 하자고 한 6개 조항은 아뢴 대

로 시행하소서. …" – 『세종실록』 49권(1430)

전 판한성부사判漢城府事 유사눌柳思訥이 상서하기를,

"신이 삼가 세년가世年歌를 보건대, 단군은 조선의 시조입니다. 그가 날 때는 사람들보다 달랐으며, 그가 죽어서는 화하여 신이 되었으며, 그가 나라를 누린 역년歷年의 많음은 이와 같은 것이 있지 않았습니다. 지난번에 전하께서 유사에 명하여 사당을 세우고 제문을 짓게 했는데, 그때에는 유사가 그 사실을 살피지도 아니하고 평양에다 사당을 세우기를 청하니, 신의 숙부 유관柳寬이 그 그릇된 점을 변론하여 일이 시행되지 못했습니다. 신이 세년가로 상고해 보건대, 단군이 처음에는 평양에 도읍했다가 후에는 백악에 도읍했으며, 은나라 무정武丁 8년 을미에 아사달산에 들어가서 신이 되었는데, 그 노래에 이르기를, '1천48년 동안 나라를 누리고, 지금도 사당이 아사달에 있네'했으니, 어찌 그 근거가 없겠습니까. 또 더군다나 고려에서는 구월산 밑에 사당을 세워 그 당우堂宇와 위판位版이 아직도 남아 있어서 세년가와 합치하니, 신의 어리석은 소견으로서는 이곳을 버리고 다시 사당을 다른 곳에다 세운다면 아마 그 장소가 잘못된 듯합니다. 삼가 생각하옵건대, 성상께서 재결裁決하시옵소서." – 『세종실록』 75권(1436)

진산鎭山은 고려 마리산摩利山이다. 【부府 남쪽에 있다. 꼭대기에 참성단塹星壇이 있는데, 돌로 쌓아서 단의 높이가 10척이며, 위로는 모지고 아래는 둥글며, 단 위의 사면四面이 각기 6척 6촌이고, 아래의 너비가 각기 15척이다. 세상에 전하기를, "조선 단군이 하늘에 제사지내던 석단石壇이라"한다. 산기슭에 재궁齋宮이 있는데, 예로부터 매년 봄, 가을에 대언代言을 보내어 초제醮祭를 지내었다. 금상今上 12년 경술에 비로소 2품 이상의 관원을 보내기 시작하였다. 재궁 벽 위에 '동東'자 운韻의 시詩가 있으니, 태종太宗이 잠룡潛龍 때에, 일찍이 대언代言이 되어서 이곳에서 재숙齋宿할 때 이 시를 지은 것인데, 지금 널에 새기고 금으로 메웠다.】 전등산傳燈山【일명一名은 삼랑성三郎城이니, 참성塹城 동쪽에 있다. 세상에 전하기를, "조선 단군이 세 아들을 시켜서 쌓았다"고 한다.】

– 『세종실록』「지리지」 경기/부평도호부/강화도호부(1454)

장장평庄庄坪이 현의 동쪽에 있고,【세속에서 전하기를, "조선 단군이 도읍한 곳이라"하나 곧 당장경唐莊京의 잘못 이름이다.】 삼성사三聖祠가 구월산 성당리聖堂里 소증산小甑山에 있으며,【단인檀因·단웅檀雄·단군檀君의 사당이 있다.】

– 『세종실록』「지리지」 황해도/풍천군/문화현

본래 삼조선三朝鮮의 구도舊都이다. 당요 무진년에 신인이 박달나무 아래에 내려오니, 나라 사람들이 〈그를〉 세워 임금을 삼아 평양에 도읍하고, 이름을 단군이라 하였으니, 이것이 전조선이요, 주나라 무왕이 상나라를 이기고 기자를 이 땅에 봉하였으니, 이것이 후조선이다. … 단군 사당은 기자의 사당 남쪽에 있고,【금상今上 11년 기유에 비로소 사당을 세우고 고구려 시조 동명왕을 합사合祠하였는데, 단군이 서쪽에, 동명이 동쪽에 있게 하여 모두 남향하게 하였다. 봄, 가을마다 향축香祝을 내리어 제사를 지낸다.】 동명왕 묘가 부府 동남쪽[巽方] 30리쯤 되는 중화 지경 용산에 있다. … 신령스럽고 이상한 일[靈異]. 『단군고기』에 이르기를, "상제 환인이 서자가 있으니, 이름이 웅인데, 세상에 내려가서 사람이 되고자 하여 천부인 3개를 받아 가지고 태백산 신단수 아래에 강림하였으니, 이가 곧 단웅천왕이 되었다. 손녀로 하여금 약을 마시고 인신人身이 되게 하여, 단수檀樹의 신과 더불어 혼인해서 아들을 낳으니, 이름이 단군이다. 나라를 세우고 이름을 조선이라 하니, 조선, 시라(尸羅=신라), 고례(高禮=고구려), 남 · 북 옥저, 동 · 북 부여, 예와 맥이 모두 단군의 다스림이 되었다. 단군이 비서갑 하백의 딸에게 장가들어 아들을 낳으니, 부루이다. 이를 곧 동부여 왕이라고 이른다. 단군이 당요와 더불어 같은 날에 임금이 되고, 우禹가 도산塗山의 모임을 당하여, 태자 부루를 보내어 조회하게 하였다. 나라를 누린 지 1,038년 만인 은나라 무정 8년 을미에 아사달에 들어가 신이 되니, 지금의 문화현 구월산이다.

– 『세종실록』「지리지」 평안도/평양부

『고기』에 이르기를, 상제 환인에게 서자 웅이 있었다. 웅은 지상으로 내려가 인간 세계를 교화하고자 하는 뜻이 있었다. 웅은 천부인 3개를 받고 무리 삼천을 거느리고 태백산 신단수 밑에 내려왔다. 이가 환웅 천왕이니 환 또는 단이라고 한다. 산은 지금의 평안도 희천군 묘향산이다. 웅은 바람, 비, 구름을 맡은 신을 거느리면서 곡식 · 수명 · 질병 · 형벌 · 선악 등 무릇 인간의 360여 가지 일을 주관하며 세상에 있으면서 다스리고 교화하였다.

이때 곰 한 마리와 호랑이 한 마리가 있어 같은 굴에 살면서 항상 환웅에게 빌어 사람 되기를 원했다. 이에 환웅은 신령스러운 쑥 한 타래와 마늘 스무 개를 주면서 말하기를 "너희들이 이것을 먹고 백일 동안 햇빛을 보지 않으면 곧 사람의 형체를 얻을 수 있으리라"라고 하였다. 곰과 호랑이가 그것을 먹었는데, 호랑이는 금기를 지키지 못하고 곰은 금기를 지켰다. 그리하여 곰은 삼칠일 만에 여자의 몸이 되었다. 그러나 함께 혼인할 사람이 없었으므로 매양 단수檀樹 아래서 잉태하기를 빌었다. 환웅이 이에 잠시 사람으로 변하였다. 그녀가 잉태하여 아들을 낳으니 단군왕검이라 하였다. 단군은 요임금과 같은 날 나라를 세워 조선이라고 하고 처음에 평양에, 다음에 백악에 도읍하였다.

단군은 비서갑 하백의 딸을 맞아 아들을 낳아 부루라 하였다. 그가 곧 동부여의 왕이다. 우禹임금이 도산塗山에서 제후를 모아 맹세를 할 때, 단군은 아들 부루를 보내어 조회하였다.

단군은 우임금의 하나라를 지나, 상나라 무정武丁 8년 을미에 아사달산으로 들어가 신이 되었다. 아사달은 지금의 황해도 문화현의 구월산이며, 그 사당이 지금까지 보존되고 있다. 단군은 1,048년 동안 살았다. 그 후 164년이 지난 기묘년에 기자가 와서 임금에 봉해졌다.

— 권람(權擥, 1416~1465)의 『응제시주』「시고개벽동이주」 증주(1462)

황해도 관찰사 이예李芮에게 하서하기를,

"사람들의 말에는 '단군의 천왕당은 본래 구월산의 상봉에 있었는데, 뒤에 패엽사貝葉寺가 그 아래에 있다 하여, 당이 불찰佛刹의 위에 있음은 마땅하지 아니하여, 절의 앞 봉우리에 옮겼다가 뒤에 또 산기슭에 옮겨, 천왕 3위를 설치하였으며, 또 사자使者의 배향청配享廳과 전사청典祀廳을 설치하여 향을 내려 치제致祭를 행한 지가 이미 오래되거늘 그 뒤에 폐지하여 제사하지 아니하였고, 또 기우단을 그 곁에 쌓아 닭과 돼지를 잡으니, 신이 미워하여 악병이 마침내 일어났다'고 하니, 천왕당과 사자의 배향청 · 전사청이라고 하는 옛 터전이 아직도 있으며, 신위를 건설한 원인을 전하는 자가 아직도 있는가? 향을 내려 치제한 전례를 상고할 수 있으며, 기우단을 쌓은 것은 어느 때에 있었는가? 지금도 이 단에서 기우제를 행하며, 닭과 돼지를 잡는다는 말이 옳은가? 악병은 과연 전에 없었던 것인데 이로 인하여 처음 일어났는가? 필시 속언으로 전하는 말이 있을 것이니, 그 조목조목을 따라 방문하여 자세히 병의 근원을 궁구하여 계문啓聞하라"하였다. - 『성종실록』 13권(1471)

황해도 관찰사黃海道觀察使 이예李芮가 치계馳啓하기를,

"신이 전번의 하유下諭로 인하여, 문화현의 옛 노인 전 사직司直 최지崔池 · 전 전직殿直 최득강崔得江을 방문하고 삼성당의 사적을 얻어 그것을 조목으로 기록하여 아뢰니다.

1. 속언俗諺에 전하기는 단군이 처음 신이 되어 구월산에 들어갔다고 합니다. 사우祠宇는 패엽사의 서쪽 대증산大甑山의 불찰에 임하여 있었다가 그 뒤에 절 아래 작은 봉우리로 옮겼고, 또 다시 소증산으로 옮겼다 하는데, 곧 지금의 삼성당입니다. 대증산과 패엽사 아래의 작은 봉우리에 지금은 당기堂基가 없고, 따라서 그 때 치제한 것과 또 삼성도 아울러 제사지냈는지 그것은 알 수가 없습니다.

1. 단군과 아버지 환웅, 할아버지 환인을 일컬어 삼성三聖이라 하고 사우를 세워 제사를 지내다가, 제사를 폐한 뒤로부터 당우堂宇가 기울어져 무너졌었는데, 경태景泰 경오년(1450)에 이르러 현령 신효원申孝源이 중창하고, 무인년(1458)에 현령 매좌梅佐가 단청을 베풀었습니다.

1. 삼성당에 환인 천왕은 남향하고, 환웅 천왕은 서향하고, 단군 천왕은 동향하여 다 위패가 있습니다. 속설에 전하기를, 옛날에는 모두 목상이 있었는데, 태종조에 하윤이 제사諸祠의 목상을 혁파할 것을 건의하여 삼성의 목상도 또한 예에 따라 파하였다 하며, 의물儀物의 설치 여부는 알 수 없습니다.

…

1. 『관서승람關西勝覽』에 문화현 고적古跡을 기재하기를, '구월산 아래 성당리聖堂里에 소증산이 있는데 환인·환웅·단군의 삼성사가 있고, 구월산 마루에는 사왕사四王寺가 있는데, 옛적에 성수星宿에 초례醮禮하던 곳이다'하였습니다.

1. 삼성당을 평양으로 옮긴 뒤로부터 비록 국가에서는 치제하지 않았으나, 기우·기청을 할 때는 현관縣官이 조복을 갖추고 친히 제사지내며, 제사에는 백병白餠·백반白飯·폐백幣帛·실과實果를 쓰고 이 밖에 다른 제사는 행할 수가 없는데, 고을의 풍속에는 영험이 있다고 일컬어 사람들이 감히 와서 제사하지 못합니다.

1. 기우 용단龍壇은 삼성당 아래 백여 보에 있으나, 설치한 날짜는 알지 못하고, 현에 소장된 송나라 경덕景德 3년 병오년(1006= 고려 목종 9년) 5월 의주儀注에는, '떡·밥·술과 흰 거위[白鵝]를 사용하여 제사를 행했다'고 기재되었으나, 지금은 흰 닭을 대신 쓰고 돼지는

쓰지 않습니다.

1. 삼성당 아래 근처에는 인가가 조밀하였는데, 제사를 파한 뒤로부터 악병이 발생하기 시작하여 인가가 텅 비었습니다. 그러나 닭, 돼지를 도살하여 신령이 싫어하였다는 말은 듣지 못하였습니다."

하니, 예조에서 이것을 근거하여 아뢰기를,

"백성이 모두 삼성당을 평양부에 옮기고 치제하지 않자 그 뒤로부터 악병이 일어났다고 하니, 이는 비록 괴탄 무계한 말이나, 그러나 옛 기록에, '단군이 아사달산에 들어가 화하여 신이 되었다'하였고, 지금 본도 문화현 구월산에 그 묘당이 있으며, 또 전에는 향을 내려 치제하였으니, 청컨대 백성의 원하는 바에 따라 평양의 단군묘의 예에 의하여 해마다 봄, 가을로 향과 축문을 내려 제사를 행하소서"하니, 그대로 따랐다. – 『성종실록』 15권(1472)

반조문頒詔文에, "봉천승운황제奉天承運皇帝는 다음과 같이 조령을 내린다. 짐은 생각건대, 단군과 기자 이후로 강토가 분리되어 각각 한 지역을 차지하고는 서로 패권을 다투어 오다가 고려 때에 이르러서 마한, 진한, 변한을 통합하였으니, 이것이 '삼한三韓'을 통합한 것이다.

우리 태조가 왕위에 오른 초기에 국토 밖으로 영토를 더욱 넓혀 북쪽으로는 말갈의 지경까지 이르러 상아, 가죽, 비단을 얻게 되었고, 남쪽으로는 탐라국을 차지하여 귤, 유자, 해산물을 공납으로 받게 되었다. 사천 리 강토에 하나의 통일된 왕업을 세웠으니, 예악과 법도는 당요와 우순을 이어받았고 국토는 공고히 다져져 우리 자손들에게 만대토록 길이 전할 반석같은 터전을 남겨 주었다.

짐이 덕이 없다 보니 어려운 시기를 만났으나 상제가 돌봐주신 덕택으로 위기를 모면하고 안정되었으며 독립의 터전을 세우고 자주의 권리를 행사하게 되었다. 이에 여러 신하들과 백성들, 군사들과 장사꾼들이 한목소리로 대궐에 호소하면서 수십 차례나 상소를 올려 반드시 황제의 칭호를 올리려고 하였는데, 짐이 누차 사양하다가 끝내 사양할 수 없어서 올해 9월 17일 백악산의 남쪽에서 천지에 고유제告由祭를 지내고 황제의 자리에 올랐다. 국호를 '대한大韓'으로 정하고 이해를 광무光武 원년으로 삼으며, 종묘와 사직의 신위판을 태사太社와 태직太稷으로 고쳐 썼다. 왕후 민 씨를 황후로 책봉하고 왕태자를 황태자로 책봉하였다. 이리하여 밝은 명을 높이 받들어 큰 의식을 비로소 거행하였다. 이에 역대의 고사를 상고하여 특별히 대사령을 행하노라.

…

아! 애당초 임금이 된 것은 하늘의 도움을 받은 것이고, 황제의 칭호를 선포한 것은 온 나라 백성들의 마음에 부합한 것이다. 낡은 것을 없애고 새로운 것을 도모하며 교화를 시행하여 풍속을 아름답게 하려고 하니, 세상에 선포하여 모두 듣고 알게 하라"하였다.

—『고종실록』 36권(1897) / 대한 광무 1년

1904년 설립된 매국단체인 일진회一進會의 이용구(1848~1912)는 다음과 같은 '한일합방청원서'를 발표하였다.

"아! 우리 단군으로부터 4천 년의 신성한 역사를 지니고 우리 태조가 500년 왕업을 창시한 땅에서 살고 있는 2천만 국민 동포여! 국가는 독립하고 국민은 자유로 경쟁무대에 뛰어들 조국 정신이 2천만의 머릿속에 충만되어 있다는 것은 진실로 인정하는 바이다. 만약에 이러한 정신에서 벗어나서 남의 구속과 억압에서 사는 것을 편안하게 여기고, 남의 노예가 되기를 바라서 아부하고 의뢰하는 것만을 달게 여겨 좋아하는 것은 홍노흑만紅奴黑蠻의 종족도 오히려 수치스럽게 여길 일이다. 그러나 나라의 정세를 가늠해보고 시기에 맞게 변통하는 것을 잘하지 못하여 도리어 몰락의 독을 흡수하고 멸망의 화를 자초하는 말로에 빠져 들어가도 멍청하게 각성하지 못하는 것은 비유하면 조국에 대한 정신은 머릿속에 충만하지만 이미 더는 어찌할 수 없는 한탄을 품게 되는 지경에 이르는 것이나 마찬가지인 것이다. 오늘의 상태는 이 근심을 하지 않을 수 없는 때이다.

생각해 보라! 2천만 국민의 눈앞에 닥친 위급한 형편이 과연 어떠한가? 살래야 살 수 없고 죽을래야 죽을 수도 없다. 이미 노예로 희생되는 비참한 지경에 떨어진 오늘날에 있어서 과거를 돌이켜보고 앞날을 생각하면 어찌 앞길이 막막하고 눈앞이 캄캄한 느낌이 없겠는가? 이것은 하늘이 돌보아주지 않아서도 아니고 사람이 스스로 초래케 한 것이라고 해야 할 것이다.

갑오년(1894)에 일본은 일청 전쟁을 일으켜 거액의 전비를 소모하고 수만 명의 군사를 희생시켜 가면서 청나라의 굴레에서 벗어나게 하고 우리 한국의 독립을 확고히 해주었다. 그런데도 정사를 어지럽히고 호의를 배격하여 이 만대의 기초를 능히 지키지 못한 것은 우리 한국 사람들 스스로가 초래케 한 것이다. 마침내 일로 전쟁의 인과因果를 초래하여 일본의 손해는 갑오년의 10배나 되었으나 우리를 러시아 사람들의 범 아가리에 한 덩어리의 고기로 먹히게 되는 것을 면하게 하고 온 동양 판도의 평화를 유지하는 데에 노력하였다. 이런데도 불구하고 이 선린주의에 즐거이 따르지 않고 도리어 이 나라에 붙었다 저 나라에 붙었다 하는 폐단을 만들어내어 마침내는 외교권을 남에게 넘겨주고 보호 조약을 체결함에 이른 것도 또한 우리 한국 사람들 스스로가 초래한 것이다. 일본과 한국의 관계가 이미 밀접해졌으니 감정을 풀고 기술을 배우며 문명의 모범을 점차 조금씩이라도 받아들여야 하겠는데 도리어 헤이그 문제를 만들어내어 일대 정국의 변동을 일으키고 7조약을 계속하여 체결하게 된 것도 우리 한국 사람들 스스로가 초래한 것이다. 시국 형편이 완전히 달라진 뒤로 재산을 늘리는 데 힘쓰게 하고 생활을 펴이게 하며 교육을 발전시키고 지식을 넓히게 한 지 3년 동안에 한 가지 사업도 발전시키지 못하고 안으로는 권세와 이익을 다투고 밖으로는 폭도와 비적匪賊이 창궐하여 인민의 생활은 아침과 저녁도 고려하지 못하게 되어 점점 극도에 빠지게 한 것도 우리 한국 사람들 스스로가 채택한 것이다. 이토오 태사太師가 백성들을 보살펴주고 동궁東宮을 이끌어주며 우리 한국을 위하여 수고를 다한 것은 잊기 어려운 것이다. 그런데도 해외의 하얼빈에서 변괴가 생긴 것으로 인하여 일본 전국의 여론이 물끓듯 하여 한국에 대한 정책을 근본적으로 해결해야 한다고 주장하고 혹은 어떠한 위험을 불러일으킬지 모르게 된 것도 우리 한국 사람들 스스로가 채택한 것이다.

종래에 우리 한국은 전제정치로 인민들의 권리를 속박하여 자유롭지 못하였던 민족인 까닭에 스스로가 채택한 책임을 지고 있다고 하여도 될 것이다. 과거를 돌이켜보고 앞날을 생각하면 안위존

망을 결코 민족의 책임으로 돌린다고 하지 못할 것이다. 지난날의 교훈이 오래지 않은 만큼 그 전철을 밟지 말고 500년을 지내온 종사宗社가 폐허로 되고 2천만의 백성이 한 명도 남지 않을 비참한 지경에 빠질 것이다. 오늘날이 어떠한 때인가? 외교권 한 가지를 이미 넘겨준 결과로 재정이 우리에게 있는가, 군기軍機가 우리에게 있는가? 통신이 우리에게 있는가, 법률이 우리에게 있는가? 이른바 조약이라는 것은 하나의 무용지물이 되고 나라의 기백과 백성의 목숨은 빠르게 죽음의 구렁텅이로 떨어져가고 있다. 오늘에 지난날이 다시 오지 않고 내일에 오늘이 다시없는 것이다. 그렇다면 어제 오늘을 알지 못하는 만큼 오늘에 내일을 대처하지 않을 수 없는 것이다.

아! 우리 2천만 국민의 머릿속에 충만된 조국 정신을 떨쳐내어 큰 소리로 외쳐서 지금 일본의 여론이 주창하는 근본적으로 해결해야 할 문제에 대하여 그 파란을 안정시키면서 우리 황제 폐하와 일본 천황 폐하가 하늘까지 통할 하나로 뭉친 정성으로 애달프게 호소하여 우리 황실을 만대에 높일 수 있는 기초를 공고히 하고 우리 백성들에게 일등 대우의 복리를 누리게 하며 정부와 사회가 더욱 더 발전하게 할 것을 주창하여 일대 정치적 기관機關을 이룩하도록 하는 것이 곧 우리 한국을 보호하는 것이다. 죽을래야 죽을 수 없는 우리 2천만 국민은 노예의 멸시에서 벗어나고 희생의 고통을 면하여 동등한 대열에 서서 완전히 새롭게 소생하여 앞을 향하여 전진해보고 실력을 양성한다면 앞날의 쾌락을 누리고 뒷날의 살길을 찾을 수 있을 것은 확연 명료하다. 아! 오늘 만 번의 죽을 고비를 넘어 한 번 살아날 길을 애달프게 호소하는 것은 단군으로부터 4천 년의 역사와 태조가 500년 왕업을 창시한 큰 터전인 종묘 사직을 길이 편안하게 하고 신성한 민족을 편안케 하려는 하나의 양심에서 우러나온 것이다. 만약에 이 기회를 이용하지 않으면 하늘의 신령이 반드시 죄를 주리라. 우리 2천만 국민에게 맹세를 다지며 이 뜻을 성명한다." – 『순종실록』 3권(1909)

(3) 대한민국

대한민국 정부 수립 이후, 대한민국 공용연호는 1948년 9월 25일부로 단군기원(단기)을 채택하였다가 1961년에 폐지되어 1962년부터 서력기원을 사용하였다. 단군의 조선 개국 연대인 단군기원은 서거정 등이 쓴 『동국통감』(1484)에서 요임금의 즉위 연대라고 추정하는 기원전 2357년보다 25년 뒤진 시기인 2333년이라고 본 데 따르고 있다.

현재 단군 논의는 대체로 실증사학을 강조하는 강단사학과 민족주의적 입장의 재야사학으로 나뉘어 진행되고 있으며, 20세기 초에 발견되거나 편찬된 『규원사화』, 『한단고기』, 『단기고사』 등의 문헌을 인정하고 수용할 수 있는지를 두고 서로 대치하고 있다. 우리나라의 기득권층 또는 변화를 거부하는 계층은 역사적으로 조선시대에는 중국사대주의, 일제 강점기에는 일본사대주의, 해방 후에는 미국사대주의를 자랑스러워하고 당연시하며 자기비하에 젖어 있다. 그래서 현재 우리의 잘난 모습은 그들의 은혜로 해석하고 못난 모습은 그들을 배척한 데 따른 응보로 보고 있다. 이에 비해 진보층 또는 변화를 주도하는 계층에서는 지나치거나 왜곡된 이념주의, 애국주의, 민족주의, 인종주의에 젖어 모든 자료를 아전인수식으로 해석하며 서로의 공생과 조화보다는 계층 간의 갈등을 부추기고 이로부터 이익과 승리를 쟁취하는 데 몰두하고 있다. 관심이 실재를 낳는다. 당당하고 활달하게 자립적인 길을 가기 위해서는 이러한 극단적 대치 상황에서 벗어나 앞으로 단군 연구를 연구자 본인이나 소속 진영의 선입견이나 편견과 이기적인 시각에서 벗어나 역사학, 고고학, 문헌학, 민속학, 인류학, 언어학, 분자생물학, 생물학, 종교학, 신화학, 국문학, 정신분석학, 심리학, 철학 등 다방면에 걸쳐 체계적 종합적으로 이루어가야 할 것이다. 단군을 역사적 실재냐 허구냐 하는 식의 조상숭배의 한 형태로 고착시켰을 때 신화의 상징적 의미와 기능은 퇴색할 것이기 때문이다.

2. 풍류도의 세 차원

한국명상의 연원은 단군에서 비롯된 풍류도이고, 이를 명시하고 있는 곳은 김부식(1075~1151)의 『삼국사기』(1145)이다. 풍류도는 대체로 개인적으로는 신선사상, 사회적으로는 화랑도, 그리고 영적으로는 무교적 차원으로 이루어져 있다.

> 최치원(857~?)은 「난랑비」 서문에서 말하기를 "나라에 현묘한 도가 있으니 이름하여 '풍류風流'라고 한다. 이 가르침을 창설한 근원은 『선사仙史』에 자세히 갖추어 있으니, 실로 세 가지 가르침을 포함해(包含三敎) 뭇 중생들을 교화하는 것(接化群生)이다. 말하자면 집에 들어와 부모에 효도하고 나가서는 나라에 충성하는 것과 같은 것은 노魯 사구(司寇= 공자)의 가르침이요, 아무런 작위적 일이 없는(無爲之事) 가운데서도 말로 표현할 수 없는 진리를 실천하는 것(行不言之教)은 주周 주사(柱史= 노자)의 근본 뜻이며, 모든 악행을 짓지 않고 모든 선행을 받들어 행동하는 것(諸惡莫作 衆善奉行 自淨其意 是諸佛教: 七佛通戒偈)은 축건竺乾 태자(=석가모니)의 교화인 것이다"라고 하였다. — 『삼국사기』「신라본기 제4」 진흥왕 37년

여기서 '현묘한 도'는 『노자』 제1장에 나오는 '현묘하고 또 현묘하여 온갖 오묘한 것의 문이다(玄之又玄 衆妙之門)'라는 말을 연

상시킨다.

(1) 신선: 세속적 욕망을 벗어난 인간

인간은 건강하게 오래 살고자 하지만 그것에 집착하게 되면 결코 행복해질 수 없다.

1) 신선의 의미

‘선(仙, 屳)’은 ‘산에 사는 사람’이라는 뜻인데, 원래는 ‘인人’변과 ‘천(䙴: 오르다, 옮기다)’을 결합한 ‘선(僊: 산으로 터전을 옮긴 사람)’이라는 글자를 썼으나 글자가 간략화되면서 앞의 글자를 쓰게 되었다. 후한시대(25~220) 유희劉熙의 『석명釋名』(213년 이전)에는 ‘늙어도 죽지 않는 사람을 선이라고 한다(老而不死者曰仙)’고 하였다.

신선을 언급한 것은 사마천(기원전 145~87)의 『사기史記』가 처음이다.

> “제(齊: 산동성)의 위왕(재위: 기원전 356~320) · 선왕(재위: 기원전 319~301), 연(燕: 하북성)의 소왕(재위: 기원전 311~279) 때부터 사람을 시켜 바다에 들어가서 봉래 · 방장 · 영주를 찾게 했다. 이 삼신산三神山은 전하는 바에 따르면 발해 속에 있는데, 인간이 떠나기 그리 멀지 않다. 다만, 거기에 이르려 하면 바람이 배를 끌고 가버리게 되니 매우 안타깝다. 일찍이 거기에 이른 사람도 있는데, 여러 선인僊人 및 불사약이 모두 거기에 있으며, 거기에 있는 만물과 금

수는 모두 희다. 황금과 은으로 궁궐을 지어놓고 있다. 거기에 이르기 전에 멀리서 바라보면 구름과 같은데, 거기에 이르러 보면 삼신산은 도리어 물밑에 있으며, 가까이 다다르면 바람이 급히 끌고 가버리니, 끝내 이를 수가 없다. 세상의 군주로서 동경하지 않는 자가 없었다."(「봉선서」 제6)

"제의 위왕 · 선왕 때부터 추자(騶子= 騶衍, 鄒衍, 기원전 305~240)의 무리는 오덕종시(五德終始: 목·화·토·금·수 등 五行의 순서대로 역사가 전개되고 그 과정이 순환 · 반복된다는 설)의 운행을 논하고 저술하였다. … 그런데 송무기 · 정백교 · 충상 · 선문고 · 최후 등은 모두 연나라 사람으로, 방선도方仙道를 행하여 형체를 숨기기도 하고 바꾸기고 하여(形解銷化) 귀신의 일에 의거하였다. 추연은 음양주운편으로 해서 제후 사이에 알려져 있었다. 그러나 연과 제의 해변의 방사方士들은 그 술을 전달받고는 있었으나 능통하지는 못하였다. 그리하여 괴우怪迂한 짓을 하여 아유(阿諛= 아첨) 구합(苟合= 아부)의 무리가 부지기수였다. … 이소군(李少君: 기원전 141~87년에 재위한 한무제 때의 방사)도 또한 조신竈神을 제사 지내고 벽곡辟穀의 도와 늙음을 물리치는 방술로써 상上을 뵈었다."(「봉선서」 제6)

"제나라 사람 서불徐市 등이 다음과 같은 상서를 올렸다. '바다에 삼신산이 있으니, 그 이름이 봉래 · 방장 · 영주라고 하며, 선인僊人이 거기에 살고 있습니다. 우리는 재계齋戒하고 동남녀童男女와 더불어 이를 구하고자 합니다.' 이에 서불과 동남동녀 수천 명을 보내어 바다로 나가 선인을 찾게 했다."(「진시황본기」)

진시황은 이후에도 계속 노생, 한종, 후공, 석생 등에게 명하여 선인의 불사약을 구하게 하였다고 한다. 그중 한종韓終은 한반도로 와서 마한을 건국하고 서불은 일본으로 건너가 왕이 되었다는 설이 전해지고 있다.

전국시대(기원전 403~221) 말기의 『장자』에는 선인을 연상시키는 다음과 같은 언급이 있다.

> "누구를 진인眞人이라 일컫는가. … 높은 데에 올라가도 떨지 않고, 물속에 들어가도 젖지 않고 불 속에 들어가도 뜨거워하지 않는다. … 자고 있을 때는 꿈꾸지 않고, 깨어 있을 때는 걱정이 없으며, 먹을 때는 맛있는 것을 취하지 않고, 호흡은 깊으니, 진인의 호흡은 발꿈치로 하고 보통사람의 호흡은 목구멍으로 한다."「대종사」
>
> "지인至人은 큰 못이 불타도 덥지 않으며, 황하와 한수 물이 얼어도 춥지 않으며, 잽싼 우레가 산을 부수고 세찬 바람이 바다를 흔들더라도 놀라지 않는다. 이 같은 자는 구름이나 대기에 올라타고 일월에 걸터앉아서 세계의 밖에 나가서 노니, 생사도 나를 움직일 수 없다."「제물」
>
> "먼 고야산(故射山= 邈姑射山)에 신인神人이 살고 있으니, 피부는 빙설과 같고 나긋나긋하기는 처녀와 같으며, 오곡을 먹지 않고 바람과 이슬을 마시며 구름과 대기를 타고 나는 용을 몰아 세상 밖에서 노닌다."「소요유」

2) 신선의 연원

여기서 발해에 있다고 하는 봉래 · 방장 · 영주라고 하는 삼신산은 어디를 가리키며 궁극적으로는 신선사상의 발상지가 어디인가가 문제이다. 중국에서는 예부터 태산(동) · 화산(서) · 형산(남) · 항산(북) · 숭산(중) 등 명산이 거론되어 왔는데, 왜 역외의 산에서 신선을 찾았는가 하는 것이다.

『산해경』(기원전 3~4세기)에는 다음과 같이 '조선'을 거론하고 있다.

> "조선이 열양(列陽: 요동에 있는 강)의 동쪽에 있는데, 바다의 북쪽, 산의 남쪽이다. 열양은 연燕에 속한다."(「해내북경」)
>
> "동해의 안쪽, 북해의 모퉁이에 조선과 천독(天毒= 천축국?: 『규원사화』에서는 '천'을 '육育'으로 풀이하여 '하늘이 그 사람들을 길렀고 물가에 산다'고 해석하였음)이라는 나라가 있는데, 그 사람들은 물가에 살며 남을 아끼고 사랑한다."(「해내경」)

동해는 황해, 북해는 발해를 가리키니 조선은 발해 북쪽 지역, 지금의 요령성과 길림성 일대에 있던 고조선을 의미하는 것으로 볼 수 있을 것이다. 즉 삼신산이 발해에 있다는 것은 곧 조선에 있다는 말이다. 이는 안정복(安鼎福, 1712~1791)의 『동사강목東史綱目』(: 고조선으로부터 고려 말까지를 다룬 역사책. 1778)에 나오는 '우리나라는 지형이 3면이 바다로 에워싸여 있어서, 그 모양이 섬과 같다. 그래서 한서에서는 조선은 해중海中에 있으니 마치 월越의 형상과 같다고 했다'는 기사에서도 알 수 있다.

고려 중기의 이인노(李仁老, 1152~1220)는 그의 『파한집破閑集』에서 '우리나라는 봉래 · 영주와 접하여 예부터 신선의 나라라고 불려왔다'고 하였다. 이후 이수광(1563~1628)은 그의 『지봉유설芝峯類說』에서 '세상에서 말하기를 삼신산은 우리나라에 있으니, 금강산은 봉래산, 지리산은 방장산, 한라산은 공동산이라고 한다'고 하였으며, 이중환(1690~1752)은 『택리지擇里志』에서 '세상에서는 금강산을 봉래산, 지리산을 방장산, 한라산을 영주산이라고 한다'고 쓰고 있다. 또한 차천로(1556~1615)는 『오산설림』에서, 정렴(1506~1549)은 『북창선생시집』에서, 홍만종(1643~1725)은 『해동이적』에서 삼신산이 우리나라에 있다는 주장을 펴고 있다.

『산해경』에는 다음의 기사가 등장한다.

> "대황의 한가운데에 불함(不咸= 장백산, 백두산, 태백산, 개마산, 아사달산)이라는 산이 있고 숙신씨국(= 읍루국)이 있다."(「대황북경」)
>
> "숙신국이 백민의 북쪽에 있다. 이름을 웅상雄常이라고 하는 나무가 있는데 성인이 대를 이어 즉위하게 되면 이 나무에서 옷을 만들어 입었다."(「해외서경」)

정인보(1893~1950), 안재홍(1891~1965)은 숙신을 중국 고서에 등장하는 주신珠申, 식신息愼, 직신稷愼 등과 마찬가지로 조선의 음사라고 주장하였다.

또한 갈홍(葛洪, 284~364)의 『포박자抱朴子』에는 이런 기사가 있다.

> "옛날에 황제(=헌원씨, 유웅씨)가 있었는데, 동으로 청구靑丘에 이르러, 풍산風山을 지나서 자부紫府 선생을 만나보고 『삼황내문三皇內

> 文』을 받아, 이로써 힘써 만신을 부렸다."(「내편」)

'황제'는 중국을 통일해 국가를 세운 최초의 군주이자 중국문명을 창시한 인물로 숭배해 왔으며, 삼황오제(三皇五帝: 신농神農·복희伏義·여와女媧와 황제黃帝·전욱顓頊·제곡帝嚳·요堯·순舜) 가운데 하나로 알려져 있다. '청구'는 이미 『산해경』에서 "'청구국이 그(:군자국)' 북쪽에 있는데, 그곳의 여우는 네 개의 발과 아홉 개의 꼬리를 지니고 있다"(「해외동경」)고 언급되었으며, 삼국시대 이래 『삼국사기』·『삼국유사』·『고려사』·『조선왕조실록』 등에서도 우리나라의 별칭으로 사용하고 있다. '풍산'은 태백산을 가리키며, '자부 선생'은 중국 도교의 신선으로 알려져 있다.

중국 남북조시대 북제北齊의 위수魏收가 편찬한 사서인 『위서魏書』(551)에는 다음과 같은 기사가 보인다.

> "나라에 도태산徒太山이 있는데, 위나라 말로 태백이라고 한다. 호랑이·표범·곰·늑대가 있으나 사람을 해치지 않으며, 사람들도 산 위에서 오줌을 누지 않는다."(「열전」 물길勿吉)

'물길'은 시대에 따라 숙신, 읍루, 말갈, 여진, 만주족으로도 불리며, 중국 동북지방과 백두산 천지에서 발원하는 송화강 유역에 거주한 퉁구스계의 여러 민족을 일컫는다. 여기서 도태산은 『산해경』에 등장하는 '불함산'을 의미하는 것으로 볼 수 있을 것이다. 삼신산이 태백산이라고 직접 언급하고 있는 곳은 북애 노인이 썼다고 전하는 『규원사화』(1675)다.

"태백산은 곤륜산의 이름을 누르고도 남음이 있으니 옛날 삼신산이 곧 태백산이다. 삼신을 또 삼성三聖이라고도 한다. 지금의 문화 구월산에 삼성사가 있는데 곧 환인 · 환웅 · 환검을 제사 지내는 곳이다. 지금 단군의 가르침이 크게 행해지고 있지는 않지만 그 신령한 가르침은 오히려 후세에 전해져서 나라 안 모든 남녀가 조용한 가운데 받들어 믿는다. 이를테면 사람의 생사는 반드시 삼신이 주관하는 것이라 하여, 열 살 미만 아이의 몸과 목숨의 안위, 슬기롭고 어리석음, 못나고 뛰어남을 삼신제석에 의탁했다. 삼신이란 천지를 창조하고 사람과 사물을 만들어 다스리는 세 신을 말한다. 제석이란 말은 비록 불교 법화경에서 나온 말이기는 하나 천제天帝라는 뜻이다."(「단군기」)

3) 선풍

조선 선조(宣祖, 재위: 1567~1608) 때의 기인 조여적趙汝籍이 찬술한 『청학집』에서는 우리나라 선가의 계보를 다음과 같이 그리고 있다.

"변지卞祉의 『기수사문록記壽四聞錄』은 우리나라 도류의 무리를 기록했는데, 거기에서 언급하기를, '환인진인은 명유(明由: 우리나라 옛 신선의 이름)에게서 업을 받았고, 명유는 광성자(廣成子: 중국의 옛 선인으로 공동산의 석실에 은거했다고 함)에게서 업을 받았는데, 광성자는 옛날의 선인이다. 환인진인은 동방 선파의 조종이고, 환웅천왕은 환인의 아들이다. 아버지의 뜻을 계승하여 사실을 기술하고, 바람 · 비 · 오곡 등의 360여 가지의 일을 주재하시어, 우리나라 백성을 교화시켰다. 단군이 대업을 계승해 십년 간 교화하니 9이夷가 모두 그를 존경하여 천왕으로 추대하였다. 쑥으로 만든 정자와 버드나무로 만든 대궐에서 머리를 땋고서 소 위에 걸터앉아 세상을 주관해 다스린 지 1048년 만에 아사산(=아사달산)에 들어가 신선이 되었다. 그의 자손들이 번창하여 그 당시 큰 나라 9개국과 작은 나라 12개국이 모두 단 씨였다'고 하였다.

그후에 문박씨文朴氏가 있어 아사산에 살았는데, 그는 얼굴이 아름답고 눈이 모지게 생겼으며 단군의 도를 능히 체득할 수 있었다. 영랑永郞은 향미산 사람인데, 90세가 되어서도 얼굴빛이 어린아이 같았으며, 백로 깃으로 만든 관을 쓰고 쇠와 대로 만든 지팡이를 짚고 호수와 산을 소요하다가 드디어 문박 씨의 업을 이어받았다. 마한 때 신녀 보덕寶德은 바람을 타고 다니고 거문고를 안고 노래를 하는데 그 모습이 마치 가을 물속의 부용(芙蓉= 연꽃) 같았으며 이 사람은 영랑의 도를 계승하였다.

…

가락국 거등왕 때 담시旵始 선인이란 분이 있었는데 그는 칠점산에서 내려왔다. 그의 모습은 차가운 옥같이 빛나고, 그의 말씨는 불경 읽는 소리 같았다. 그는 초현대에서 임금을 만나 뵙고 말하길 '임금께서 자연스럽게 다스린다면(自然爲治) 백성은 자연적으로 풍속이 이루어질 것입니다'라고 하였다. …

물계자勿稽子란 사람은 신라 때 명신으로 공을 세웠으나, 상을 받지 못하였다. 그래서 거문고를 들고 사이산斯彛山으로 들어가, 봄에는 수풀 속에서 거처하고 겨울에는 동굴에서 살았다. 효공왕 때 옥룡자(=도선)가 풍악산(=금강산)에서 만났는데 동안에다 피부가 아이와 같으며 술병을 들고 노래하는데 나이를 물으니 거의 팔백 세라 하였다. 이 사람은 곧 칠점산의 후예이다.

… 대세大世와 구칠仇柒은 남해에 배를 띄워 타고 갔으며, 도선과 원효는 불교에 몸을 의탁했으니, 이들은 곧 물계자의 유파이다.

최치원은 문장이 정밀하여 여러 사람 가운데서 탁월하였다. 12세에 당나라에 들어갔다가 28세에 우리나라로 돌아와 정현 · 현준과 도우가 되었다. 그가 지나간 곳으로 경주의 남산, 강주(=경북 의성)의 영산, 합주(=합천)의 청향산, 지리산의 쌍계인 듯한데, 이런 곳들은 모두 명승지다. 만년에는 가야산에 들어가 다시 세상에 나오지 않았다. 이 사람은 곧 대세와 구칠의 유파이다."

또 『규원사화』에서도 신선의 계보를 이렇게 묘사하고 있다.

"단군은 임금 자리에 있은 지 90여 년 동안 천하는 하도 넓고 일은 많아 즐거움을 잊고 살 수밖에 없었다. 그러다가 부루에게 임금 자리를 이어받게 하며 '하늘의 도가 밝히 네 마음에 내려와 있으니 오직 네 마음을 잡고 모든 백성을 사랑하는 일에 지성을 다하라'했다.

그리고는 당장唐莊에 가서 아사달에 들어가 10월에 신이 되어 하늘로 올라갔다. 세상에 있은 지 210년, 임금 자리에 있은 지는 93년이다. 이리하여 부루가 모든 가加와 제후를 거느리고 하늘로 올라간 자리에서 제사 지내고 신축년에 평양에서 보위에 오르니 곧 2세 단군이다.

나중에 문박씨가 아사달에 살았는데 그 얼굴은 환하여 젊어 보이고 눈은 모가 나고 제법 단검의 도를 얻었다. 그 후 향미산의 영랑과 마한의 신녀 보덕 등은 깨끗함을 얻어 한가로이 속세에 나가 살았다는데 그것은 단조檀祖가 만민을 교화시키던 큰 뜻과는 거리가 멀다."(「단군기」)

홍만종이 여러 책에서 뽑아 쓴 『해동이적』에는 단군으로부터 곽재우에 이르는 신선의 약전과 일화가 담겨 있다. 그중 몇을 발췌해서 소개하면 다음과 같다.

"혁거세는 신라의 시조다. 한나라 선제 지절 원년 임자년(기원전 69년)에 육촌의 촌장이 모두 알천가에 모여 있었다. 고허촌장 소벌공이 양산기슭을 바라보니, 나정(蘿井: 담쟁이덩굴이 우거진 우물) 옆에 이상한 기운이 있어, 마치 번갯불이 땅으로 떨어지는 것 같았다. 이윽고 살펴보니 커다란 자줏빛 알이 있었다. 그 알을 깨니 외모가 단정한 사내아이가 나왔다. 동천에 몸을 씻기니 몸에서 광채가 났다. 그러자 새와 짐승이 모두 춤추고 해와 달이 청명해졌다. 육부의 사람들은 그 아이가 신이하다고 생각하고 거두어 길렀다. 그 아이가 자라 군장이 되니, 호를 혁거세 거서간이라 하고, 국호를 서야벌(→신라)이라 하였다. 진한 사람들은 표주박을 '박朴'이라 불렀는데, 혁거세가 나온 큰 알이 표주박과 같이 생겨 박을 성씨로 삼았다. …

『여지승람』(=동국여지승람: 성종의 명에 따라 노사신 등이 편찬한 우리나라 지리서, 1481)에 말하기를, '성모사聖母祠는 서악 선도산(=경주)에 있다. 성모는 본래 중국 황실의 딸로서 이름은 사소娑蘇였다. 일찍이 신선술을 터득하고 해동에 와서 오래도록 돌아가지 않고는 마침내 신이 되었다. 세상에 전하는 바로는 혁거세는 곧 성모가 낳은 아이라고 한다. 그러므로 중국사람이 지은 찬에 '선도仙桃 성모가 어진 이를 배어서 처음으로 나라를 세웠다'고 한 말이 있다'고 하였다. 미수 이인로(1152~1220)의 문집에 말하기를 … "(「혁거세」)

"신라 때의 4선, 곧 술랑 · 남랑 · 영랑 · 안상은 모두 영남 사람 또는 영동 사람이라고 한다. 그들이 함께 고성에서 노닐면서 3일 동안 돌아오지 않았으므로, 그곳의 지명을 삼일포라 하였다. 삼일포 남쪽에 작은 산봉우리가 있는데, 그 봉우리 위에 돌로 만든 감실(龕室: 사당 안에 신주를 모셔두는 장)이 있다. 봉우리 북쪽 산비탈에 있는 바위 표면에 붉은 글씨로 '영랑도 남석행永郎徒 南石行'이란 여섯 글자가 쓰여 있다. 이른바 남석행이란 아마도 곧 남랑이 아닌가 한다.

작은 섬에 옛날에는 정자가 없었는데, 존무사 박공이 그 위에 정자를 지으니 이것이 곧 사선정이다. 또 군 남쪽으로 10리쯤 되는 곳에 단혈丹穴이 있다. 또 통천에 사선봉이 있는데, 이 모두 사선이 노닐던 곳이다. 또 간성에 선유담과 영랑호가 있고, 금강산에 영랑봉이 있다. 영랑 등 선도가 일찍이 그곳에서 놀았기 때문에 그런 이름이 붙게 된 것이다. 그리고 또 장연에 아랑포가 있고, 강릉에 한송정이 있는데, 정자 옆에 차샘과 돌아궁이, 돌절구 등이 있어 이 역시 사선이 노닐던 곳이다. 미수 이인로의 시에 '사선은 신라 때 사람으로 대낮에 변화하여 승천하였네, 천년 동안 남긴 자취 따라가니 삼산엔 약초만이 여전하네'라고 하였다. 또 동은 이의건의 문집에는 '일찍이 이율곡에게서 경포에 살던 사람이 '때로 달밤이면 구름 사이에서 아득하게 통소 소리가 들린다'고 한다는 말을 들었으니, 이상한 일이다'하고, 다음과 같은 시를 읊었다. '네 신선은 바다 가운데 산에 자취를 남기고 깃 덮개를 한 수레를 타고 가서 돌아오지 않네. 호숫가엔 지금도 밝은 달밤이면 흰 구름 사이에서 옥퉁소 소리가 들리네.'"(「4선仙」)

"곽재우(1552~1617)의 자는 계수이고, 본관은 현풍이며, 감사 월의 아들이다. 젊어서 남명 조식을 따르며 배웠는데, 남명은 자기 외손녀를 그에게 출가시켰다. 공은 과거 공부를 포기하여, 40세가 되도록 포의(布衣= 白衣: 벼슬이 없는 선비)로 가난하게 살면서 삿갓 쓰고 짚신 신은 채 고기나 낚으면서 스스로 즐겼다.

임진왜란이 일어나자 군사를 일으켜 왜적을 토벌했는데, 늘 붉은 옷을 입고 맨 앞장을 섰다. 그래서 왜적들은 그를 '홍의천강장군'이라 불렀다. 왜적을 대파한 공로로 벼슬이 좌윤에 이르렀는데, 함경감사에 임명되자 사양하고 나아가지 않고 서울에서 벼슬을 하고 살되 솔잎만 먹고 지낼 뿐이었다. 일찍이 비파산에 들어가 솔잎만 먹고 벽곡(辟穀: 곡식은 먹지 않고 솔잎 · 대추 · 밤 등을 조금씩 먹음)하였다. 후에 취산 창암으로 들어가 영원히 화식을 끊었다. …

『지봉유설』(이수광이 편찬한 한국 최초의 백과사전, 1614)에는, 공은 기개와 절조가 있고 뜻이 커서 사물에 구애를 받지 않았다. 임진왜란 때 자기 집 종과 향병을 모아 분전하여 왜적을 토벌하였다. 가재를 몽땅 군비에 충당하고, 낙동강을 가로막아 적병을 많이 베니, 왜적들은 그를 두려워하여 '홍의장군'이라 불렀다. 왜적이 물러가자, '고양이를 기르는 까닭은 쥐새끼를 잡기 위함이다. 지금 왜적이 평정되어 나는 할 일이 없으니 떠나도 되겠구나'하고, 마침내 방술을 배우러 입산하여, 곡식을 끊고 거의 일 년이 지나도록 먹지 않았다. 이에 몸은 가벼워지고 건강해졌다. 오직 하루에 송화 한 조각만 먹었을 뿐이었으니, 이는 대체로 연기법(嚥氣法: 음양의 기운을 몸속에 흡수하는 방법으로 양생법 중의 하나)을 터득한 것이었다. 내가 생각하건대, 곽재우는 대란을 당해 분전하여 왜적을 토벌하고 공을 세운 뒤 초연하게 멀리 이끌고 입산하여 곡식을 피하고 일 년이 지나도록 먹지 않고도 몸은 가벼워지고 튼튼해졌으니 어찌 이른바 신선의 부류가 아니겠는가? 그의 사적은 자못 장유후(=장량: 한나라 고조를 도와 나라를 세우게 한 뒤 赤松子를 따라가 도를 배워 신선이 됨)와 유사하니, 기이하다."(「곽재우」)

이외에도 동명왕, 대세와 구칠, 담시, 김가기, 최치원, 강감찬, 김시습, 서경덕, 정렴, 전우치, 이지함 등등이 소개되어 있다.

(2) 화랑: 인간과 사회의 조화

신선은 세속적 욕망을 벗어났으나 오로지 이기적 또는 오로지 이타적 삶이 아니라 남과 나아가 다른 존재들과 더불어 어울려 사는 삶을 지향한다. 그것을 발현시켰던 것이 바로 화랑도花郎徒들이다.

1) 화랑의 무리

『삼국사기』에서는 화랑도의 설치를 진흥왕(재위: 540~576) 조에서 다음과 같이 기술하고 있다.

"37년(576) 봄에 비로소 원화源花를 받들었다. 처음에 임금과 신하들이 인재를 알아볼 방법이 없는 것을 병통으로 여겨, 사람들로 하여금 무리지어 노닐도록 해서 그 행동거지를 살핀 다음에 천거해 쓰고자 하였다. 이리하여 어여쁜 여자 두 사람을 뽑으니 한 사람은 남모南毛요, 또 한 사람은 준정俊貞이었다. 무리 3백여 명을 모았는데 두 여자가 미모를 다투어 서로 질투하더니, 준정이 남모를 자기 집으로 유인해 그녀에게 억지로 술을 권하여 취하게 한 다음, 끌어다가 강물에 던져서 죽였다. 이에 준정은 죽임을 당하였고, 그 무리들도 화목을 잃어 흩어지고 말았다.

그 뒤 다시 미모의 남자를 골라 단장하고 꾸며서 화랑花郞이라 이름하고 받들게 되었다. 낭도의 무리가 구름처럼 모여들어 혹은 도의를 서로 연마하고(相磨以道義), 혹은 노래와 음악을 서로 즐기며(相悅以歌樂), 산과 강을 찾아 노닐어 멀리까지 이르지 않은 곳이 없었다(遊娛山水 無遠不至). 이로 인해 그 사람됨의 옳고 그름을 알아 그 가운데 훌륭한 이를 가려서 조정에 추천하였다.

그러므로 김대문은 『화랑세기』에서 말하기를 '어진 재상과 충성스러운 신하가 이로부터 나왔고, 훌륭한 장수와 용맹한 병사가 여기에서 생겨났다'라고 했던 것이다."(「신라본기」 제4)

『화랑세기花郞世紀』에서는 이렇게 말하고 있다.

"화랑은 선도仙徒다.

우리나라에서는 옛날부터 신궁(: 신라 시조가 태어난 나을에 소지왕 9년인 487년에 설치함)을 받들어 하늘에 큰 제사를 지냈다. 이는 중국 연나라의 동산桐山이나 노나라의 태산과 같은 것이다.

옛날 연나라 부인들은 선도를 좋아하여 미인들을 많이 양성하였으며, 그 이름을 국화國花라고 하였다. 이러한 풍습이 동쪽으로 전해져 우리나라에도 '원화'가 생겼으며, 그 후 지소태후(: 법흥왕과 보도부인 사이의 딸이자 진흥왕의 어머니)가 이를 폐지하고 화랑을 두어 나라 사람으로 하여금 받들게 하였다. 이보다 먼저 법흥대왕이 위화랑을 사랑하면서 그 이름을 화랑이라고 하였다. 화랑이라는 이름이 이로부터 시작되었던 것이다.

옛날에 선도들은 신을 받드는 일을 위주로 하여 나라의 사대부들도 차례로 이를 행하였다. 그 뒤 선도들은 도의로서 서로 권면하여 어진 재상과 충성스러운 신하가 이로부터 뽑혔고, 훌륭한 장수와 용감한 병졸이 이로 말미암아 생겼으니, 비로소 화랑의 역사가 생겨난 것이다."(『서序』)

"… 그러던 중 옥진궁주를 총애하게 되면서 법흥대왕은 다시 처음처럼 위화랑을 총애하여, 마침내 이찬의 벼슬을 내려 주었다. 옥진궁주가 총애를 독차지하게 되면서 법흥대왕은 보도부인으로 하여금 중이 되게 하고, 위화랑을 자신의 신하로 삼았다.

그 뒤 지소태후가 나라 일을 맡게 되자 화랑을 두어, 위화랑을 그 우두머리로 삼아 '풍월주'라고 호칭하였다."(『위화랑』)

『삼국유사』에서도 화랑도를 설치한 내력을 이렇게 밝히고 있다.

"제24대 진흥왕의 성의 김 씨이고, … 또 천성이 풍류를 좋아하고, 신선을 매우 숭상하여 백성들 집안의 아름다운 처녀들을 뽑아 원화로 삼았다. 이것은 무리를 모으고 선비를 뽑아 효도, 우애, 충성, 신의를 가르치고자 함이었고 또한 나라를 다스리는 큰 요체이기도 하였다. …

여러 해가 지나자 왕은 또 나라를 홍성하게 하려면 반드시 먼저 '풍월도風月道'를 해야 한다고 생각하여, 다시 명령을 내려 좋은 집안의 남자 가운데 덕행이 있는 올바른 사람을 뽑아 화랑이라 고치고, 맨 먼저 설원랑을 받들어 국선國仙으로 삼았다. 이것이 화랑 국선의 시초다. 그래서 명주에 비를 세웠는데, 이로부터 사람들로 하여금 악행을 고쳐 다시 선행을 하게 하고, 윗사람을 공경하며 아랫사람에게는 순하게 하니, 다섯 가지의 떳떳한 윤리(5常: 仁·義·禮·智·信), 여섯 가지 학예(6藝: 禮·樂·射·御·書·數)와 삼사(三師: 천자를 보필하는 관직인 太師, 太傅, 太保), 육정(六正: 聖臣, 忠臣, 良臣, 智臣, 貞臣, 直臣)이 이 시대에 널리 행해졌다."(「탑상塔像」 미륵선화 미시랑 진자사彌勒仙花 未尸郎 眞慈師)

또 『삼국사기』에 나오는 김유신 조를 보면 다음과 같은 기사가 있다.

"유신이 15세에 화랑이 되자 당시 사람들이 기꺼이 복종하니, 그 무리를 용화향도(龍華香徒: 미륵을 좇는 무리)라고 하였다.

진평왕 건복 28년(611) 신미에 유신의 나이 17세였는데, 고구려와 백제와 말갈이 나라의 강토를 침범하는 것을 보고, 의분이 북받쳐

적도들을 평정할 뜻을 가지고 홀로 중악中嶽의 석굴로 들어가 재계하고 하늘에 고해 맹세하였다. …

노인은 잠자코 말이 없었다. 유신은 눈물을 흘리며 부지런히 간청하기를 예닐곱 번이나 하였다. 그제야 노인은 말문을 열었다. '그대는 아직 어린데도 삼국을 아우를 마음을 가지고 있으니, 어찌 장하다 하지 않으랴.' 이윽고 비법秘法을 주면서 다시 말하였다. '삼가 함부로 전하지 말라. 만약 의롭지 못한 데에 쓴다면 도리어 그 재앙을 받을 것이다.'

노인은 말을 마치자마자 곧 떠나 2리쯤 멀어지니, 유신이 찾아가 둘러보았으나 보이지 않고 오직 산 위에 오색빛만 찬연하였다."(「열전」 제1)

『삼국유사』의 김유신 조에서는 "유신공은 진평왕 17년 을묘년(595) 생으로 칠요(七曜: 북두칠성 또는 태양·달·화성·수성·목성·금성·토성을 통틀어 이르는 말)의 정기를 타고 태어났기 때문에 등에 북두칠성 무늬[七星文]가 있었고, 또 신기하고 이상한 일이 많았다."(「기이紀異」 제1)

이들 기사를 종합해보면 화랑들은 풍월도와 함께 불교, 유교, 도교적 이념들을 융합하여 수련하고 있었다는 것을 알 수 있다.

2) 세속오계

『삼국유사』에 원광법사의 세속오계가 나오게 된 내력이 실려 있다.

"… 또 『삼국사기』「열전」에는 이렇게 되어 있다.

어진 선비 귀산貴山은 사량부 사람으로 한 동네에 사는 추항箒項과 친구였다. 두 사람이 만나서 말하였다. '우리들이 덕망 있는 선비와 교유하길 기약하면서 먼저 마음을 바르게 하고 몸을 닦지 않는다면 아마도 욕을 초래하는 일은 면하지 못할 것이다. 그러니 어찌 어진 사람을 찾아가 도를 묻지 않을 수 있겠는가?'

이때 원광법사가 수나라에 들어갔다가 돌아와서 가슬갑에 머무르고 있다는 말을 듣고 두 사람이 문으로 들어가 아뢰었다. '속된 선비들은 무지몽매하여 아는 것이 없으니, 한 말씀만 해주시면 평생토록 경계로 삼겠습니다.'

원광법사가 말하였다. '불교에는 보살계가 있고 거기에 따로 열 가지가 있으나, 너희들이 다른 사람의 신하된 몸으로는 아마도 감당할 수 없을 것 같다. 지금 세속에는 다섯 가지 계[世俗五戒]가 있다. 첫째는 충성으로 임금을 섬기는 것(事君以忠)이고, 둘째는 효도로 어버이를 섬기는 것(事親以孝)이고, 셋째는 믿음으로 벗과 사귀는 것(交友有信)이고, 넷째는 싸움터에 나가서는 물러남이 없는 것(臨戰無退)이고, 다섯째는 살생을 가려서 하는 것(殺生有擇)이다. 너희들은 이를 실행하는데 소홀함이 없어야 한다.'

귀산 등이 말하였다. '다른 것은 잘 알겠습니다만, 이른바 살생을 가려서 하라는 것만은 잘 알지 못하겠습니다.'

원광법사가 말하였다. '육재일(六齋日: 재일이란 부처나 승단에 공양을 올려 공덕을 쌓는 의식을 갖는 날로 한 달에 6일 동안 의식 장소에 모여 단식을 하며 목욕재계하고 경건하게 보냄)과 봄, 여름에는 살생하지 말아야 하니, 이는 시기를 가리라는 것이다. 우리는 가축을 죽이지 말라고 하는 것은 말·소·닭·개를 말하는 것이다. 미물을 죽이지 말라고 하는 것은 그 고기가 한 점도 되지 못하는 것을 말하니, 이는 바로 대상을 가리라는 것이다. 또한 죽일 수 있는 것도 꼭 필요한 양 만큼만 죽이고 많이 죽이지는 말라. 이것이 곧 세속의 좋은 계다.'

귀산 등이 말하였다. '지금부터 이를 받들어 두루 행하여 감히 실수하는 일이 없도록 하겠습니다.'

이후에 두 사람은 전쟁터에 나가 모두 나라에 뛰어난 공을 세웠다."(『의해義解』 원광서학圓光西學)

3) 팔관회

팔관회는 원래 불교도들이 하루밤낮으로 살생·도둑질·간음·헛된 말·음주를 금하는 5계와 사치하지 말고, 높은 곳에 앉지 않고, 오후에는 금식해야 한다는 세 가지를 더하여 8계를 지키는 불교의식이었으나, 신라의 진흥왕 대에는 전쟁에서 죽은 사졸들을 위해 베풀다가, 고려시대에는 예불과 함께 토속신에 제례를 행하였고 아울러 연회를 베풀어 국가의 태평과 왕실의 안녕을 기원하는 정기 행사로 자리 잡았다. 고려 태조는 자손들을 훈계하기 위해 10가지 유훈[訓要十條]을 남겼는데(943), 그중 6조는 '나의 소원은 연등[燃燈會]과 팔관[八關會]에 있는 바, 연등은 부처를 제사하고, 팔관은 하늘[天靈]과 5악嶽·명산·대천·용신 등을 봉사하는 것이니, 후세의 간신이 신위神位와 의식절차의 가감加減을 건의하지 못하게 하라'는 것이다. 그래서 건국한 해에 팔관회를 크게 열어 개국을 이렇게 축하하였다.

"11월에 팔관회를 베풀었다. 유사가 아뢰기를 '전대의 임금(: 궁예)이 해마다 중동(仲冬: 음력 11월)에 팔관제를 크게 베풀어서 복을 빌었으니 그 제도를 따르기를 원합니다'라고 하자, 왕이 이르기를 '짐이 덕이 없는 사람으로서 왕업을 지키게 되었으니 어찌 불교에 의지하여 국가를 편안하게 하지 않으리요'하고, 드디어 구정(毬庭: 궁중이나 지위가 높은 사람의 큰 집에 있던 넓은 격구장) 한곳에 윤등을 설치하고 향등을 곁에 벌여 놓고 밤이 새도록 땅에 광명을 비쳤다. 또 채색 누각을 두 곳에 설치하였는데, 각각 높이가 50척이나 되고 모양은 연대蓮臺와 같아서 바라보면 아른거렸다. 갖가지 유희와 가무를 그 앞에서 벌였는데, 사선악부四仙樂部와 용 · 봉황 · 코끼리 · 말 · 수레 · 배는 모두 신라의 고사였다. 모든 관원이 도포를 입고 홀을 들고, 예를 행하였으며, 구경하는 사람이 서울을 뒤덮어 밤낮으로 즐겼다. 왕이 위봉루에 나아가 이를 관람하고 그 명칭을 '부처를 공양하고 귀신을 즐겁게 하는 모임(供佛樂神之會)'이라 하였다. 이 뒤로부터 해마다 상례로 삼았다."(『고려사절요』1, 태조)

신라에서 성행했던 선풍은 고려에도 계승되나 고려(918~1392) 예종(재위: 1105~1122)과 의종(재위: 1146~1170)의 다음과 같은 조서詔書에서 그 의미와 기세가 쇠퇴해갔음을 알 수 있다.

"옛날 사선의 행적에 영광을 더하라. 그 사선의 숭고한 정신을 받들어라. 근일에는 국선의 도를 구하는 자가 없다. 대관의 자손으로 하여금 국선의 도를 행하게 하라."(『고려사』)

"선풍을 숭상하라. 옛날 신라에 선풍이 대행하여 그로 말미암아 천룡이 환열(歡悅= 환희)하고 민물(民物: 백성의 재물)이 안녕했다. 그래서 조종(祖宗: 시조가 되는 조상, 임금의 조상) 이래로 그 선풍을 숭상해 온 지 오래다. 근래 양경(兩京: 개경과 서경)의 팔관회는 날로 구래의 규격이 감쇄減殺해가고 유풍이 점점 쇠미해진다. 지금부터 팔관회에서는 미리 양반으로 가산이 넉넉한 자를 골라 선가仙家로 정해서 고풍을 준행遵行하여 사람과 하늘이 다 기뻐하게 하라."(『고려사』)

이는 팔관회가 송나라 서긍의 『고려도경』(=『선화봉사고려도경宣和奉使高麗圖經』, 1123)에 묘사된 것처럼 부여의 영고, 예의 무천, 고구려의 동맹과 같은 제천의식으로, 이 행사의 주관자가 선가였다는 것을 보여준다. 『파한집』에서도 이렇게 묘사하고 있다.

"계림의 옛 풍속에는 남자로 풍채가 아름다운 자를 택하여 구슬과 비취로 꾸미고 '화랑'이라 이름 하였으니 나라 사람들이 모두 받들었다. 그 무리가 3천여 명에 달하여 마치 평원 · 맹상 · 춘신 · 신릉군(: 전국시대 조나라, 제 · 초 · 위나라의 뛰어난 선비)이 선비를 양성한 것과 같았는데, 남달리 뛰어난 자를 가려서 조정에 벼슬을 시키니, 오직 사선문도四仙門徒만이 가장 번성하여 비석을 세울 수 있게 되었다. 우리 태조께서 등극하시어 신라의 유풍이라고 하며 여전히 바꾸지 않았다. 겨울에 팔관성회八關盛會를 베풀어 양가의 자제 네 명을 뽑아 예의(霓衣: 신선이 입는 옷)를 입히고 뜰에 세워서 춤추게 하였다. 대제 곽동순이 하례하는 표를 대신 지었다.

'복희씨가 천하의 왕이 되고부터

태조의 삼한을 통일한 것보다 높음이 없었고
막고야산에 신인이 있었다 하니
이야말로 월성(: 경주에 있던 도성)의 네 분일 것이다.'… "(『권하卷下』)

(3) 무: 인간과 하늘의 소통

"남해 차차웅이 왕위에 올랐다. [차차웅은 혹은 자충慈充이라고 한다. 김대문은 말하기를 '차차웅이란 방언으로 무巫를 이른다. 세상 사람들이 무당이 귀신을 섬기고 제사를 받들기 때문에 그를 외경해 마침내 존귀한 어른을 일컬어 자충이라고 하게 되었다'라고 하였다. 그는 혁거세의 적자다. 몸이 장대하고 성품이 깊고 두터웠으며 지혜와 책략이 많았다. 어머니는 알영 부인이고, 왕비는 운제(또는 아루) 부인이다.] 아버지를 이어 즉위해 곧 원년이라고 일컬었다."(『삼국사기』「신라본기」제1)

1) 무巫의 의미

허신(許愼, 30~124, 58~147)의 『설문해자』에 의하면 '무'는 '여자로서 형태 없는 것을 섬기고 춤을 추어 신을 내리게 하는 자'라고 하여 남무인 '격覡'에 비해 여무를 가리키는 것으로 풀이하고 있다. 또 글자 모양은 하늘과 땅을 잇는 기둥 즉 신목神木 또는 우주목 옆에서 무당의 소매가 춤추는 모습을 취하고 있다. 서양의 샤마니즘shamanism이란 용어는 러시아 표트르 1세(Pyotr I, 재위: 1682~1725)의 사신 자격으로 모스크바에서 북경까지 여행한

네덜란드 상인 이데스E.Y. Ides에 의해 유럽에 알려졌다. 그는 바이칼 호수 근방에서 퉁구스족의 박수를 만나 그의 굿을 관찰하고 그를 일컫는 샤만이라는 말을 소개하여 유럽의 학술용어로 굳어진 것이다. 중국의 상商왕조(기원전 1600~1046) 때는 하늘과 땅을 오르내릴 수 있는 무함巫咸이라는 무당이 있었다고 전하나, 주周왕조(= 서주, 기원전 1046~771)부터는 정교 분리가 일어나 무의 권력과 권위가 축소되기 시작하여 한나라(기원전 202~기원후 220) 이후 유 · 불 · 도에 의해 권력구조에서 밀려나 민간신앙으로 자리를 잡게 되었다.

무는 4가지 조건을 전제로 한다.

첫째, 무당이 신의 초월적인 신령한 힘을 체득하는 것은 신병(神病: 신들림에 의한 정신이상적 인격전환의 불가사의한 종교적 경지, initiatory sickness)의 체험을 거치면서 이루어진다. 신과 만나는 접신(接神, ecstasy)을 통해 신에게서 받은 신성한 권력인 신권神權을 가진 자로 거듭나는 것이다.

둘째, 무당은 신권자로서 신과 만나는 제의인 '굿'을 주관한다.

셋째, 무당은 신통하고 비범한 신권자로서 굿을 통해 인간의 종교적 욕구를 충족시켜줌으로써 종교적 지도자나 영혼의 안내자로 인정받을 수 있어야 하며, 사제 · 치병자 · 예언자 나아가 가무오락이나 전통문화 계승자 역할을 한다.

넷째, 무당은 산신 · 칠성신 · 천신 · 용신 등의 자연신이나 장군신 · 왕신 등의 인격신을 신병을 통해 체험하며, 굿을 행하면서 이들 신을 신앙의 대상으로 삼는다.

이러한 조건을 갖춘 무당과 무당을 선택하여 신권을 부여한 신령이 세속 인간의 문제를 풀어가는 과정이 굿(archaic techniques of ecstasy)이다. 굿이 진행되는 동안 무당은 법도에 따라 신령을 순서대로 모셔 받들면서 춤과 노래와 제물로 기쁘게 해 주며, 그 굿을 의뢰한 신도에게 신령의 말을 전해준(: 공수를 내림) 다음 신령을 돌려보낸다. 이 과정이 개인, 사회, 자연, 신령을 모두 아우르면서 입체적으로 진행된다.

먼저 무당은 신병으로 내림굿을 받고 나서 몸주로서의 신령을 모시는 신당을 꾸미고, 신아버지나 신어머니에게 무의 온갖 전승을 포함하여 굿 하는 법을 배우고, 한편으로는 굿이나 무꾸리(: 길흉을 점침)를 행하면서 점차 영계의 대변자가 되어 간다. 그래서 무당은 신당에서 신도를 맞아 사제로서 문제를 해결해 주기도 하고, 병굿이나 푸닥거리로 병을 낫게 해주기도 하고, 앞날을 예언해 주기도 한다. 그리고 무당은 춤, 노래, 장단, 제상차림, 복식, 무가, 지화(紙花: 흰색이나 오색 종이로 만든 꽃모양의 장식물), 악기 등 전통문화의 요소들을 제대로 익혀야 한다. 즉 무당은 굿판에서 일인다역의 배우이자 소리꾼이자 연출가이자 작가이자 무대감독이자 총지휘자인 것이다.

다음으로 신령계는 세 개의 범주로 나뉘며 신들 사이에 구별은 있으나 차별과 배제는 없다. 첫째, 조상신은 굿의 준비 과정에서 모셔지고 나중에 '조상거리(: 서울의 대감놀이의 한 거리로서, 죽은 부모와 형제자매들의 모든 혼령이 무당에 내려 공수를 주는 거리로 슬픈 분위기를 이룸)'에 다시 등장한다. 조상의 범위는 양주의 4대 조상까지다. 둘째, 수많은 자연신과 인격신이 굿에서 모셔지며 이들에게는 계층이 있다. 제일 위에는 천신이 있고, 그 밑으로는 일월성신, 칠성, 산신, 부처, 제석, 신중 등이 있고, 그 밑에 조상신, 삼신, 관운장, 와룡 선생, 최영 장군 등이 자리한다. 셋째, 잡귀잡신이 있다. 굿의 맨 마지막에 하는 굿거리인 '뒷전'이나 '거리굿'은 각 굿거리에서 따로 모셔지지 않은 신들을 불러서 풀어먹이고 돌려보내는 마당굿놀이인데, 이는 굿판에 온 모든 신을 빼놓지 않고 대접하기 위한 것이다. 여기에는 걸립(= 貨主乞粒), 터주, 지신할머니, 서낭, 사신(使臣: 공무 중에 죽은 이의 혼령), 맹인(: 신도집 조상 중에 맹인이었던 이의 혼령), 하탈(: 신도집 부녀 중에서 아이 낳다가 죽은 귀신), 말명(: 신도집 노비가 죽어 된 귀신), 영산(靈山, 零散: 참혹하고 억울하게 죽은 이의 넋), 상문(喪門: 상가에서 묻어 따라온 귀신), 객귀(: 객지에서 죽은 귀신), 수비(主神에 따라다니는 잡귀잡신), 잡귀 등이 있다.

마지막으로 신도가 요청한 굿에는 그 개인이나 집안뿐 아니라 온 마을 사람들이 참여한다. 물론 외지에서 온 구경꾼이나 거지도 포함된다. 공동체 구성원들은 무당의 무가와 사설과 공수와 연기에 함께 울고 함께 웃고 함께 탄식하며 문제의 이해와 공감의 폭을 넓혀나간다. 그 과정에서 문제를 일으킨 원인인 깨어진 조화는 다시 원상을 회복하여 제자리를 찾는 것이다.

굿은 개별적 존재를 전부 하나의 솥 안에 넣고 하나로 뒤섞고 녹여서 융합해 버리는 것이 아니라 각자의 존재감과 정체성을 그대로 인정하고 존중하면서 서로 어울려 조화와 화합을 이루도록 한다. 이러한 우주적 조망의 신명난 굿판의 모습은 고대 문헌에 나타난 우리나라의 제천의례에 간략하게 담겨있다.

2) 제천의례

하느님이 아들을 백두산 신단수 아래로 내려 보내어 인간세상과 자연의 조화와 질서를 다스리게 하였고, 그 아들은 나라를 세워 통치하다가 산으로 들어가 산신이 되었다. 이후로 사람들은 하느님과 환웅과 단군을 기리며 하늘과 자연을 우러르는 마음을 다졌다. 그 모습을 처음 전하고 있는 것은 중국의 삼국시대(220~280)에 관해 서진西晉의 진수(陳壽, 233~297)가 편찬한 『삼국지』 중에서 '위지 동이전'(『삼국지』 「위서魏書」 〈오환선비동이열전烏丸鮮卑東夷列傳〉, 280~289)과 남북조시대 범엽(范曄, 398~445)이 편찬한 『후한서』 〈동이열전〉이다. 이 문헌들은 부여 · 고구려 · 동옥저 · 읍루 · 3한韓 · 왜인의 위치와 강역, 인구, 정치체제, 사회조직, 의식주, 풍속, 신앙 등을 소개하고 있어서 고대 한국의 민속종교나 마을신앙을 이해하는 데에 매우 중요한 사료다.

먼저 부여에서 국가행사[國中大會]로 치러졌던 제천의례인 영고迎鼓는 수렵과 농경의례로, '섣달[臘月]에는 하늘에 제사[祭天]를 지낸다. 이때에는 온 나라 사람들이 모여 여러 날을 두고 마시고 먹고 노래 부르고 춤추고 노는데(連日飮食歌舞), 이 기간에는 감옥에서 형벌을 다스리지 않고 죄수를 석방한다. 군사軍事가 있을 때에도 하늘에 제사지냈으며, 소를 잡고 그 발굽을 보아 길흉을 점친다'고 하였다. 이 풍습은 납일臘日 · 납평臘平 · 납향臘享 또는 가평절嘉平節이라 하여 조선시대까지 이어져왔다. 이날 나라에서는 산돼지와 산토끼를 잡아 종묘와 사직에 제사를 올렸고 민간에서도 여러 신에게 제사를 지내며 지나간 1년 동안 일어났던 모든 일을 신에게 보고하였다.

고구려에서 거행했던 동맹(=동명)은 '고구려 나라 읍락邑落의 남녀들이 밤에 모여 서로 노래와 놀이를 즐기며 10월에 제천을 하면서 국중대회를 열었다' 또는 '10월에 제천의식을 가지는데 밤에 남녀가 모여 창악唱樂을 하고 여러 귀신 · 영성靈星 · 사직신社稷神에 제사하기를 즐겼다'고 묘사되고 있다. 이때에는 나라의 동쪽 큰 동굴에 모셔둔 동굴신을 압록강으로 모시고 나와 제사하는 수신제隧神祭도 함께 거행되었는데, 이는 동명왕의 어머니 유화가 햇빛을 받아 주몽을 잉태하는 신화를 재연하는 것으로 추정된다. 이러한 고구려의 제천의식은 고려시대에 계승되어 제불諸佛과 천지신명天地神明을 즐겁게 하고 토속신을 기리는 팔관회八關會로 이어졌다. 불교의 수행의식인 팔계재八戒齋에서 비롯된 팔관회는 천령天靈 · 오악五岳 · 명산名山 · 대천大川 · 용신龍神 등 제신諸神에 제사지내는 의식이었으나 조선시대에 들어와 유교의례로 편입되면서 폐지되었다. 팔관회에서 본격적인 볼거리이자 축제적 분위기는 춤과 극, 음악과 노래, 기예와 놀이 등이 어우러진 가무백희歌舞百戲의 무대 공연에서 부각되었으니 무대에서는 능숙한 기량을 지닌 전문 연예집단이 갖가지 유희와 노래와 춤을 공연했다. 주요 내용을 이루는 것은 신라의 고사를 따서 행한 화랑도의 가악무인 사선악부四仙樂部, 용 · 봉황 · 코끼리 · 말 · 수레 · 배로 구성된 가장행렬, 개국 공신 김락과 신숭겸을 추모한 인형극, 포구락抛毬樂, 구장기별기九張機別技, 어룡지희魚龍之戲, 헌선도獻仙桃 등으로 전통과 외래의 각종 가무와 기예가 종합적으로 펼쳐짐으로써 우리나라 궁중 · 민간 예술 발달의 토대가 되었다. 제천의식은 축제가 되어 종교적 기능, 전통 수호의 기능, 문화 예술적 기능, 사회 통합의 기능, 역사 인식 기능 등과 함께 경제적 기능도 갖고 있었다. 팔관회를 보기 위해 송, 요, 금, 일본, 대식국(大食國: 아라비아) 등 다양한 외국의 상인들이 몰려왔고, 일상에서 벗어난 소란스럽고 어지럽기조차 한 공간에서 외국의 진귀한 물건도 만나볼 수가 있었고 활발한 상거래가 이루어지기도 했다. 팔관회 공연 이후에도 한동안 도성에는 사람들이 모여 놀이판을 펼치기도 했다.

예濊에서는 언제나 10월절에 하늘에 제사지냈는데, 밤낮으로 술 마시고 노래하고 춤을 추니 그 이름을 무천儛天이라고 한다. 또 호랑이를 신으로 제사하였다.

마한馬韓에서는 언제나 5월에 파종을 마치면 귀신에 제사하고 군중이 모여 노래하고 춤추며 술 마시기를 밤낮으로 쉼이 없었다. 그 춤은 수십 인이 함께 일어나서 서로 따르며 땅을 구르고, 손발이 장단을 맞추는 품이 흡사 탁무(鐸舞: 목탁을 가지고 추는 춤)와 같았다. 또 10월에 농사가 끝나면 역시 그와 같이 하였다. 귀신을 믿어 읍마다 각기 한 사람을 세워 천신을 위한 제사를 주관하게 하니 그를 '천군天君'이라고 하였다. 그리고 전국에 각기 별읍別邑을 두어 '소도蘇塗'라 하고, 큰 장대(= 솟대)를 세우고 방울과 북을 매달아서 귀신을 섬겼다. 도망자가 그 안에 들어가면 돌려보내지 않았다.

고려시대에는 『고려사』 「예지」(1451)의 의궤儀軌에서 보듯이 지배계층에 의해 유교적 의미로 정형화된 제천의례가 대중과 함께 하는 연등회나 팔관회와 병행하였다. '환구에 풍년을 기원하고 태조를 배향하였다'고 기록하였듯이, 성종(재위: 981~997) 때 처음으로 직접 환구단(圜丘壇=圓丘壇)에서 하늘과 땅에 제사하였고 공민왕 때(재위: 1351~1374)까지 계속되었다.

조선시대에도 태조(재위: 1392~1398)에서 세조(재위: 1455~1468) 때까지는 왕이 가끔 환구단에서 비와 풍년을 빌기 위해 단壇을 쌓고 천지天地에 제사하기도 하고 원구의 존속 여부에 대한 논란이 팽팽히 맞서기도 하였으나, 제후국인 조선의 왕이 중국의 왕인 천자의 제천의례를 행한다는 것은 참람(僭濫: 분수에 넘쳐 너무 지나침)한 행위라고 규정하는 유학자들의 사대주의적 이념에 밀려 결국 폐지하게 되었다. 그러나 고대의 제천의례와 고려의 팔관회의 풍습은 민간에서 부락제의 형태로 계승되어 지녀졌다. 자연 부락 단위로 부락민들이 그들의 평안과 복과 풍년을 빌기 위해 연례적으로 산천신山川神에게 드리는 부락제는 동제洞祭라고도 하는데, 지역에 따라 산신제, 성황제, 당산제라고도 한다. 부락제는 원래 천신에서 변형된 산신을 모시는 굿으로 주재하는 무당에 따라 강신무에 의한 도당굿, 세습무에 의한 별신굿, 농악에 의한 당굿 등으로 나눌 수 있다.

고종은 대한제국(1897~1910)을 건국하고 황제로 즉위하여 환구단에서 제천의식을 거행하였다. 이때 만든 환구단에는 황천상제(皇天上帝=昊天上帝), 황지기(皇地祇=后土), 태조, 대명大明, 야명夜明, 북두칠성·오성五星·이십팔수二十八宿·오악五嶽·사해四海·명산·성황, 운사·우사·풍백·뇌사·오진(五鎭: 다섯 鎭山)·사독(四瀆: 나라에서 위하던 네 江)·대천大川·사토司土의 위가 모셔졌다. 우리는 지금도 가뭄이나 홍수가 들면 강화도 참성단이나 태백산 천제단에서 하늘과 산천에 제사를 지내는 풍습을 이어가고 있다.

3) 무의 전승

무의 실체라고 할 수 있는 굿에는 왕가에서 행하던 나라굿, 무당 스스로를 위한 신령기자굿(>허주굿, 내림굿, 진적굿), 계절의 새로운 과실을 신령에게 바치는 천신薦新굿과 재수굿, 망자를 위한 진오기굿(>쌍궤새남=상진오기, 열새남, 평진오기), 용신을 위해 배를 타고 강이나 바다로 나가 노는 용신굿, 남자아이 갖기를 바라는 성주받이굿, 마마신을 공손히 돌려보내는 마마배송굿, 병이 낫을 때 하는 병굿(= 우환굿, 푸닥거리), 마을 수호신에게 바치는 도당굿, 풍년을 비는 풍농굿, 가뭄 · 역병 · 재앙 · 천재지변 · 병충해 등이 돌 때 왕궁에서 벌이는 천존굿, 환갑이나 혼인 같은 집안의 경사를 조상에게 알리는 여탐굿 등이 있었다. 그러나 시대의 변화와 함께 사라지거나 민속공연의 대상으로 변질되면서 오늘날에는 재수굿이나 진오기굿, 내림굿 등을 볼 수 있을 뿐이다. 망자의 넋을 천도하는 망자 천도굿은 지역에 따라 진오기, 새남굿, 씻김굿, 오구굿, 시왕굿 등으로 불리며 특히 새남굿은 부유층이나 상류층의 망자를 위한 천도굿이다. 천신굿은 한국 무의 기본적인 형태이고, 진오기나 병굿 등은 천신굿을 근간으로 그 목적에 맞춰 줄이거나 늘려 짠 굿이다. 천신굿은 꽃맞이굿, 잎맞이굿, 햇곡맞이굿, 신곡맞이굿, 단풍맞이굿라고도 하며, 상류층이나 부유층이 격식을 제대로 갖춰 놀던 굿으로 고대의 제천의례를 계승한 것이다.

조선 말기에 나온 『무당내력』은 각 굿거리에서 굿하는 무녀의 모습과 제물을 차려 놓은 굿상의 모습을 그린 것인데 한국 무의 기원과 굿의 구조를 요약하고 굿의 실제 모습을 그림으로 보여주고 있다. 그 서문에서는 단군이 태백산 신단수 밑에서 신교神敎를 개설하고 이를 부루에게 가르쳤는데, 여기에서 무당이 비롯되었다고 하며, 감응 · 제석 · 별성 · 대거리 · 성조 등 굿거리가 모두 단군에서 유래된 것이고 근일 최영 장군이나 사도 세자를 모시는 일에 대해 망발이라고 부정적 비판을 하고 있다. 이 문헌에 소개된 굿의 순서와 내용을 간략히 살펴보면 다음과 같다.

① 부정거리(不精, 不淨巨里): 4명의 악사를 그린 그림인데, 굿을 시작할 때 부정한 생각이나 잡귀가 있으면 이를 안정시키기 위한 굿거리이다.

② 제석거리: 제사상과 고깔을 쓰고 흰 장삼을 입고 방울과 부채를 양손에 든 무녀를 그린 그림으로, 삼신제석三神帝釋인 단군 성조聖祖를 일컬으며 자식을 낳게 하고, 10세 전 어린이를 보호하는 신이다.

③ 대거리(大巨里, 속칭 최장군거리): 제사상과 홍갓에 남철릭(: 조선시대 무관이 입던 공복으로 천익이라고도 한다. 당상관은 남색을, 당하관은 홍색을 입었다)을 입고 칼과 삼지창을 든 무녀를 그린 그림으로, 옛날에는 단군의 복색을 썼지만 근래에는 최영 장군 복색을 쓴다고 한다.

④ 호구戶口거리: 제상과 노란색 저고리에 홍색 치마를 입고 부채와 방울을 든 무녀를 그린 그림으로, 천연두신을 모시는 굿거리이다. 최 장군의 딸 혹은 첩이라고 하는데 이는 망발이라고

한다.

⑤ 별성別星거리: 제사상과 흑립(黑笠: 갓의 일종)에 칼과 삼지창을 양손에 등 장군 모습을 그린 그림으로, 농경을 처음 백성에게 가르친 단군의 신하 고시례高矢禮를 모시는 거리이다. 근일에는 최영 장군이나 사도 세자라고 하는데 이는 근거가 없다.

⑥ 감응청배(感應請陪, 속칭 산바리기): 제사상과 쾌자(快子: 철릭 위에 입던 전투복의 일종으로 소매가 없고 겨드랑이 근처까지 옆선이 터진 겉옷)를 입고 양팔을 벌리고 서 있는 무녀를 그린 그림으로, 치성을 드릴 때 무녀가 태백산을 바라보고 '성령감응'이라고 세 번 부르는데 단군을 모시는 것이다.

⑦ 조상거리: 부채와 방울을 든 무녀를 그린 그림으로, 조상신이 길흉화복을 미리 알려준다고 하는데 이는 무녀의 토색질(: 돈이나 물건 따위를 억지로 달라고 하는 짓)에 불과하다고 한다.

⑧ 만신말명: 부채와 방울을 든 무녀를 그린 그림으로, 무녀를 만신이라고 하며, 이는 무녀의 연원을 말해준다고 한다.

⑨ 구릉거리: 붉은 갓과 두루마기에 부채와 방울을 든 남자를 그린 그림으로, 명나라 때 사신이 수로로 무사히 왕래하도록 비는 굿거리라고 한다.

⑩ 성조成造거리: 갓을 쓰고 부채와 방울을 든 무녀를 그린 그림으로, 단군 시절에 무녀로 하여금 가옥의 축조를 축하하도록 한 데서 유래하였다고 한다.

⑪ 창부唱婦거리: 흑립을 쓰고 부채와 방울을 든 무녀를 그린 그림으로, 무녀 가운데 젊고 아름다운 자를 뽑아 유희를 하는 거리인데 돈을 거두어들이기 위한 것으로 60년 이래 성행하였

다고 한다.

⑫ 축귀(逐鬼, 神將)거리: 흑전립(: 갓의 일종으로 兵笠이라고도 함)에 검은색 쾌자를 입고 오색신기를 양손에 든 무녀를 그린 그림으로, 오방신장이 잡귀잡신과 제반 살격(殺格, 煞格: 사람 · 생물 · 물건 등을 해치는 잡귀잡신적 흉악한 기운)을 구축하는데 근일에 병치성에서 많이 행한다고 한다.

⑬ 뒷전: 치마저고리를 입고 양손에 북어를 든 무녀를 그린 그림으로, 잡귀를 풀어먹이는 굿거리이다.

3. 단학

풍류도는 세속적 욕망과 탐욕을 벗어난 신선을 지향하고, 개인과 사회의 조화와 화합을 추구하는 화랑의 정신이며, 하늘과 소통하려는 의지와 겸허의 자세를 갖는다. 또한 부모에 효도하고 나라에 충성하며, 작위적으로 꾸며서 도모하지 않고, 악행을 끊고 선행을 받들려는 실천적이고 실질적인 마음가짐을 중시한다. 이러한 풍류도의 기풍은 신라 말기 이후 고려를 거치면서 내리막길을 걷다가 특히 조선조에 접어들면서 급격히 쇠퇴하고, 일부 지식층을 중심으로 개인의 안녕과 자족에 초점을 맞추어 내단 수련에 치중하는 중국 도교가 성행하게 된다. 그래서 도교의 형이상학적이고 현학적인 교리와 난해하고 번쇄煩鎖한 수행 이론을 계승하여 독자적인 발전을 하며 오늘에 이르고 있다.

(1) 도맥

내단內丹을 수련하는 우리나라 단학파의 계보는 한무외(韓無畏, 1517~1610)가 찬술한 『해동전도록』(1610)에 전하며, 조선후기 실학자 이규경(李圭景, 1788~1863)의 『오주연문장전산고(五洲衍文長箋散稿: 조선과 청나라의 여러 책들의 내용을 정리하여 1,417 항목에 달하는 방대한 내용으로 구성하여 편찬한 백과사전)』에도 수록되어 있다. 이 책의 「원효의상변증설」과 「도교선서도경변증설道教仙書道經辨證說」에 나와 있는 도맥은 대체로 다음과 같다.

신라(기원전 57~기원후 935) 홍덕왕(재위: 826~836), 당나라(618~907) 문종(재위: 826~840) 말기에 최승우崔承祐, 김가기金可紀, 승자혜僧慈惠가 당나라로 유학을 가서 장안 근교의 종남산에 있는 광법사에 갔다가 천사天師 신원지와 교류하게 되고, 그의 소개로 종리장군(= 鍾離權: 八仙의 수장으로 여동빈 등과 함께 全眞教의 祖師로 추앙받음)을 만나게 되었다. 종리권은 세 사람에게 도법과 『청화비문』『영보필법』『팔두구결八頭岳訣』『금고金誥』『내관옥문보록』『천둔연마법』 등의 책과 구결(口訣: 구두로 전수되는 도법과 비술에 대한 긴요한 말), 그리고 위백양(魏伯陽: 2세기)의 『참동계參同契』『황정경黃庭經』『용호경龍虎經』『청정심인경淸淨心印經』을 전수했으니, 연등이 한 줄로 연결되어 전해진 것이다. 최고운도 당나라에 들어가 '환반지학(還反之學= 단학, 金丹之學, 煉丹之學)'을 얻어서 함께 동방 단학의 비조가 되었는데, 가장 중요한 것이 '참동계십육조구결'이다.

단파(=단학파) 중에서 책을 지어 전수한 것으로는 정렴의 『단가요결』, 권극중의 『참동계주해』, 이지함(1517~1578)의 『복기문답』, 곽재우(1552~1617)의 『복기조식진결』 등이 있다. 근세의 허미동은 단공(丹工: 연단하는 기술)을 해득하였는데 도서道書를 많이 수장하고 있었다. 이것이 단학의 시말이다.

시해尸解 일파가 있어 시해를 설명하는 것이 다섯이 있으니, 금·목·수·화·토 5해다. 신라의 승현준僧玄俊이 당나라에 들어가 그 법을 배워『보사유인지술步捨遊引之術』을 저술했다. 최고운 역시 중원에 유학하여 그 법을 얻었으나 귀국해서 잊어버렸다가 외숙인 현준한테서 배울 수 있었다. 그는『가야보인법伽倻步引法』을 저술했고, 또 양수量水시해, 송엽松葉시해가 있어 그 법은 4~5종으로 나뉘는데 이런 것들은 다 도가의 지엽말단이다.

도를 전수한 내력을 소급해 보면, 종리권이 신라인 최승우 · 김가기 · 승자혜에게 전수하였고, 승우는 최고운과 이청에게 전수하였고, 이청은 명법에게 전수하였고, 명법은 다시 자혜에게 요점을 전수하였고, 자혜는 권청에게 전수하였고, 권청은 원설현元偰賢에게 전수하였고, 설현은 김시습에게 전수하였고, 김시습은『천둔검법연마결天遁劍法鍊魔訣』을 홍유손에게 전수하였고, 또『옥함기玉函記』의 내단의 요결을 정희량에게 전수하였고,『참동용호비지秘旨』를 윤군평에게 전수하였고, 윤군평은 곽치허에게 전수하였고, 정희량은 승대주에게 전수하였고, 대주는 정렴과 박지화에게 전수하였고, 홍유손은 밀양의 과부 박 씨 묘관에게 전수하였고, 묘관은 장도관에게 전수하였고, 곽치허는 한무외에게 전수하였고, 권청은 남궁두에게 전수하였고, 또 조운흘趙云仡에게 전수하였다.『해동전도록』의 부록으로는「단서구결」16장과「단가별지구결」16조가 있는데, 단서구결 제1장과 단가별지구결 제16조의 내용은 다음과 같다.

"천지인이 3재才이고 유불도가 3교다. 3재가 정립되자 3교가 생겼다. 유교는 인륜을 주로 하는데 하학처가 많고, 불교는 명심견성을 주로 하는데 상달처가 많다. 하학처가 많기 때문에 천근淺近한 데로 들어서고 상달에 미치지 못하고, 상달처가 많기 때문에 공허요원한데 힘쓰고 전적으로 그 하학이 결여되어 있다. 오직 우리 도교는 어떤 경우에도 인륜을 단절하지 않아 하학의 공력을 폐하지 않고, 명심견성을 가장 소중히 하면서도 완고공허한 데로 떨어지지 않는다. 요컨대 3교 중에서 과불급이 없이 그 중용을 잡고 있는 것이다.

태상노군(=노자)은 우리 도의 비조로서 『도덕경』 오천여 언을 저술하였다. 그 후 위백양 진인이 출현하여 『참동계』를 저술하니 우리 도의 대요가 이 두 경전에 다 갖추어졌다."

"금석으로 신선된다는 생각은 일체 버리고, 보지도 말며, 한결같은 마음으로 참동參同의 큰 뜻을 받들어 행하여, 물러서지 않고 성심으로 하면 신선이 되리라."

그리고 「환반변증설」에서는 권극중의 『참동계주해』와 정렴의 『단가요결』을 보고 비로소 환반지학의 묘리에 대한 의문이 풀렸다고 하였다. 환반은 한마디로 단정하기는 어려우나 간단히 말하자면 심신心神 · 성정性情 · 육체에 걸쳐 분산된 정력을 수습해서 응집된 상태에서 유지하고 보존하여 심신의 상랑(爽朗: 시원하고 밝음)함과 육체의 건강함을 지니면서 불로장생에 이르는 방법이다. 또 시해는 죽는 형식을 빌어 신체를 남기고 혼백만 빠져나가 신선이 되는 것을 말한다. 중국에서 신선이 된 인물의 전기와 설화를 모아놓은 심분(沈汾: 9세기 초)의 『속선전(續仙傳: 기원전 1세기의 『열선전列仙傳』에 이어지는 것이라는 의미)』과 도교 백과전서라고 할 수 있는 『운급칠첨雲笈七籤』(1019)에는 신라의 선인 '김가기전'이 실려 있다.

(2) 김시습

청한자淸寒子 김시습(金時習: 1435~1493)의 『매월당집』 권17 「잡저」에는 그의 단학사상을 알 수 있는 항목들이 나온다. '천형天形'은 그의 우주관을 보여주는 것으로, 기가 우주 대기에서 비롯하여 인체 생기로 통하고 다시 산천 지기로 뻗지르고 있다고 하며, '수진修眞'은 내단의 원리, '복기服氣'는 양기법, '용호龍虎'는 단을 이루는 법을 밝히고 있다.

> "무릇 신선은 성을 기르고(養性), 기를 마시며(服氣), 용호를 단련(鍊龍虎)하여 늙음을 물리치는 자다."(「수진」)

이어서 '양성'을 이렇게 설명하고 있다.

> "양성하는 자는 오래 서 있지 말고, 오래 걷지 말고, 오래 앉지 말고, 오래 눕지 말고, 오래 보지 말고, 오래 듣지 말 것이다. 그 요점은 셋을 간직하고 하나를 지키는 것(存三抱一)이니, 삼은 정精·기氣·신神이고, 일은 도道다. 정은 능히 기를 낳고, 기는 신을 낳는다. 정은 현기玄氣로서 만유를 낳고, 기는 원기元氣로서 선천先天의 모든 기의 우두머리이며, 신은 시기始氣로서 낮에는 머리에서 나오고 밤에는 배에 머물되 그것이 작용하는 기틀은 눈이다. …

욕망에 급급하지 말고 성내고 원망함에 마음을 두지 말며 육체를 수고롭게 부리지 않고 정신을 시끄럽게 하지 않아 마음을 고요함에 돌리면(歸心寂默) 장생할 수 있을 것이다."

여기서 '포일'은 『도덕경』 제10장에 나오는 개념인데, '일'이 순수한 정신이라는 견해와 우주생성의 근원적 원기라는 견해로 나뉘어 풀이되고 있다. 그리고 후반의 문장은 『장자』 「재유在宥」편에 나오는, 도를 묻는 황제의 질문에 광성자가 답하는 '육체를 수고롭게 부리지 않고 정신을 동요시키지 않으면 장생할 수 있다'라는 내용을 원용한 것이다. '복기'는 이렇게 설명하고 있다.

"무릇 복기는 외부의 인연을 끊어 온갖 잡사를 버리고, 5신(神: 心·肝·脾·肺·腎)을 지키고, 4정(正: 언·행·좌·립을 바르게 함)을 따르는 것이다. … 아침에 동쪽을 향해 두 손을 무릎 위에 펴놓고 심안으로 기가 위로 니환(泥丸: 兩眉間)에 들어가고 아래로 용천(湧泉: 발바닥 한가운데의 혈자리)에 도달하는 것을 본다. 아침마다 이렇게 하는 것을 영기迎氣라 한다. 항상 코로 공기를 마시고 입으로 공기를 내보내되 점점 작게 하여 입을 열지 않을 수 있게 한다. 그렇게 하는 까닭은 나가는 공기는 적게 하고 들어오는 공기는 많게 하고자 함이다. 밥 먹을 때마다 반드시 기를 뱃속으로 들여보내는데, 그것은 기가 주인이 되게 함이니, 이것이 신선이 복기하는 법이다."(「복기」)

마지막으로 기를 단련하는 방법을 이렇게 말하고 있다.

"용호라는 것은 납과 수은[연홍鉛汞]이요, 솥[鼎器]이라는 것은 건곤乾坤이요, 문무文武라는 것은 불의 형세[火候]이니, 단련하여 무릇 아홉 번을 뒤적여야 단을 이룬다."(「용호」)

여기서 용호는 인체 내의 물과 불이고, 솥은 인체를 가리키며 머리와 배를 비유한 것이고, 문무는 물과 불의 강·약 조절 방법을 가리키는 것으로, 한마디로 용호를 단련한다는 것은 인체 내의 물과 불을 조절하여 금단을 이룬다는 의미다. 이어서 '화후'와 '문·무화'를 설명하고 있는데, 그 내용은 위백양의 『참동계』와 유염(劉琰: ?~234)의 『참동계발휘』에서 인용하거나 원용한 것이다. 한편 '수련을 통해 장생에 이를 수 있는 것은 천지의 정기正氣를 훔칠 수 있기 때문이며, 천지의 정기를 훔칠 수 있는 것은 호흡에 의한 것이다'라는 말에서 『음부경』(3세기)의 사상도 엿볼 수 있다. 그러나 김시습은 내단 수련의 실효성을 인정하면서도 다음과 같이 도교에 비판적 입장을 보여주고 있기도 하다.

"수요(壽夭: 오래 삶과 일찍 죽음)의 장단에는 일정한 수가 있으니 이는 천명에 관한 것이다. 어찌 가히 수명을 훔치고 평안할 수 있겠는가. 장생구시(長生久視: 오래 삶)하여 소나무처럼 된다면 이는 하늘을 거스르고 천명을 모르는 것이라고 할 수 있다."(「복기」)

이는 『근사록(近思錄: 주희와 여조겸이 주돈이·정호·정이·장재 등 네 학자의 글에서 학문의 중심문제들과 일상생활에 요긴한 부분들을 뽑아 편집한 책, 1175)』에서 장생불사를 뜻하는 사람을 '천지의 도적'이라고 한 표현에 연원을 두는 것으로 보인다. 그래서 그는 '천리를 거스르며 구차히 삶을 도모하는(逆天理偸生)' 복기 대신 의리실천을 통한 호연지기浩然之氣의 배양을 바른 도로 제시하고 있다.

(3) 정렴

북창 정렴(鄭磏: 1506~1549)은 『북창비결(=단가요결, 용호비결)』이라는 도교의 내단수련법 입문서를 저술하였다. 그는 그 서문에서 자신의 내단 주체의 입장을 이렇게 밝히고 있다.

> "수단修丹의 도는 지극히 간단하고 쉬운 것이지만, 이제 그에 관한 책이 소나 말에 가득 실어도 모자라고 집 한 채를 다 채울 정도로 많은데다, 또한 그를 표현한 말이 명확하지 않아서 황홀하니 참뜻을 알기가 어렵다. 그러므로 예나 지금이나 배우는 이가 처음 손댈 방법을 알지 못하여 장생을 얻으려다가 도리어 요절하는 사람이 많았다.
>
> 『참동계』 일편은 실로 단학의 비조鼻祖라고 할 만 하지만 생각건대 이 또한 천지의 이치를 살펴서 괘효(卦爻: 주역 육십사괘에서, 하나하나의 괘卦를 이루고 있는 여섯 개의 가로 그은 획)에 비유하여 설명하고 있어서 초학자들은 조개껍질로 바다를 헤아리려는 것과 같아 능히 짐작하기 어려운 바가 있다. 이제 난해한 것은 다 빼고 입문에 간절하고 쉬운 것을 몇 개의 장으로 나누어 기술하고자 한다."

그래서 『용호비결』은 『참동계』에서 제시하고 있는 내단사상을 실현하기 위한 수련의 구체적인 방법론에 역점을 두고자 하여 상세한 이론적인 설명은 피하고 있지만, 내단의 근본 개념을 이렇게 간결하게 설명하고 있다.

> "항상 생각하고 수련함으로써 공부가 차츰 익숙하게 되어 이른바 현빈일규玄牝一竅를 얻게 되면 백 가지 구멍과도 모두 통하게 된다. 일규를 얻음으로 말미암아 태식胎息이 이루어지고, 나아가 주천화후周天火候가 이루어지고, 결태結胎도 되는 것이니 일규를 얻는 데서 시작되지 않는 것이 없다. 어떤 사람은 방문(傍門=이단)의 잔재주를 부리는 것이라 하여 행하려 들지 않으니 애석한 일이다."

'현빈'은 암컷이 새끼를 낳듯 도가 만물을 내는 미묘하고 심오한 작용을 상징하며, 『도덕경』 6장의 '현빈의 문이 바로 천지의 근원이다'에서 나온 말이다.

> "삼가 생각건대 고인이 말하기를 순하면 사람이 되고 거스르면 선인이 된다고 하였다. 무릇 하나가 둘을 낳고, 둘이 넷을 낳고, 넷이 팔을 낳고, 그렇게 육십사에 이르러 만사로 분화되는 것이 인도人道다[順推功夫]. 가부좌를 틀고 단정히 앉아 발을 드리운 듯 눈을 감고 만사의 어지럽고 번거로운 일을 수습하여 아무것도 없는 태극으로 돌아가는 것은 선도仙道다[逆推功夫]."

그래서 이러한 이념을 바탕으로 '폐기閉氣'·'태식胎息'·'주천화후주천화후後周天火候'의 방법을 이렇게 서술하고 있다.

"복기伏氣 또는 누기累氣라고도 한다. 『황정경』에 말하기를 신선과 도사는 선仙에 있는 것이 아니라, 적정積精과 누기로써 참으로 바른 것이라 하였으니 바로 이를 이른 말이다."(「폐기」)

'복기'는 호흡한 기가 단전에 들어가서 나오지 않는 상태를 가리키며, '누기'는 숨을 참는다는 뜻으로 같은 말로서 그 구체적 방법은 다음과 같다.

"대개 단을 수련하는 것의 시작은 우선 폐기하는 것이다. 이제 폐기하려는 사람은 먼저 마음을 고요히 하고 책상다리를 하고 단정히 앉아서(= 불가의 금강좌) 발을 드리운 것같이 눈을 내려뜨려 코끝을 보고, 코로는 배꼽 둘레를 마주하여 들이쉬는 숨은 면면히 끊어지지 않게 하고 내쉬는 숨은 미미하게 하여, 항상 신神과 기가 배꼽 아래 한 치 세 푼 자리에 머물게 한다."

"단을 수련하는 길은 폐기하는 것이 시작하는 방법이니, 가부좌를 하고 단정히 앉아서 얼굴을 펴서 온화한 빛이 돌게 하고 눈을 내려뜨려 반드시 신과 기가 배꼽 밑 단전에 모이도록 한다."(「폐기」)

다음 단계로 '태식'을 설명하고 있다.

"폐기하는 요령이 점점 익숙해져서 신기가 좀 안정된 후에는 차차 기를 배 밑에 털이 난 데까지 밀어내려 이 기식이 어디에서 나왔는가를 세심하게 추구하면서 그 출입을 따라 한 호흡 한 호흡으로 하여금 항상 그 가운데 있게 하여 입과 코 사이에서 나오지 않게 한다.

이는 소위 모태 안에 있을 때의 호흡이니 이른바 귀근복명(歸根復命: 호흡의 근본인 태식으로 돌아가 참 생명을 회복함)하는 길이다. … 그러므로 태식이 능해진 후에야 기가 부드럽고 온화해지고 안정이 되어 마침내 호흡이 없는 듯한 호흡을 하게 되는 것이다."(「태식」)

그리고 '주천화후'를 '열기가 온 몸을 도는 것'이라고 정의내리고 그 구체적인 운행의 경지를 상세하게 설명하고 있다. 마지막으로 '폐기, 태식, 주천화후는 비록 각각 이름을 붙이기는 하였으나 오늘 한 조목을 행하고 내일 또 한 조목을 행하는 것이 아니라 그 공부는 오로지 폐기하는 중에 있는 것'이라고 하여 '폐기'의 중요성을 다시 한 번 강조하면서 마치고 있다.

(4) 권극중

청하靑霞 권극중(權克中: 1585~1659)은 역易의 원리에 의해 내단과 외단의 연단법을 설명하는 위백양의 『주역참동계(=참동계)』를 주석한 『참동계주해』(1639)에서 단학의 이론적 체제를 정비하여 성리학과 선불교 사이에서 도교의 독자성을 견지하려 하였다. 황윤석(1729~1791)의 『증보해동이적』에서는 이를 높이 평가하여 그를 '동방단가문자의 개산조'라고 평하였다. 즉 그는 『참동계』에서 노자와 역과 내단사상을 서로 통하게 하여 합치시키려 한데서 더 나아가 유·불·도 삼교의 사상적 회통을 도모하고, 유·불의 사상과 체계을 원용하여 단학의 이론을 보완하고 완성하고자 하였던 것이다. 『참동계주해』의 기본 입장은 다음의 네 가지로 나누어 볼 수 있다.

첫째, 내단주체론

연단법 중에서 외단이 아니라 내단이 선인에 이르는 바른 방법이라는 것으로, 노자에서 위백양으로 이어지는 도통의 계보를 주장하는 것이다.

> "『도덕경』 오천 언은 부드러움으로 강함을 제어함을 잘 밝혔는데, 그 종지를 살펴보니 물과 불이 미묘하게 결합하는 방책이다. 양陽만으로는 건조하게 불타므로 그것을 막을 방도가 없으나, 지인至人이 이를 부드러움으로 제어하니 기가 안정되고 신이 평온하다.
> 인간의 죽음을 살펴보니 마음의 불이 건조하게 불타기 때문이라, 이를 제어할 줄 모르면 나날이 죽음에 가까워질 뿐이다. 감궁坎宮의 기로서 이화離火의 날뜀을 제어함을 가르치니, 뜻은 노자의 말씀에서 비롯되고 위백양에 의해 상세히 밝혀졌구나."(『청하집』)

즉 수기水氣에 의해 화기火氣를 제어해야 하는 원리를 노자의 말에서 찾고 있는 것이다.

둘째, 단역丹易참동론

주역과 내단 수련의 원리는 같다는 것이다.

> "『참동계』란 무슨 뜻인가. 『역』의 괘와 내단 수련[丹法]을 일치시켜 하나로 만드는 것을 뜻한다. 건곤을 화로鼎爐로 삼고 감리를 약물로 삼고 60괘를 화후로 삼는다고 말하는 것이 바로 그것이다. 건곤은 음양의 순체이기 때문에 화로를 상징하고, 감리는 음양이 서로 교합하여 나왔기 때문에 약물이라는 뜻이 있고, 60괘효의 음양의 상호작용은 화후의 질서와 흡사하므로 화후를 비유한 것으로 본다. 이들은 모두 자연히 부합되는 것이며 견강부회하는 것은 아니다."(「서문」)

그래서 다른 곳에서 이렇게도 표현하고 있다.

> "크도다. 복희의 경이여, 무궁한 뜻을 함축했도다. 처음부터 내단을 밝히려 한 것은 아니나 자연히 그 뜻이 부합되는구나."(『청하집』)

셋째, 선불仙佛동원론

내단이 추구하는 선인의 경지와 불교의 붓다의 경지가 서로 통한다는 것이다. 그래서 그 '서문'에서 '태극의 근본으로부터 만물의 형성에 이르는 것이 사람과 만물의 생사가 있는 도이며, 거꾸로 소급하여 본원에 돌아가는 것(역류환원)이 선인과 붓다의 생사 없는(불생불사) 도다'라고 주장하고 있다.

넷째, 성명性命쌍수론

선단호수론禪丹互修論이라고도 하며, 불교의 선수행과 도교의 내단 수련 특히 육체적 단련이 함께 병행되어야 한다는 것이다. 선과 단의 근본은 원래 공과 유, 정신적 수행과 육체적 수련을 함께 행하는 것이지만, 실제로는 선은 공에, 단은 유에 치우치기가 쉽다는 것을 역을 사용하여 설명하고 있다.

> "이중허離中虛는 이理로서 무가 주가 되며, 감중실坎中實은 기氣로서 유가 주가 되나 이기理氣는 서로 떠날 수 없는 것이다. 만일 허虛가 주가 되면서 실實을 이에 합하면 무 가운데 묘유가 나오며, 실實을 주로 하면서 허로 귀착시키면 유 가운데 진공眞空이 바탕한다. 노자와 붓다의 종지는 이러한 감・리의 뜻을 벗어나지 않는다. 그러므로 이궁離宮에서 무를 구하는 것이 선불교라면, 감부坎府에서 유를 찾는 것이 단이다. "(『참동소론』)

이러한 치우침을 고치기 위하여 이렇게 해법을 내놓고 있다.

> "단에는 유에 걸리는 병[抱有之患]이, 선에는 공에 집착하는 폐단[滯空之弊]이 있으므로, 그 병을 고치려면 병으로 병을 고칠 수는 없으므로 당연히 과감한 결단이 요구된다."

그는 인간을 세 종류로 나누어서 탁월한 자질을 가진 자가 단번에 성명性命의 길을 닦는 상승원돈교上乘圓頓教, 조금씩 진보하는 자가 그 기질에 따라 선문이나 단수련에 치중하는 중승원명교中乘圓命教, 보통 이하의 사람이 선행에 힘써 윤회 과정에서 인간과 천상의 길을 벗어나지 않는 하승제연교下乘諦緣教를 구분하고 있다. 여기서 성명쌍수론은 두 번째 경우에 해당하는 것이다. 그에 의하면 단은 단련하고 또 단련하는 유위의 방법이라면 선정은 덜고 또 더는 무위의 방법이므로, 먼저 내단을 닦고 후에 선정으로 마무리하는 것을 바람직한 방법으로 제시하고 있다.

오늘날에는 전통무예인 택견, 경주 골굴사에 있는 선무도禪武道, 전승 선도의 하나인 기천문, 국선도, 단월드 등에서 한국 단학의 전통을 계승하고 있다고 한다.

제2장 인도의 명상

제2장 인도의 명상

1. 요가

"그때 무도 없었고 유도 없었다.

공계도 없었고, 그 위의 천계도 없었다.

무엇인가 발동했는가? 어디서 누구의 비호 밑에서.

바닥 모를 깊은 물이 있었단 말인가.(1)

그때는 죽음도 없었고 불사도 없었다.

밤과 낮의 구별도 없었다.

'그 하나(tadekam)'는 스스로 바람도 없이 호흡하였나니

그 외엔 아무것도 없었다.(2)

태초엔 암흑이 암흑에 덮여 있었다.

이 세상의 모든 것은 빛도 없는 파동이었다.

공허에 덮여 발동하고 있던 것

그 하나는 열(tapas)의 힘으로 태어났다.(3)

태초에 의욕(kāma)이 그 하나에서 나타났다.

이것은 마음(manas)의 최초의 종자였나니

성현들은 깊은 생각 끝에 마음속에서

유의 연관을 무 속에서 찾았도다.(4)

그들의 끈은 가로놓여 있었으니

그 아래는 있었는가, 그 위는 있었는가.

사정射精하는 것(: 남성적인 힘)이 있었고, 위력(: 여성적인 힘)이 있었다.

본래 존재하는 힘은 밑에, 충동적인 힘은 위에.(5)

누가 이것을 바르게 알 것인가.

누가 이것을 말할 수 있겠는가.

이들의 창조는 무엇으로부터 비롯되고

어디서부터 오게 된 것인가.

신들은 이 세계 창조 뒤에 있었다.

그러니 누가 이것을 알 것인가.

누구에 의해 창조되었는가를.(6)

이 창조가 어디서부터 있게 되었는가.

그것이 누구에 의해 행해졌는가.

혹은 그렇지도 않은 것인가를.

가장 높은 하늘에서 이 세계를 감시하는 자

그만이 이 사실을 알고 있으리라.

혹은 그도 또한 모를 지도 몰라.(7)"

—『리그베다ṛg veda』X. 129. 무유아가(無有雅歌, nāsadāsīya sūkta)

이 찬가는 『리그베다』 중에서 철학적 사색의 최고봉이라고 평가되는 것으로, 리그베다 말기에 만유의 본원을 찾으려는 오랜 노력 끝에 드디어 중성적 궁극적 원리인 '그 하나' 또는 '그것(tad)'에 도달하였음을 보여주고 있다. 즉 '그것'이라는 비인격적이고 순수하게 형이상학적인 원리가 세계원인으로서 이전의 수많은 신들을 초월했던 것이다.

(1) 요가의 의미

"… (야즈냐발캬는 답한다.) 이 아트만은 오직 '아니다 아니다(neti neti)'라고 말할 수밖에 없다. 그는 잡을 수 없다. 왜냐하면 그는 잡혀지지 않기 때문이다. 그는 파괴할 수 없다. 왜냐하면 그는 파괴될 수 없기 때문이다. 그는 물들지 않는다. 왜냐하면 그는 물들 수 없기 때문이다. 그는 속박될 수 없고, 움직일 수없고, 훼손되지 않는다. …" —『브리하드아란냐카우파니샤드*bṛhadāraṇyaka upaniṣad*』 Ⅲ.9.26.

'이 아트만은 브라흐만이다(ayam ātmābrahma)'(Ⅱ.5.19.)

'나는 브라흐만이다(aham brahma asmi)'(Ⅰ.4.10.)

'너는 그것이다(tat tvam asi)'

—『찬도갸우파니샤드*chāndogya upaniṣad*』Ⅵ.8.7.

'실로 이 최고의 브라흐만을 아는 자는 브라흐만이다.'

—『만두캬우파니샤드*māṇḍūkya upaniṣad*』 Ⅲ.2.9.

"우유에 녹아있는 버터처럼 만물에 편재하는 아트만은 자기인식과 고행의 근거이고, 그것은 최고의 신비인 브라흐만이다. 그것은 우파니샤드의 궁극의 가르침이다."

-『쉬베타쉬바타라우파니샤드*śvetāśvatara upaniṣad*』 I . 16.

이는 우파니샤드의 범아일여(梵我一如, brahma ātmā aikya) 사상을 단적으로 가리키는 말들로서, 요가의 궁극적 경지를 표현하고 있다.

1) 기원: 타파스와 요가

요가는 인도인의 정신생활의 근저에 뿌리를 두고 있으며 모든 인도 정신사의 연구와 직결되어 있다. 요가의 기원에 대해서는 여러 가지 설이 있으나 실천적인 토착인의 것과 이론적인 아리아인의 것이 혼합되어 요가로 나타났다고 보는 것이 가장 타당할 것이다. 먼저 토착인의 문화로 볼 수 있는 근거를 살펴보고, 다음으로 아리아인의 베다 문헌에 나타난 요가사상을 알아보도록 한다.

토착인의 인더스문명(기원전 3000년~2000년)은 1921년에 인더스강 유역의 모헨조다로와 하라파에서 발굴된 유적과 유물에 의해 알려졌으며, 그곳에서 발굴된 인장에 새겨진 후대의 시바신상을 연상시키는 3면 좌상을 근거로 요가의 기원을 인더스문명 당시로 추정한다. 즉 가부좌를 틀고 앉아있는 모습에서 요가수행에 의한 신비적 직관의 실천적 체험을 읽어볼 수 있는 것이다. 그뿐 아니라 유물들 중에는 지모신으로 추정되는 여신상, 보리수, 황소, 남근(liṅga)석상, 여근(yoni)석상, 뱀 등이 보이며 이들은 후대에 나타난 힌두교의 선구적인 모습을 담고 있다.

다음으로 요가의 전신이라고 할 수 있는 타파스(tapas: 열, 불, 고뇌, 고행)에 대한 베다의 언급은 여러 곳에서 발견된다. 리그베다 말기의 바라문교의 사제들이나 그 외의 종교 수행자들이 타파스를 행하는 것은 일반적이었기 때문에 수행자를 찬탄하는 시詩도 전해지고 있는 것이다.

"그의 속에는 불(agni)이 있고, 그의 속에는 술(viṣa)이 있고, 그의 속에는 땅과 하늘이 있다.
그는 전 세계를 관망하는 태양이고, 그는 실로 빛 자체이고, 장발의 고행자(keśin)다.(1)" −『리그베다』X. 136.「성자(=고행자, muni)」

고행자는 강한 의지를 갖고 정신통일을 했으며, 잡념을 떠나 안으로 침잠하는 수행을 행하였다. 타파스는 '열내다'라는 말에서 나왔으므로 불의 열을 의미하고 젊은 남녀가 나아가 불처럼 뜨거워지는 것이라고 한다. 그래서 몸속에 열을 축적하는 의미로, 당시에 이미 고행을 행하고 있었던 것이다.

"주의를 기울여서 그들(=신도)은 무릎을 꿇고 공경하는 분(=아그니)에게 처와 함께 가까이서 경배했다. 그들은 지금까지의 신체를 고행에 의해 단련한 뒤에, 친구가 눈을 감고 있을 때에도 그를 지켜주었는데, 그의 신체를 자신들의 것으로 물들였다."(『리그베다』I. 72.)

나아가 타파스로부터 우주가 생성되었다고 하는 우주론도 등장하였는데, 이는 당시에 이미 인도에서는 종교적 고행이 중시되고 사람들로부터 존숭되고 있었다는 사실을 반영한 것이다.

"우주의 이법(理法, ṛta)과 진실(satya)은 타오르는 고행(tapas)으로부터 생겼다.
거기서 밤이 태어났고, 거기서 파도치는 바다가 나왔다.(1)
파도치는 바다로부터 해[年]가 태어났다. 반짝이는 모든 것의 지배자로서,
밤과 낮을 통솔하면서.(2)
창조자(dhātṛ)는 이전처럼 적당한 순서로 만들어내었다.
태양과 달을, 하늘과 땅과 허공을. 또 빛의 영역을.(3)"

―『리그베다』X. 190.「고행(tapas)」

타파스의 전통은 이후 『요가수트라』 곳곳에서 등장하여 요가와의 연관을 상기시키고 있다.

"고행의 결과 (심신의) 더러움이 멸해짐으로써 신체와 감각기관의 초자연력이 나나난다."(『요가수트라』II. 43.)
"(앞에서 말한 초자연력의) 성취는 태생으로, 혹은 약초의 힘으로, 혹은 주문으로, 혹은 고행으로, 혹은 삼매에 듦으로써 생긴다."(『요가수트라』IV. 1.)

여기서 '태생으로'는 전생에 닦은 힘의 과보로 태어나면서 주어진다는 뜻이다.

요가yoga는 '멍에를 다는 것', '합일 · 결합 · 연결 · 노력 · 열중 · 정신통일', '수행 · 수습' 등의 뜻을 갖는데, 리그베다에는 많이 등장하지는 않는다.

> "집의 수호신 없이는 현자의 제사조차도 성취되지 않는다. 그는 여러 가지 생각의 요가를 촉진한다."(『리그베다』 I. 18.7.)

여기서 '요가'는 가령 '아그니신을 마음속에 두고 늘 생각하면서 경배하는 것'처럼 간절히 생각하고 기원하는 것을 말한다. 이는 후세의 요가학파의 수행에서 주재신主宰神을 염원하는 것을 떠올리게 하며, 이는 나아가 '이름을 계속해서 생각'한다는 사상으로 발전하였다.

> "우리 죽어야할 사람들은 불사인 당신의 많은 이름을 계속 생각해야 한다. 말에 공을 들여 우리는 자타베다스(jātavedas: 일체의 생물을 아는 자= 아그니)인 당신의 이름을"(『리그베다』VIII. 11.5.)

마음으로 신의 이름을 계속 생각하고 입으로 신의 이름을 계속 부르는 실천이 강조되었으니, 신의 비밀스런 이름에는 불가사의한 주술적 힘이 있어서 그것을 외우는 공덕이 있다고 생각되었던 것이다. 그 외에도 침묵을 지키는 수행이나 구체적인 종교적 실천법을 지키는 서계(誓戒=戒行, vrata)라고 하는 것도 있었다. 이것은 원래 리타의 길을 좇는 사람의 사는 방식을 가리키는 것이었다. 후대에는 고행자(tapasvin)와 요가행자(=수행자, yogin)라는 말이 혼용되었으며 요가가 체계적으로 내용을 갖추기 시작한 것은 우파니샤드부터라고 할 수 있다.

2) 우파니샤드의 요가

고대부터 인도에서는 브라흐만이나 아트만, 또는 범아일여는 예지叡智나 직관에 의해 파악될 수 있다고 하였으나, 한편으로는 수행의 실천이 중시되었고 그것을 극히 강조하여 표면에 드러낸 것은 『카타 우파니샤드*kaṭha upaniṣad*』가 처음이라고 할 수 있다.

먼저 요가수행의 방법을 상징적으로 다음과 같이 기술하고 있다.

> "아트만이 수레의 주인이고, 육체가 수레임을 알아라. 통각은 마부, 마음은 고삐임을 알아라.
> 현자들은 감각기관이 말이고 감각의 대상을 길이라고 말한다. 육체, 감각, 마음과 연결되어 있는 아트만은 향유享有하는 자라고 현자들은 분명히 말한다."(Ⅰ. 3.3~4.)

그리고 요가수행의 중요성을 이렇게 역설하고 있다.

> "이 아트만은 설명에 의해서도 얻을 수 없고, 지식에 의해서도, 많이 듣는 것에 의해서도 얻을 수 없다. 다만 이 아트만을 선택하는 자에 의해서만 얻을 수 있다. 이런 자에 대해서만 아트만은 스스로의 모습을 보인다.

욕망에서 떠나지 않은 자, 악행을 행하는 자, 평온하지 않은 자, 집중하지 않는 자, 이들은 설사 예지(prajñā)를 가지고 있어도 저 아트만을 얻을 수 없다."(I. 2.23~24.)

여기서 예지보다도 악행을 행하지 않거나 마음을 집중하는 실천이 중요함을 강조하고 있는 것을 볼 수 있다. 그래서 이렇게 말한다.

"내면의 응시(yoga)에 의해 마음의 동굴에 깊이 숨어 보기 어려운 최고신을 깨달은 현자는 기쁨과 슬픔을 떨쳐버린다."(I. 2.12.)

그리고 요가에 의해 달성되는 아트만의 인식은 결코 천재적인 번뜩임의 예지에 의한 것이 아니라 꾸준한 노력과 단계적인 실천에 의한 것임을 이렇게 강조한다.

"감각기관 위에 대상이 있고, 대상 위에 마음이 있고, 마음 위에 통각(buddhi)이 있고, 각 위에 대아(mahān ātmā)가 있다.
대아 위에 미전개자(avyakta= prakṛti)가 있고, 미전개자 위에 진아(眞我, puruṣa)가 있고, 영 위에는 아무것도 존재하지 않는다. 그것이 (여행의) 종점이고, 마지막 돌아갈 곳이다."(I. 3.10~11.)

마지막으로 실천적 요가를 다음과 같이 정의내리고 있다.

"마음과 함께 다섯 감각기관이 활동을 멈추고 통각統覺이 움직이지 않을 때, 그것을 최고의 귀의처라고 한다.
이러한 제기관의 확고한 통제를 요가라고 한다. 그러면 요가를 하면서 흩뜨려지지 않게 된다."(Ⅱ. 3.10~11.)

또 성스러운 소리인 '옴aum'을 중시하였다.

"학생기를 사는 동안 베다가 선언하고 모든 금욕이 표방하는 그 말은, 간단하게 말할 수 있다. 그것은 '옴'이다.
이 음절은 바로 브라흐만이다. 이 음절은 최고의 정점이다. 누구라도 이 음절을 알면 모든 욕망은 그의 것이 된다."(Ⅰ. 2.15~16.)

이 옴은 후대의 요가사상에서 중요하게 생각하여 『요가수트라』에서도 이 점을 분명히 밝히고 있다.

"자재신을 상징하는 거룩한 말은 '옴'이다.
요가행자는 그 성스러운 말을 반복하여 외워서 그 소리가 나타내는 자재신을 생각하라."(Ⅰ. 27~28.)

'옴'은 생성(a), 유지(u), 완성(m)이라는 우주 생명력의 표상이기도 하여 베다시대부터 사제들이 제의를 행할 때 외웠으며, 이후에 우주 만유의 근원인 브라흐만을 상징하는 말이라고 여겨 요가수행에서 중시되었다.

다음으로 『쉬베타쉬바타라우파니샤드』에서는 요가수행자의 우월성을 이렇게 말하고 있다.

"선정(禪定, dhyāna)과 요가에 전념하는 자는 그 자신의 속성에 감춰진 신 자체의 힘을 본다. 그는 시간에서 아트만에 이르기까지의 모든 원인을 지배하는 유일자이다."(Ⅰ. 3.)

그리고 구체적인 요가론을 다음과 같이 기술하고 있다.

"신체의 세 부분(: 가슴, 목, 머리)을 흔들리지 않게 곧추 세우고, 감각기관과 마음을 심장으로 들어가게 하는 현자는 브라흐만의 뗏목에 의해 공포를 일으키는 모든 파도를 건넌다."(Ⅱ. 8.)

이는 요가의 기본자세(āsana)와 제감制感법을 보여주는 것이다.

"그는 호흡을 억제하고 동작을 제어하여 호흡이 끊어질 때 코로 숨을 내보낸다. 나쁜 말에 매달린 마차를 대하는 것처럼, 현자는 주의하여 마음을 제지한다."(Ⅱ. 9.)

이는 조식법을 언급하고 있는 것이다. 이어서 수행하기 적절한 장소를 보여준다.

"작은 돌이나 불, 자갈이 없는 평탄한 곳, 청정한 물소리로 즐겁고 눈을 자극하지 않고 바람으로부터 보호받는 동굴에서 요가를 수행해야 한다."(Ⅱ. 10.)

그리고 수행 중 나타나는 환각을 이야기한다.

"안개, 연기, 태양, 바람, 불, 반딧불이, 번갯불, 수정, 달 등의 형상은 요가에서 브라흐만의 현현을 낳는 예비단계이다."(II. 11.)

그리고 요가의 육체적인 공덕과 심리적인 공덕을 나누어 이렇게 보여준다.

"지 · 수 · 화 · 풍 · 공이 일어날 때, 이 다섯을 본질로 하는 요가의 덕이 나타난다. 요가의 불에서 이루어지는 신체를 얻은 자에게는 병도 없고, 늙음도 없고, 죽음도 없다.

경쾌, 무병, 무욕, 희색, 미성美聲, 향내, 경미한 분비 등은 요가의 진척에서 첫 번째 결과들이라고 한다."(II. 12~13.)

"마치 더러워진 구슬도 닦으면 환하게 빛나듯이, 육체를 가진 자도 아트만의 본성을 보면 통합되어 목적을 달성하고 슬픔을 떠난다. 요가를 닦아 아트만의 본성에 의해 마치 등에 의한 것처럼 브라흐만의 본성을 관하면, 영원불변하는 신을 인식함으로써 모든 속성으로부터 벗어나 일체의 속박에서 해방된다."(II. 14~15.)

3) 『요가수트라』의 요가

『요가수트라』는 파탄잘리patañjali에 의해 5세기경에 설해진 것으로 추정하고 있으며, 이로부터 인도의 6파철학 중 요가학파가 확립된 것으로 보고 있다. 전체는 삼매품(samādhi pāda), 실수품(實修品, sādhana pāda), 자재품(自在品=神通品, vibhūti pāda), 독존품(kaivalya pāda)의 4장으로 이루어져 있는데, 여기에서는 「삼매품」에 나오는 요가의 의미에 한정하여 살펴보도록 한다.

먼저 요가의 정의를 다음과 같이 내리고 있다.

"요가란 마음의 작용을 억제하는 것이다."(Ⅰ. 2.)

요가에 의해 마음이 고요해지면 지혜의 빛으로 번뇌를 없애고 업의 속박을 풀어서 순수한 본래의 상태로 돌아간다고 하는 것이다.

"그때 순수한 관조자인 푸루샤는 자기 본래의 상태에 머무르게 된다."(Ⅰ. 3.)

프라크리티prakṛti는 우주의 물질적 근본 원질이자 객관세계의 근원이고, 푸루샤puruṣa는 순수한 주관세계의 원인이다. 요가학파에 형이상학을 제공한 상캬sāṃkhya철학에 의하면, 프라크리티가 전개되어 각(覺, buddhi)과 아만(我慢, ahaṃkāra)이 순서대로 생기고, 아만으로부터 한편으로는 11근(根, indriya: 눈·귀·코·혀·몸+입·손·발·배설기관·생식기관+마음)이, 또 한편으로는 5유(唯, tanmātra: 색·성·향·미·촉)가 생겨 이로부터 5대(大, mahābhūta: 지·수·화·풍·공)가 생겨나는데, 이들은 세 가지 성질(德, guṇa)의 조합에 의해 만물을 형성하고 생성한다고 한다. 삿트바(sattva, 純質)는 희喜를 본질로 하고 밝히는 작용을 하며, 라자스(rajas, 動質)는 우憂를 본질로 하고 세차게 부딪치는 동적 작용을 하며, 타마스(tamas, 暗質)는 울鬱을 본질로 하고 억제작용을 하는데, 이 세 가지 성질이 서로 의존하고 발동하여 현상세계로 전변한다. 이때 푸루샤는 프라크리티의 전개로 생성된 마음을 자신으로 착각하여 괴로움을 겪게 되는데, 요가는 이것을 바로잡는 수행인 것이다. 즉 프라크리티로부터 전개된 마음의 작용이 끊어졌을 때 순수정신인 푸루샤는 순수물질인 프라크리티를 관조하는 것이니, 이것이 본래의 상태에 머무는 것이다. 이것이 요가가 목적으로 하는 해탈이자 독존의 경지다.

그리고 마음의 작용을 이렇게 다섯 가지로 분류하고 있다(Ⅰ. 6.).

"바른 인식근거(pramāṇa)는 지각과 추리와 성인의 말이다."(Ⅰ. 7.)
"전도(顚倒, viparyaya)는 대상의 참다운 모습에 기인하지 않은 그릇된 지식이다."(Ⅰ. 8.)
"분별(vikalpa)은 말의 개념에 따라 이루어진 지식에 의한 것이어서 대응하는 사물이 없는 것이다."(Ⅰ. 9.)
"수면(nidrā)은 무無에 의지한 마음의 작용이다."(Ⅰ. 10.)
"기억(smṛti)은 과거에 경험하여 알고 있는 대상을 잃지 않고 있는 것이다."(Ⅰ. 11.)

이들 마음의 작용은 때와 장소와 사람에 따라서 여러 가지로 복잡하게 나타나는데, 이러한 마음의 작용을 없애는 것이 요가의 목적이다. 그래서 두 가지 방법을 제시하고 있다.

"마음의 작용은 수련修練과 이욕離欲에 의해 억제된다."(Ⅰ. 12.)
"수련(abhyāsa)은 마음의 움직임을 그치려고 하는 노력이다."(Ⅰ. 13.)

"이욕(vairāgya)은 경험이나 전승경전에 기인한 대상으로부터 집착을 버린 사람이 갖는 지배적인 의식이다."(Ⅰ. 15.)

그리고 삼매를 두 가지로 구분하고 있다.

"마음의 거친 움직임[심尋]이나 미세한 움직임[사伺]이나 즐거움이나 자아의식 등을 동반하고 있는 것은 유상삼매(saṃprajñāta yoga)다."(Ⅰ. 17.)

"이와 다른 무상삼매(asaṃprajñāta yoga)는 마음의 움직임을 그치게 하는 수행을 한 결과로 나타난다. 여기에는 잠재인상(saṃskāra) 만이 남게 된다."(Ⅰ. 18.)

마음에서 일어나는 모든 생각이나 분별을 끊어버린 결과로 마음이 텅 빈 상태가 무상삼매다. 이때 의식의 표면에서는 어떠한 생각도 일어나지 않고, 오직 의식 속에 잠재해 있는 인상만이 남게 된다. 이것을 단적으로 이렇게 말하고 있다.

"요가행자들은 신념(śraddhā)과 노력(vīrya)과 기억(smṛti)과 삼매(samādhi)와 예지(prajñā)에 기인하여 무상삼매를 얻게 된다."(Ⅰ. 20.)

나아가 수트라에서는 또한 자재신(自在神=主宰神, īśvara)에게 기원함으로써 무상삼매에 도달할 수 있다고도 기술하고 있으며(Ⅰ. 23.), 자재신의 우월성을 강조하여(24~26), '옴'으로 상징되는 자재신을 염상하며 그 성스러운 소리를 반복하도록 독려하고 있다(27~28).

(2) 요가의 세 차원

인도의 『마하바라타*mahābhārata*』라는 전쟁 대서사시는 바라타족의 전쟁담을 줄거리로 하는 십만여 송의 시구로 이루어져 있으며, 기원 전후 인도의 종교, 신화, 전설, 철학, 법률, 정치, 경제, 사회, 문화 제반 영역에 걸친 무진장한 자료를 싣고 있다. 그중 제6권 25~42장은 『바가바드기타(*bhagavad gītā*: 바가바트의 노래)』라고 하여 내용상 하나의 독립된 문헌으로 따로 취급되어 읽혀져 왔으며, 사촌 형제들과의 전쟁을 망설이고 있는 용사 아르주나arjuna에게 행한 그의 마부 크리슈나kṛṣṇa로 화현(化現=강림, avatāra)한 신 비쉬누viṣṇu 즉 바가바트(bhagavat: 세존)의 가르침을 담고 있다.

여기에서는 『바가바드기타』에서 제시하는 세 가지 요가의 길을 살펴보도록 한다.

1) 즈냐나요가

즈냐나jñana는 지혜를 뜻하며, 즈냐나요가는 이론적 요가 또는 정신적 노력에 기반을 둔 요가를 말한다. 『바가바드기타』에는 지혜요가가 즈냐나요가, 붓디요가, 상캬요가 등으로 표현되고 있는데, 상캬의 형이상학에 기반을 두고 있으며 문장에 따라 이성, 지성, 지혜, 통각 등을 의미한다.

"이는 너에게 설해진 상캬의 지혜이다. 오 프리타pṛthā의 자손(=아르주나)이여, 이제 요가의 지혜를 들어라. 너의 지성(buddhi)이 그것을 받아들이면 너는 행위의 속박에서 벗어날 것이다."(II. 39.)

여기서 상캬와 요가는 순수한 6파철학의 의미는 아니고 최고신을 지적으로 이해하고 욕망의 포기를 실천하는 것을 말한다.

"행위는 지혜의 요가(buddhi yoga)보다 훨씬 못한 것이니, 아르주나여, 지성에서 피난처를 찾아라. 행위의 과보를 추구하는 자는 가련하다."(II. 49.)

여기서 지혜의 요가는 이성에 의한 정신통일 또는 마음수련을 뜻한다. 붓디는 인식과 분별의 기능을 갖는데 통찰, 지조, 평정심을 얻기 위해 수련해야 하며 마음(manas)을 통솔해야 하는 것이다. 그래서 붓디에 의해 제어된 사람은 행위의 요가를 할 수 있게 된다.

"자신의 통각을 제어한 자는 이 세상에서 선과 악 양자를 모두 버린다. 그러므로 요가를 위해 힘써야 하니, 요가는 행위의 기술이기 때문이다."(II. 50.)

즉 지혜요가는 선악을 구분하는 윤리도덕을 초월한다는 것이다. 지혜를 강조하는 구절은 뒤로도 계속된다.

"그대의 지성이 미망의 수렁을 건너면 그대는 (베다에서) 이미 들은 것과 앞으로 듣게 될 것에 무관심하게 될 것이다."(Ⅱ. 52.)

지혜를 얻은 자에게는 의식을 중시하는 계시(śruti)로서의 베다는 이미 쓸모없으며 그것의 범위를 초월한다는 것이다. 그래서 직접적으로 이렇게 서술하고 있다.

"베다에 의해 미혹되었던 그대의 지성이 흔들림 없는 삼매에 들게 되면 그대는 혜안(yoga)을 얻게 될 것이다."(Ⅱ. 53.)

붓디요가는 베다의 의식주의를 넘어 행위의 과보에 대한 집착없이 우리의 의무를 다하게 하는 방법이다. 우리는 어떤 행위보다도 더 중요한 평정심을 갖고 행해야 하는 것이다. 문제는 우리가 무엇을 할 것인가가 아니라 어떻게 행할 것인가, 즉 어떤 마음으로 행하는가 이다.

"괴로움 속에서도 마음이 흔들이지 않고 즐거움 속에서도 욕심이 없는 자, 탐욕과 두려움과 노여움이 사라져버린 자, 그를 확고한 통찰을 지닌 성자(muni)라고 부른다."(Ⅱ. 56.)
"어떤 것에도 애착을 갖지 않으며 좋은 것을 얻거나 나쁜 것을 얻거나 기뻐하거나 싫어하지 않는 자, 그의 지혜(prajñā)는 확고하다."(Ⅱ. 57.)

꽃이 피거나 지는 데 따라 찬탄하거나 비탄할 필요가 없다.

우리는 무엇이든 흥분, 고통, 혐오감 없이 받아들여야 하는 것이다. 그리고 감각기관과 그 대상들에 대해 이렇게 말한다.

"거북이가 사지를 거두어들이듯 감각기관들을 그 대상들로부터 거두어들이는 자, 그의 지혜는 확고하다."(II. 58.)

그래서 그 반대의 경우를 이렇게 경계하고 있다.

"감각기관의 대상을 생각하면 그에 대한 집착이 생기고, 집착으로부터 욕망이 생기고, 욕망으로부터 분노가 생긴다."(II. 62.)
"분노로부터 미혹이 생기고, 미혹으로부터 기억의 손상이 생기고, 기억의 손상으로부터 이성의 파멸이 생기고, 이성의 파멸로부터 그는 사망한다."(II. 63.)

즉 옳고 그름의 분별에 실패하는 것이다.

"그러나 집착과 증오를 벗어나 감각기관을 통제하며 대상을 오가는 훈련된 자는 청정함에 이른다."(II. 64.)

성인은 외계 사물에 흔들리지 않으므로 집착이나 거부 없이 일어난 일을 받아들인다. 그래서 이렇게 결론짓고 있다.

"모든 욕망을 포기하고 갈애 없이 행하는 자는 내 것이나 나에 대한 집착없이 평안(śānti)에 이른다."(II. 71.)

"오 프리타의 자손이여, 이것이 브라흐만의 경지이며 이것을 얻으면 더 이상 미혹됨이 없나니, 죽음의 순간에도 그런 경지에 확고히 서면 그는 브라흐만의 열반(nirvāṇa)에 이를 수 있다."(Ⅱ. 72.)

2) 카르마요가

카르마요가는 업이나 행위를 뜻하는 카르만karman에서 온 것으로, 행위의 실천을 말한다.

"오 흠없는 이여, 옛부터 이 세상에 두 가지 길이 나에 의해 제시되었다. 사색을 좋아하는 사람(sāṃkhyānāṃ)에게는 지혜의 길(jñana yoga)이, 행동을 좋아하는 사람(yoginām)에게는 실천의 길(karma yoga)이."(Ⅲ. 3.)

그래서 지혜의 길과 실천의 길은 동전의 양면과 같이 서로 배타적인 것이 아니라 보완적인 것이며 해탈을 위한 효과적인 방법이다. 사색과 행동이라는 삶의 두 가지 양태는 우열의 관계가 아니며 동일한 가치를 지닌다.

"행위를 하지 않아서 무위(naiṣkarmya, 활동의 방기)를 얻는 것이 아니며, 행위의 포기로 완성(siddhi)에 이르는 것도 아니다."(Ⅲ. 4.)

무위는 행위에 의한 영향을 받지 않는 상태를 말한다. 자연법에서 모든 행위는 그 반작용을 가지며 우리는 그 행위의 결과에 묶여 속박 받고 있다.

"왜냐하면 인간은 한순간도 행위하지 않고 있을 수 없으며, 타고난 속성(guṇa)에 의해 어쩔 수 없이 행위하도록 되어 있기 때문이다."(Ⅲ. 5.)

여기서 '속성'은 우주의 근본물질 프라크리티를 이루고 있는 것을 말하며, 우주가 전개되어 인간이 될 때 삿트바 · 라자스 · 타마스는 인간마다 다양하게 조합되어서 주어진다. 우리가 몸을 가지고 있는 한 속성의 작용인 행위에서 벗어날 수 없으며 또한 행위 없이 삶이 유지되지도 않는다.

"행위기관을 억제하면서 마음으로는 감각대상들을 계속 생각하는 사람은 미혹된 자이며 위선자라고 불린다."(Ⅲ. 6.)

단지 밖으로 드러낸 행위의 포기를 비난하고 있는 것이다.

"그러나 마음으로 감각기관들을 제어하면서 오 아르주나여, 카르마요가로 집착없이(asakta) 행위기관을 사용하는 자는 뛰어난 자다."(Ⅲ. 7.)

사물에 대한 집착 없는 태도 즉 진정한 내면적 무심함의 경지를 발달시키기 위해 요가가 필요한 것이다.

"오직 자아(ātman)에서만 기쁨을 얻는 자, 자아에 만족한 자, 자아에 충족한 자에게는 해야 할 일은 존재하지 않는다."(Ⅲ. 17.)

그는 의무에서 자유로워서 의무감으로 일하지 않는다. 그는 자신의 진보적인 변화를 위해 행하는 것이 아니라 그의 완성된 본성이 자연스럽게 행위로 나오기 때문에 행하는 것이다. 그는 집착에 근거한 일상적인 행동양식을 초월하며 이것이 카르마요가다.

> "그는 이 세상에서 그가 한 행위에 의해 얻어지는 것이나 그가 행하지 않은 행위에 의해 얻어지는 것에 관심을 갖지 않는다. 그의 관심은 이런 모든 존재들에 두어지지 않는다."(Ⅲ. 18.)
>
> "그러므로 항상 집착 없이 해야 할 일을 행하라. 집착 없이 할 일을 하는 사람은 지고의 것을 얻기 때문이다."(Ⅲ. 19.)

이기적인 목적으로 하는 행위보다 제사의 정신으로 하는 행위가 낫고, 그것보다는 집착 없이 하는 행위가 훨씬 낫다고 한다.

> "지혜있는 자도 자신의 물질적 본성에 따라 행동한다. 만물은 자신의 본성에 따른다. 억압할 수 있겠는가?"(Ⅲ. 33.)

이에 아르주나는 크리슈나에게 이렇게 묻는다.

> "오 크리슈나여, 그러면 무엇 때문에 인간은 어떤 힘에 의한 듯이 자신의 의지에 반하여 악을 저지르는 것입니까?"(Ⅲ. 36.)

아르주나는 자신의 의지에 반하여 어떤 일을 하도록 강요받고 있다고 생각한 것이다. 그러나 사실은 그렇지 않다. 인간은 암묵적으로 자신의 욕망의 사용에 동의하고 있는 것이다. 그래서 존엄하신 세존(śrībhagavat)은 이렇게 답변한다.

"이는 욕망(kāma)이고, 이는 분노(krodha)다. 이는 게걸스럽게 강렬하고 가장 사악한 라자스로부터 태어난 것이다. 그러니 이것이 적이라는 것을 알아야 한다."(Ⅲ. 37.)

"불이 연기로 가려지고 거울에 때가 끼듯, 태아가 자궁에 싸여있듯, 이것은 그것에 의해 덮여있다."(Ⅲ. 38.)

만물은 라자스로 뒤덮여 있다는 것이다.

"감각기관과 마음과 통각은 그것의 근거지이다. 이것들로 지혜를 가리면서 인간을 미혹한다."(Ⅲ. 40.)

"그러므로 아르주나여, 먼저 감각기관을 제어하고, 지혜(jñāna)와 식별(vijñāna)의 사악한 파괴자를 쳐부숴라."(Ⅲ. 41.)

이렇게 단계적으로 집착의 근원을 없애갈 것을 명하고 있다. 여기서 지혜와 식별은 우파니샤드와 상캬의 지혜를 각각 의미하고 있다.

"감각기관이 대단한 것이라고 사람들이 말하지만 그 위에 마음이 있고, 마음 위에 통각이 있고, 통각 위에 그다."(Ⅲ. 42.)

'그'는 순수정신인 푸루샤를 가리킨다.

"이와 같이 붓디 위에 있는 그를 알고, (높은) 자아에 의해 (낮은) 자아를 굳건히 하며, 오 아르주나여, 정복하기 어려운 욕망의 형태를 한 적을 쳐부숴라."(III. 43.)

푸루샤의 빛으로 욕망과 분노를 일으키며 끊임없이 활동하는 아집을 통제해야 한다는 것이다.

3) 바크티요가

바크티bhakti는 헌신 · 복종 · 숭배 · 귀의歸依를 뜻하며, 바크티요가는 경건한 신앙 또는 귀의로서 일반적으로 신애信愛요가라고 번역한다. 먼저 용사 아르주나가 비쉬누신인 크리슈나에게 이렇게 묻는다.

"항상 성실하게 당신을 숭배하는 자들과 전개되지 않은 불멸자를 숭배하는 자들 중에서 누가 요가를 더 잘 아는 자입니까?"(XII. 1.)

세상에는 절대 · 유일 · 비인격적 실재와 일체가 되고자 하면서 세상과 관련되지 않으려는 자들이 있고, 인간세계에 현현한 인격적 신과 통합되고자 하는 자들이 있다. 우리는 세상을 등지고 불변의 전개되지 않은 자를 얻으려고 애쓰는가, 아니면 현현된 모습에 헌신하며 봉사하는가? 우리가 찾는 것은 브라흐만과 같은 절대자인가, 비쉬누나 이쉬와라īśvara와 같은 인격적 신인가? 존엄하신 세존은 이렇게 답한다.

> "나에게 마음을 고정시키고 성실하게 지고의 믿음을 갖고 나에게 예배하는 자들, 그들을 나는 요가에서 가장 완벽하다고 생각한다."(XII. 2.)

물론 정의내릴 수 없고 편재하며 불변인 전개되지 않은 불멸자를 숭배하는 자, 감각을 제어하는 자, 어떤 조건에서도 평정심을 잃지 않는 자, 모든 생명의 행복을 기뻐하는 자, 그들도 나에게 이를 수 있다고 한다.(XII. 3~4.) 그러나

> "전개되지 않은 자에게 생각을 맞춘 이들의 번뇌가 더 크니, 그 목표는 육신을 가진 사람들이 도달하기에는 어렵기 때문이다."(XII. 5.)

형상과 속성을 떠난 초월적 신을 추구하는 것은 살아 숨쉬는 인격적 신을 숭배하기보다 훨씬 어려운 일이다. 그래서 신애요가를 이렇게 강조하고 있다.

> "자신의 모든 행위를 나에게 두고, 나에게 열중하고, 예배하고, 명상하고, 흔들림 없이 헌신하는 자들, 나에게 생각을 고정한 자들, 오 프리타의 자손이여! 나는 그들을 죽을 운명의 바다로부터 즉각 건너게 해준다."(XII. 6~7.)
>
> "나에게만 마음을 고정하고 그대의 지성을 나에게 머물게 하라. 그 후로 틀림없이 그대는 나에게서만 살게 될 것이다."(XII. 8.)

> "그러나 만약 그대가 나에게 마음을 확고히 고정할 수 없다면, 수련요가(abhyāsa yoga)에 의해 나에게 도달하려고 하라, 오 부의 성취자여."(XII. 9.)

이는 『요가수트라』(Ⅰ. 13.)에서 '수련은 마음의 움직임을 그치려는 노력'이라고 언급한 것과 관련해서 이해할 수 있을 것이며, 『요가수트라』(Ⅰ. 12.)와 같은 말을 여기에서도 하고 있다.

> "의심의 여지없이, 오 억센 팔을 가진 자여(=아르주나), 마음은 제어하기 어려우며 불안정하다. 그러나 오 쿤티의 아들이여, 수련과 이욕에 의해 마음을 제어할 수 있다."(VI. 35.)

그리고 요가의 수련적 방법, 즉 명상요가(dhyānayoga)의 구체적인 방법을 이렇게 서술하고 있다.

> "요가수행자(yogin)는 항상 한적한 곳에 홀로 머물며 욕망과 소유를 벗어나 자기를 억제하며 마음을 집중해야 한다."(VI. 10.)
>
> "풀 · 가죽 · 헝겊으로 겹겹이 덮인 너무 높거나 너무 낮지 않은 깨끗한 곳에 고정된 자리를 마련하고, 자리에 앉아 마음을 한 곳에 집중하고 생각과 감각을 조절하며 영혼의 정화를 위해 요가를 행해야 한다."(VI. 11~12.)
>
> "몸과 머리와 목을 세워서 움직이지 않은 채로, 두리번거리지 않고 자신의 코끝을 응시한다."(VI. 13.)
>
> "고요하고 용감하게, 금욕의 맹세를 확고히 하고, 마음을 가라앉

히고, 마음을 나에게 돌려 나에게만 집중하며 조화롭게 좌정하라."(VI. 14.)

"항상 자신을 조화롭게 하면서 마음을 가라앉힌 수행자는 나에게 깃들어 있는 적멸(寂滅, śānti)인 지고(parama)의 열반을 얻을 것이다."(VI. 15.)

그리고 덧붙여 이렇게 말하고 있다.

"음식과 휴식을 절제하고, 행동을 억제하고, 자는 것과 깨는 것이 조절되는 사람에게만 고통(duḥkha)을 없애주는 요가가 가능하다."(VI. 17.)

그리고 세존이 애정하는 이들을 열거하고 있는데 다음과 같은 이들이다.

누구도 미워하지 않는 자, 다정하고 자비로운 자, 이기주의나 아집을 갖지 않는 자, 괴로움과 즐거움에 평온하며 인내하는 자, 항상 만족하는 자, 자기 조절을 하고 결심이 흔들리지 않는 자, 나에게 마음과 통각을 바치며 나에게 헌신하는 자, 그도 세상을 꺼리지 않고 세상도 그를 꺼리지 않는 자, 기쁨과 분노와 두려움과 동요로부터 자유로운 자, 바라는 것도 없고 순수하고 능력있고 무심하고 불안해 하지 않고 주도적인 행위를 포기한 자, 기뻐하지도 미워하지도 않고 슬퍼하지도 갈구하지도 않으며 좋고 나쁨을 포기한 자, 적과 친구 그리고 존경과 멸시를 평등하게 여기고, 찬 것과 뜨거운 것 그리고 고통과 즐거움을 평등히 여기며 집착을 떠난 자, 비난과 칭찬을 같게 여기고 말이 없고 만족하는 자, 고정된 주거지가 없고 마음이 고정된 자는 나에게 사랑스러운 사람이다.(XII. 13~19.)

그리고 마지막으로 이렇게 결론짓는다.

"그러나 믿음을 가지고 불사의 지혜를 따르며 나를 최고의 목적으로 삼아 헌신하는 자들을 나는 지극히 사랑스러워 한다."(XII. 20.)

(3) 요가의 단계

이곳에서는 『요가수트라』의 「실수품」과 「자재품」에서 기술하고 있는 내용을 중심으로 알아보도록 한다.

"요가에는 금계, 권계, 좌법, 조식, 제감, 집지, 선정, 삼매의 여덟 단계 수행법이 있다."(II. 29.)

그 다음으로 각각의 단계를 이렇게 설명하고 있다.

1) 금계(禁戒, yama)

금계는 자기와 자기 이외의 존재와의 관계에서 지켜야할 올바른 관계로서 주로 도덕적인 규범으로 나타난다. 그러나 단순히 사회의 윤리적 규범이 아니라, 마음의 평화를 얻는 수단이며 요가의 궁극적 목적인 해탈을 위한 예비적인 수행이기도 하다.

> "금계는 불살생(=不害, ahiṃsā), 진실한 말(satya), 도둑질하지 않는 것(asteya), 금욕(bahmacarya: 자제, 범행), 탐내지 않는 것(aparigraha: 충분히 지니지 않는 것)이다."(Ⅱ. 30.)

그리고 금계는 신분, 장소, 시기, 제사의 관습에 의해 제한 받지 않고 모든 조건을 만족시키므로 대서계(大誓戒, mahāvrata)라고 한다(Ⅱ. 31.). 이어서 각각을 설명하고 있다.

> "불살생의 계행이 확립되면 그의 앞에서는 모든 생물들이 적대시하는 마음을 버린다."(Ⅱ. 35.)
> "진실한 말의 계행이 확립되면 행위와 그 결과가 일치한다."(Ⅱ. 36.)

정직하게 진실만을 말하는 사람이 되면 그가 말하는 대로 그 결과가 구현된다는 것이다. 가령 '천국에 태어나겠다'고 하면 그는 반드시 천국에 태어난다는 것으로 그의 말은 틀림없이 실현된다는 뜻이다.

> "도둑질하지 않는 계행이 확립되면 모든 방향으로부터 재물財物이 그에게 모인다."(Ⅱ. 37.)
> "금욕의 계행이 확립되면 정력(vīrya)을 얻는다."(Ⅱ. 38.)

정력이 축적되면 몸과 마음이 큰 힘을 얻게 되어, 누구도 그에게 대항할 수 없게 되고, 제자에게 자기의 생각을 제대로 전할 수 있게 된다고 한다.

> "탐내지 않는 계행이 확립되면 자신의 과거 · 현재 · 미래에 걸친 전생轉生의 상태를 그대로 알 수 있다."(Ⅱ. 39.)

사람은 최소한의 생필품 외에는 욕심을 내지 말아야 하니, 물질적 집착이나 소유욕에 끌리면 자신에 대한 통찰을 주는 진실한 지혜가 사라지게 된다는 것이다.

2) 권계(勸戒, niyama)

권계는 자기 자신에 대해서 지켜야 할 규범으로 다음과 같은 것이 있다.

> "권계는 (몸과 마음의) 청정(śauca), (생명 유지에 필요한 것 이상을 구하지 않는) 만족(saṃtoṣa), (굶주림과 목마름과 추위와 더위 등을 극복하거나 단식하는) 고행(tapas), 독송(svādhyāya), 자재신의 기원(īśvara praṇidhāna)이다."(Ⅱ. 32.)
>
> "고행, 독송, 자재신의 기원 등은 크리야요가kriyāyoga다."(Ⅱ. 1.)

크리야요가는 일상생활에서 노력하여 힘쓰는 요가를 말하며, 마음의 움직임을 없애기 위한 예비적인 단계에 속한다. 각각의 항목을 다음에서 설명하고 있다.

"청정을 지키면 자신의 몸을 싫어하고 미워하게 되고, 남과 교접하지 않게 된다.
또한 순질(sattva)의 요소는 정화되고 희열이 생긴다. 그로부터 마음의 한결같은 집중이 생기고, 여기에서 감각기관의 제어가 있게 되고, 자신을 직관하는 능력이 생긴다."(II. 40~41)

청정을 수행하면 자기 몸에 대한 부정관不淨觀이 생기고 남의 몸에 대해 욕심을 내지 않게 되어 음행심이 일어나지 않게 된다. '순질의 정화'라는 것은 삿트바가 다른 두 원질인 라자스와 타마스를 압도하여 그의 본성인 빛과 행복 등의 성향이 마음에 나타나는 것을 말한다. 그리고 '자신을 직관하는 능력'은 푸루샤와 프라크리티에서 전개된 붓디를 구별하는 식별지를 말한다.

"만족에 의해 무상의 즐거움(sukha)을 얻는다."(II. 42.)

이 세상의 애욕의 즐거움이나 천상의 즐거움은 갈애가 멎은 즐거움의 십육분의 일에도 미치지 못한다고 『마하바라타』에서는 말하고 있다.

"고행에 의해 심신의 더러움이 멸해지면 신체와 감각기관의 초자연력이 나타난다."(II. 43.)

초능력에 대해서는 III. 16 이후에서 과거와 미래를 안다거나, 모든 생물의 소리를 들을 수 있다거나, 몸이 보이지 않게 할 수 있다거나 등등 자세히 설명하고 있다.

"독송의 실행으로 원하는 신격과 만날 수 있다."(Ⅱ. 44.)

독송은 베다경전을 공부하거나 성스러운 소리인 '옴'을 외우는 것을 뜻한다. 원하는 신격이란 신(deva), 신선(ṛṣi), 성인(siddha)을 말하며 인격적인 영적 존재로서 수행자를 수호하고 지도하는 일을 맡고 있다.

"자재신의 기원으로 삼매가 성취된다."(Ⅱ. 45.)

모든 행위를 자재신에게 바치고 행위의 결과에 집착하지 않고 맡기면 삼매를 이룰 수 있다는 것이다.

3) 좌법(āsana)

『요가수트라』에는 구체적인 좌법이 설명되어 있지 않으며, 이후에 신체 단련을 중시하는 하타요가가 발달하면서 백여 가지의 체위법을 갖게 된 것으로 보인다.

"좌법은 안정되고 쾌적한 것이다."(Ⅱ. 46.)

주석서에는 연화좌, 용사좌, 길상좌, 만(卍)좌, 침대좌, 코끼리좌 등의 명칭이 보인다.

"긴장을 늦추고 마음을 무한에 합일시킴으로써 얻어진다."(II. 47.)

가없는 허공과 같은 것에 마음을 침잠시켜서 그것과 합일된 경지에 이르면 불쾌감이 사라지고 편안해진다. 좌법의 완성은 긴장을 완화시키는 데 있다는 것이다.

"그때 요가행자는 상대적인 상황에 방해받지 않는다."(II. 48.)

좌법이 익숙해지면 추위와 더위 같은 대립되는 것에 굴복하지 않게 된다는 것이다.

4) 조식(調息, prāṇāyāma)

"이 좌법이 얻어졌을 때, 호흡의 흐름을 끊는 것이 조식이다."(II. 49.)

좌법이 익혀지면 다음에 조식법을 익힌다. 조식법은 우주의 생명 에너지인 생기(prāṇa)를 몸안으로 받아들이는 방법이다. 요가에서는 일반적으로 호흡을 멈추는 지식법(止息法, kumbhaka)이 발달하였다.

"조식은 외부적인 것과 내부적인 것과 정지된 것으로 되어 있다. 이들은 장소와 시간과 수에 의해 조절되며 길고 미세하다."(II. 50.)

호흡을, 숨을 내쉬고 난 후에 그 흐름을 멈추는 작용, 숨을 마시고 난 후에 그 흐름을 멈추는 작용, 애써서 숨을 멈추고 있는 작용의 셋으로 나눈 것이다. 이것을 호식(呼息, recaka), 흡식(吸息, pūraka), 지식(止息)이라고 하며, 이들 세 가지 작용이 장소와 시간과 수에 의해 조정된다는 것이다. '장소'는 호흡이 드나들 때 느껴지는 인체의 특정 부분들, '시간'은 호흡의 길이, '수'는 호흡의 횟수를 뜻한다. 이들이 점차 상승할수록 호흡은 길고 가늘어지게 된다.

"제4의 조식은 밖과 안의 대상을 초월한 것이다."(Ⅱ. 51.)

호흡이 장소와 시간과 수에 의해 잘 조정되어 익숙해지면서 점차로 높은 단계로 나아가 드디어 들어오고 나가고 멈추는 호흡의 흐름이 사라지게 된다는 것이다. 지식법은 들어온 숨을 의식적으로 닫아서 정지시키려는 것이지만 이것은 호흡의 작용이 저절로 멈추게 된다는 것을 말한다.

5) 제감(制感, pratyāhāra)

"제감이란 여러 감각기관이 각각의 대상과 결합하지 않게 하여 마치 마음(citta) 본래의 상태와 같이 되는 것이다."(Ⅱ. 54.)

눈 · 귀 · 코 · 혀 · 몸이라는 감각기관이 빛 · 소리 · 향 · 맛 · 감촉 등의 대상과 결합하려는 것을 억제하면 감각기관이 홀로 떨어져 있는 상태에 있게 된다. 그러면 감각기관은 마음의 움직임에 따라 움직이며 합일되는 경지에 이른다.

"그것에 의해 감각기관은 최고의 지배를 얻게 된다."(Ⅱ. 55.)

감각기관이 외계의 대상으로 쏠리지 않고 마음과 함께 있게 된다. 마음이 감각기관과 합일되면 대상에 끌리는 작용이 사라지고 최고의 지배력을 달성한다. 이때 마음은 삼매와 같은 전일全一한 상태에 도달한다.

위에서 말한 금계에서 제감까지 5단계는 외부적인 수행법이었고 다음으로는 총제라고 일컬어지는 3단계의 인과적인 내부적 수행법을 설하고 있는데, 실제로는 확실한 구별이 서는 것은 아니다. 아무튼 3장에서는 요가수행을 독려하기 위해 총제에 의해서 성취되는 초자연력을 주로 논하고 있다.

6) 집지(執持=摠持, dhāraṇā)

"집지는 마음을 한 곳에 매는 것이다."(Ⅲ. 1.)

가령 코끝, 혀끝, 배꼽, 심장 등 신체 부위나 외부의 어떤 사물에 마음이 움직이지 않도록 고정시키는 것이다.

7) 정려(精慮=禪定, dhyāna)

"정려는 의식작용이 거기에 하나로 집중된 상태다."(Ⅲ. 2.)

정려는 집지의 연장으로써 마음의 집중이 중단되지 않고 한결같이 지속되면서 균등하게 연장된 상태를 뜻한다. 혼침昏沈도, 들뜬 것도 아니며, 평정하게 한결같이 맑게 흐르는 의식이다.

8) 삼매(三昧=定=等持, samādhi)

"그러한 상태에서 그 대상만이 빛나고 자기 자신은 없어진 것처럼 되었을 때가 바로 삼매다."(Ⅲ. 3.)

주관이 사라지고 오직 객관만이 의식을 차지하고 있는 상태가 삼매라는 것이다.

"이들 세 가지는 동일한 대상에 대해 행해지므로 총제(總制, saṃyama)라고 한다."(Ⅲ. 4.)

총제는 총체적인 제어라는 뜻으로 집지 · 정려 · 삼매의 셋이 동일한 대상을 가지며 뗄 수 없는 연관관계 속에 있다.

"이들의 제어에 의해 지혜(prajñā)의 빛이 나타난다."(Ⅲ. 5.)

'지혜'는 알아야 할 것을 실상 그대로 올바르게 알아서 얻는 것으로, 이는 총제를 닦음으로써 성취되는 것이다.

"그 적용은 단계에 따라서 행해진다."(Ⅲ. 6.)

마음의 작용에는 단계가 있으므로 먼저 낮은 단계를 닦아서 자기의 것으로 하면서 그 다음 단계로 나아가야 한다.

2. 불교

"모든 악을 짓지 않고 모든 선을 받들어 행하고, 자신의 마음을 깨끗이 하는 것, 이것이 모든 붓다의 가르침이다.(諸惡莫作 諸善奉行 自淨其意 是諸佛教)"(『법구경』 183.)

"도를 즐기어 방일하지 않으며 항상 잘 스스로 마음을 지켜, 흙탕에서 나오는 코끼리처럼 어려운 곳에서 자기를 구제하라.(樂道不放逸 常能自護心 是爲拔身苦 如象出于陷)"(327.)

"눈을 지키는 것도 훌륭하고 귀를 지키는 것도 훌륭하고 코를 지키는 것도 훌륭하고 혀를 지키는 것도 훌륭하다. 신체를 지키는 것도 훌륭하고 말을 지키는 것도 훌륭하고 정신을 지키는 것도 훌륭하고 일체를 지키는 것도 훌륭하다. 일체를 지키는 비구는 일체의 괴로움에서 벗어난다.(端目耳鼻口 身意常守正 比丘行如是 可以免衆苦)"(360~361.)

"손과 발을 억제해 함부로 하지 않고 말을 삼가고 행동을 조심하며, 삼매에 들어 안으로 기뻐하고 홀로 지내며 만족하는 이를 비구라 부른다.(手足莫妄犯 節言愼所行 常內樂定意 守一行寂然)"(362.)

"비구가 자애롭게 살며 붓다의 가르침을 사랑하고 공경하면, 고요한 마음으로 진리를 관찰하여 욕심이 그치고 안락해진다.(比丘爲慈愛敬佛教 深入止觀 滅行乃安)"(368.)

"다섯 가지를 끊고 다섯 가지를 버려라. 그리고 다섯 가지를 닦아

라. 다섯 가지 집착을 넘어선 비구는 거센 흐름(=번뇌)을 넘어선 자라고 불린다.(捨五斷五 思惟五根 能分別五 乃渡河淵)"(370.)

첫 번째 다섯은 ① 자아가 있다는 견해[有身見] ② 불 · 법 · 승과 계율, 연기법 등을 의심하는 것[疑] ③ 계율과 의례의식으로 해탈할 수 있다고 집착하는 것[戒禁取] ④ 감각적 쾌락에 대한 욕망[欲貪] ⑤ 적의 · 반감 · 증오 · 분개 · 적대감 등 성내는 마음[瞋恚]이고, 두 번째 다섯은 ① 색계 초선부터 제4선까지 실현되는 경지에 대한 집착[色貪] ② 무색계 공무변처부터 식무변처와 무소유처를 거쳐 비상비비상처까지 실현되는 경지에 대한 집착[無色貪] ③ 남과 비교하여 잘났다, 못났다 하는 마음[慢] ④ 들뜨고 불안한 마음[掉擧] ⑤ 사성제를 모르는 것[無明]을 말한다. 이들을 '5결結'이라고 하는데 전자는 감각적 쾌락에 대한 욕망의 세계[욕계]에 속하는 것이고, 후자는 미세한 물질계[색계] 이상에 속하는 것이다. 세 번째 다섯은 '5근根'으로서 ① 믿음[信] ② 정진精進 ③ 마음챙김[= 마음지킴, 알아차림, 念] ④ 집중[三昧, 定] ⑤ 지혜[慧]이고, 네 번째 다섯은 ① 욕망[貪] ② 성냄[瞋] ③ 어리석음[痴] ④ 자만[慢] ⑤ 그릇된 견해[見]이다.

"선정이 없으면 지혜가 없고 지혜가 없으면 선정이 없다. 선정과 지혜가 있으면 열반에 이른다.(無禪不智 無智不禪 道從禪智 得至泥洹)"(372.)

『담마파다*dhammapāda*』는 '진리의 말씀'이라는 의미로 팔리어

pāli로 씌어진 남방 상좌부의 '삼장(三藏, tipiṭaka)' 중 경장經藏에 속하는 '소부'에 포함되어 있으며, 초기 불교의 교단 내에서 다양한 형태로 전해지고 있던 붓다가 직접 설한 법문(26품品 423게偈)을 모아서 기원전 4~3세기 무렵에 편찬한 것으로 보인다. 불교 경전 중에서도 가장 오래된 것으로 불교 입문서로서의 역할을 하며 불교도들에게 널리 애송되어져 왔다. 한역으로는 『법구경』(39품 750게)과 『법구비유경』, 그리고 산스크리트어로 씌여진 『우다나바르가*udānāvarga*』를 모본으로 한 『출요경出曜經』과 『법집요송경法集要頌經』이 있다.

참고로 초기 불교 시대에 성립된 팔리어 경장에는 『디가 니카야(*dīgha nikāya*, 장부경전)』, 『맛지마 니카야(*majjhima nikāya*, 중부경전)』, 『상윳타 니카야(*saṃyutta nikāya*, 상응부경전)』, 『앙굿타라 니카야(*aṅguttara nikāya*, 증지부경전)』, 『쿳다카 니카야(*khuddaka nikāya*, 소부경전)』가 있다. 여기에 해당하는 한역 경전은 아함경(阿含經, āgama=聖言)이라고 하며 앞에서부터 각각 『장아함경』『중아함경』『잡아함경』『증일아함경』이라고 한다.

불교에는 염불, 주력呪力, 절, 독경讀經, 간경看經, 사경寫經, 사불(寫佛: 불상 · 보살상 · 신중상을 그리는 수행), 지계持戒 수행, 지관 수행, 비파사나 수행, 참선 등 다양한 수행법이 발달해 있지만 이곳에서는 초기 경전에 근거하면서도 후대에까지 영향을 끼친 근본 수행법만을 알아보도록 한다.

(1) 선정과 지혜

선정(禪定=止=定=修觀=寂滅, ⓢśamatha, ⓟsamatha)과 지혜(智慧=觀=慧=內觀=正見, ⓢvipaśyanā, ⓟvipassanā)는 초기불교 이래 불교 수행을 대표하는 용어로서 늘 동시적인 것이었다. 그래서 인도의 『대승기신론』에서뿐 아니라 중국 천태지의(天台智顗, 538~597)의 '지관止觀'이라든가 고려 지눌(知訥, 1158~1210)의 '정혜쌍수定慧雙修'라는 술어로 계승되어 내려오고 있다. 마음을 단련하여 일체의 외경이나 어지러운 상념에 움직이지 않고 마음을 특정 대상에 쏟는 것을 지止라 하고, 그것에 의해 바른 지혜를 일으켜 대상을 보는 것을 관觀이라고 한다. 즉 마음을 고요하게 하여 하나의 대상에 집중하고 바르게 관찰하는 것을 말한다. 4세기경 성립된 유가행파의 기본 논서인 『유가사지론*yogācāra bhūmi*』「성문지聲聞地」, 당나라 현장(玄奘, 602~664)의 제자 보광이 지은 『구사론기』, 그리고 고려 광종(950~975) 때의 승려 제관諦觀이 지은 천태종 교리해설서 『천태사교의天台四敎儀』 등에는 욕탐과 산란된 마음을 억지하고 이를 바탕으로 하여 존재의 실상을 관찰해야 한다고 하였는데, 전자를 사마타奢摩他 후자를 비파사나毘婆舍那라고 하고, 이를 얻기 위해 각각 '5정심관停心觀'과 '4념주(念住=念處)'를 닦아야 한다고 하였다. '5정심관'은 ① 탐욕의 마음을 멈추기 위한 부정관不淨觀, ② 미워하는 마음을 멈추기 위한 자비관, ③ 어리석은 마음을 멈추기 위한 인연관, ④ '나' 혹은 '나의 것'이라는 마음을 멈추기 위한 계분별관(지·수·화·풍·공·

식의 6계), ⑤ 어지러운 마음을 멈추기 위한 지식념(止息念=安般念, ānāpana smṛti)을 가리킨다. 그리고 '4념처'는 ① 신념처身念處, ② 수념처受念處, ③ 심념처心念處, ④ 법념처法念處를 닦아 제행무상諸行無常 · 제법무아諸法無我 · 일체개고一切皆苦의 세 가지 진리를 깨닫고자 하는 것이다.

초기 불전인 『앙굿타라 니카야』에서는 사마타와 비파사나를 이렇게 설명하고 있다. 즉 사마타는 마음(citta) 및 마음의 해탈(ceto vimutti: 마음이 번뇌의 속박에서 벗어나는 것, 심해탈)과 연결 짓고, 비파사나는 통찰지(paññā, 般若)와 통찰지를 통한 해탈(paññāvimutti: 지혜에 의해 번뇌를 완전히 벗어나는 것, 혜해탈)을 연결 짓고 있다. 또 심해탈인 삼매는 욕망을 극복하는 수행이고, 혜해탈인 통찰지는 무명을 극복하는 수행이라고 언급하고 있다. 그리고 사마타는 마음의 개발을 뜻하는 삼매와 동의어로, 비파사나는 통찰지와 동의어로 사용하고 있다. 나아가 사마타는 마음을 하나의 대상에 고정시키고 고요하게 하는 삼매를 개발하는 수행이며, 비파사나는 유위의 제법[行, saṃskāra: 인연 · 화합하여 드러난 생성과 소멸의 세계의 형성력]을 명상하고 관찰하여 무상 · 고 · 무아를 통찰하는 수행이라고 분명히 밝히고 있다. 사마타는 마음이 표상(表象: 의식에 나타나는 외계 대상의 상)에 집중되어 마음의 떨림이나 동요가 그치고 가라앉아 고요한 상태[止]를 말하며, 비파사나는 대상을 나타난 모양 그대로 보는 것이 아니라 존재의 무상 · 고 · 무아의 특성을 있는 그대로 보는 것[觀]을 뜻한다. 그래서 사마타는 존재의 표상에 집중하는 삼매[定] 수행이고 비파사나는 존재의 특성을 통찰하는 통찰지[慧] 수행이다.

그런데 사마타의 고요함 속에는 아직 탐(貪=貪欲, rāga: 본능적 욕구와 욕심) · 진(瞋=瞋恚, dveṣa: 뜻에 맞지 않을 때 일어나는 증오심이나 노여움) · 치(癡=愚癡, moha: 욕심과 화로 인해 사리분별에 어두운 것) 3독(毒, tridoṣāpaha: 3가지 근본적인 번뇌)이 잠복되어 있는 상태이기 때문에 삼매에서 나오면 다시 3독의 영향을 받는다. 3독은 모든 번뇌의 근원인 무명(無明, avidya)과 상호작용하면서 다시 강화되므로 선정의 삼매를 '일시적인 해탈(sāmayika vimuttī)'이라고 한다. 그러므로 무상 · 고 · 무아를 통찰하는 비파사나의 힘으로 3독의 뿌리를 제거해야 하며 그때 비로소 해탈 · 열반이 실현된다. 이처럼 비파사나의 지혜가 없이는 해탈이 불가능하다. 그렇지만 사마타의 고요함과 집중의 힘이 없으면 비파사나의 지혜도 생길 수 없다. 그렇기 때문에 초기 경전에서부터 사마타와 비파사나는 함께 사용되고 있으며 붓다는 항상 이 둘을 부지런히 닦을 것을 강조하였던 것이고 중국과 한국에서도 지관겸수 사상으로 계승했던 것이다.

그리고 사마타와 비파사나 수행의 선후 문제는 각 개인에게 달린 것이지 어느 것을 먼저 닦아야 한다고 정해진 것은 없다고 못 박고 있다. 즉 인연 닿는 스승의 지도 방법과 수행자 자신의 관심과 성향에 따라서 다를 수밖에 없는 것이니, 어느 것을 고집하는 것은 독단적인 견해일 뿐이고 진정한 수행자의 자세라고 할 수 없다는 것이다. 그러나 아무튼 불교의 수행이 무상 · 고 · 무아의 통찰로 귀결하는 것은 분명한 일이다.

(2) 37보리분법

깨달음을 얻기 위한 실천 수행 방법은 초기 경전인 『디가 니카야』, 『맛지마 니카야』, 『상윳타 니카야』에서 자세히 설명하고 있는데, 이를 정리한 수행체계인 37보리분법(菩提分法=覺分=覺支=助道品)은 부파불교 중 유부의 교학을 비판적으로 체계화하여 불교학의 표준을 세운 『아비달마구사론』이나 불음(佛音, buddhaghosa, 5세기)의 『청정도론*visuddhimagga*』, 대승불교권에서 '불가사의 해탈 법문'이라고 칭송받으며 이후 정토교나 선종의 뼈대를 제공한 『유마경』 등에 등장한다. 아직 깨달음을 얻지 못한 이들은 이를 닦아 깨달음에 이를 수 있고, 이미 깨달은 이들은 이를 완전히 갖추어 깨달음을 드러내는 것이다.

1) 4념처(念處=念住=心意所止, ⓢ smṛty upasthāna, ⓟ sati paṭṭhāna)

불교 수행에서 가장 중요한 세 경은 「대념처경(大念處經=念處經, *mahāsatipaṭṭhāna sutta*)」(『장부』, 『중아함경』), 「출입식념경(出入息念經=安那般那念經, *ānāpānasati sutta*)」(『중부』, 『잡아함경』), 「염신경(念身經, *kayagatasati sutta*)」(『중부』, 『중아함경』)이다. 이중에서도 「대념처경」은 불교 수행법을 몸 · 느낌 · 마음 · 법의 네 가지 주제로 집대성한 경으로 특히 남방불교에서 가장 중요하게 여겨지고 있으며 비파사나 수행법은 이 경에 근거한 것이다. '염'이라고 번역되는 sati(smṛti)는 원래 '기억'을 뜻하나 여기에서는 수행적 의미로 사용되고 있으며 『청정도론』은 이를 네 가지로 설명하고 있다. '염'의 우리말 번역은 <초기불전연구원>의 채택을 따라 마음이 대상을 챙긴다는 의미에서 '마음챙김'으로 쓰고자 한다.

첫째, 마음챙김은 대상에 깊이 들어가는 것이다. 그것은 잊지 않는 것이고 보호하는 것이고 대상과 직면하는 것이다. 기둥처럼 대상에 든든하게 서 있기 때문에, 혹은 눈 등의 문을 지키기 때문에 문지기와 같다. 즉 반복해서 거듭 챙기는 것이고, 조롱박이나 병처럼 둥둥 떠다니지 않는 것이다.

둘째, 마음챙김은 대상을 거머쥐는 것[把持, 把握]이다. 마음챙김으로 대상을 철저하게 거머쥐어야 삼매를 실현할 수 있고, 그래야 통찰지[반야]로써 대상의 무상 · 고 · 무아를 관찰할 수 있다. 마음챙김이 없는 자에게 삼매와 반야, 선정과 지혜는 있을 수 없다.

셋째, 마음챙김은 대상의 확립이다. 몸과 느낌과 마음과 법에서 그들을 더러움 · 괴로움 · 무상 · 무아라고 파악하면서, 깨끗함 · 행복 · 영원 · 자아라는 인식을 버리는 역할을 하기 때문에 네 가지로 분류되고, 따라서 네 가지 마음챙김의 확립[4념처]이라고 한다.

넷째, 마음챙김은 마음을 보호한다. 안식국(기원전 250년경부터 기원후 220년경까지 지금의 이란과 아프가니스탄 지역에 있던 고대 국가인 파르티아 왕국)의 안세고(安世高, 2세기)가 옮긴 『불설대안반수의경』에서 '안반'은 출식出息과 입식入息을 뜻하는 아나파나(ānāpāna: āna+apāna)을 음사한 것이고, 사티를 의역한 '수의守意'는 마음을 지키고 보호한다는 의미이다. 중국에 불교가 전래되던 최초기에 마음챙김은 마음의 보호로 이해되어 왔던 것이다.

대상을 마음챙기는 이유는 언어에 의해 시설施設된 개념적 존재(假立, prajñapti, paññatti)를 해체하여 사물의 진상이 여실하게 드러나게 하려는 데 있다. 즉 갈애와 무명과 집착의 근원인 언어의 집에서 벗어나, 나와 우주의 진면목과 맞부딪히는 해탈·열반을 획득하는 것이다.

「대념처경」에 나와 있는 마음이 챙기는 대상과 그 방법은 다음 '비파사나 수행법'항목에서 좀더 구체적으로 살펴보도록 한다.

2) 4정근(正勤=正斷, samyak prahāṇa, sammappadhāna)

깨달음에 이르기 위한 네 가지 바른 노력을 뜻하며 『상윳타 니카야』에 다음과 같이 정의되어 있다.

> "비구들이여, 네 가지 바른 노력이 있다. 무엇이 넷인가?
>
> 비구들이여, 여기 비구는 아직 일어나지 않은 사악하고 해로운 법(不善法)들을 일어나지 못하게 하기 위해서 열의를 생기게 하고 정진하고 힘을 내고 마음을 다잡고 애를 쓴다.[율의단律儀斷]
>
> 이미 일어난 사악하고 해로운 법들을 제거하기 위해서 열의를 생기게 하고 정진하고 힘을 내고 마음을 다잡고 애를 쓴다.[단단斷斷]
>
> 아직 일어나지 않은 유익한 법(善法)들을 일어나도록 하기 위해서 열의를 생기게 하고 정진하고 힘을 내고 마음을 다잡고 애를 쓴다.[수호단隨護斷]
>
> 이미 일어난 유익한 법들을 지속시키고 사라지지 않게 하고 증장

시키고 충만하게 하고 닦아서 성취하기 위해서 열의를 생기게 하고 정진하고 힘을 내고 마음을 다잡고 애를 쓴다.[수단修斷]"

사정근은 팔정도의 바른 정진[正精進]이고 정진의 기능[精進根]과 정진의 힘[精進力]이고 정진의 깨달음의 구성요소[精進覺支]의 내용이기도 하다. 여기서 '단'이라고 한 것은 이러한 노력이 나태함과 나쁜 행위를 끊을 수 있기 때문이다. 바른 노력은 선법(kusala dhamma)과 불선법(akusala dhamma)의 판단이 중요하니 이것이 없으면 바른 노력도 바른 정진도 아니기 때문이다. 해로운 법은 능숙하지 못함에서 생긴 탐욕 등이고 비난받을 괴로운 과보를 가져오며, 유익한 법은 능숙함에서 생겨 비난받을 일이 없는 행복한 과보를 가져온다. 능숙함(kosalla)은 통찰지(paññā)와 지혜(ñāṇa)를 말하며 이것과 결합된 것을 선법이라고 한다.

『디가 니카야』에서는 불선업도(akusala kammapatha)로 생명을 죽임[殺生], 주지 않은 것을 가짐[不與取=偸盜], 삿된 음행[欲邪行=邪淫], 거짓말 또는 자신의 생각과 다르게 하는 말[妄語=虛狂語], 중상모략 또는 남을 허물어뜨리는 말[兩舌=離間語], 욕설 또는 남을 헐뜯기 위해 발하는 아름답지 못한 말[惡口=麤惡語], 잡담 또는 진실이 아닌 온갖 더러운 말[綺語=雜穢語], 탐욕[貪慾], 화내거나 미워함[瞋恚], 어리석고 그릇된 견해[邪見] 등 신身·구口·의意 3업 10가지를 들고 있으며 선업도(kusala kammapatha)는 그 10가지를 행하지 않는 것이다.

3) 4여의족(如意足=神足, ṛddhi pāda, iddhi pāda)

'잇디iddhi'는 번영, 성공, 초자연력, 신통, 성취를 뜻하고, '파다 pāda'는 다리[足]를 의미하는데, 합하여 '성취의 수단', '신통의 수단'이라는 술어로 쓰이고 있다. 『상윳타 니카야』에서는 여의족을 다음과 같이 기술하고 있다.

> "여기 비구는 욕구(chanda)를 주로 한 삼매와 노력의 의도적 행위[行]를 갖춘 성취 수단을 닦는다[欲神足]. 정진(viriya)을 주로 한 삼매와 노력의 의도적 행위를 갖춘 성취 수단을 닦는다[勤=精進神足]. 마음(citta)을 주로 한 삼매와 노력의 의도적 행위를 갖춘 성취 수단을 닦는다[心神足]. 숙고(vīmaṃsa)를 주로 한 삼매와 노력의 의도적 행위를 갖춘 성취 수단을 닦는다[觀=思惟神足]."

한마디로 뛰어난 삼매를 획득하고 성취하려고 욕구하고, 노력·정진하고, 마음을 잘 다스리고, 지혜로써 사유·관찰하는 것을 말한다. 주석서에서는 삼매에서도 특히 제4선에 자유자재해야 신통도 성취된다고 말하고 있다. 4여의족은 팔정도에서 정정正定에 해당한다. 『상윳타 니카야』에서는 다음과 같이 4여의족의 중요성을 강조하고 있다.

> "비구들이여 과거에 … 미래에 … 현재에 크나큰 신통력과 크나큰 위력이 있는 사문들이나 바라문들은 누구든지 4여의족을 닦고 많이 공부 짓는 자들이다."
>
> "비구들이여, 만일 비구가 희구를 의지하여 삼매를 얻고 마음이 한

끝에 집중됨[心一境性]을 얻으면 이를 욕구를 주로 한 삼매라 한다. … 비구들이여, 만일 비구가 정진을 의지하여 … 비구들이여, 만일 비구가 마음을 의지하여 … 비구들이여, 만일 비구가 숙고를 의지하여 삼매를 얻고 마음이 한 끝에 집중됨을 얻으면 이를 일러 사유를 주로 한 삼매라 한다."

"비구들이여, 4여의족을 게으르게 하는 사람들은 누구든지 바르게 괴로움의 끝냄으로 인도하는 성스러운 도를 게으르게 하는 것이다. 비구들이여, 4여의족을 열심히 행하는 자들은 누구든지 괴로움의 끝냄으로 인도하는 성스러운 도를 열심히 행하는 것이다."

이렇게 초기경전에서 4여의족은 삼매를 성취하는 수단이기도 하고, 신통을 성취하는 수단이기도 하며, 깨달음과 열반을 성취하는 수단이기도 한 것이다.

4) 5근(根, indriya)

'인드리야indriya'는 우리에게 제석천으로 알려진 신들의 왕 인드라신에게 속한다는 의미로서, 지배 · 위대한 행위 · 활력을 뜻한다. 한마디로 열반을 낳는 뛰어나고 두드러진 힘을 말하는데, 〈초기불전연구원〉에서는 '기능'이라고 의역하고 있다. 『상윳타니카야』에서는 이렇게 5근을 설명하고 있다.

"비구들이여, 다섯 가지 기능이 있다. 무엇이 다섯인가?

믿음의 기능[信根], 정진의 기능[精進根], 마음챙김의 기능[念根], 삼매의 기능[定根], 통찰지의 기능[慧根]이다.

비구들이여, 그러면 신근은 어디서 봐야 하는가? 신근은 여기 4단계의 성자[預流, 一來, 不還, 阿羅漢]에서 봐야 한다.

비구들이여, 그러면 정진근은 어디서 봐야 하는가? 정진근은 여기 4정근에서 봐야 한다.

비구들이여, 그러면 염근은 어디서 봐야 하는가? 염근은 여기 4념처에서 봐야 한다.

비구들이여, 그러면 정근은 어디서 봐야 하는가? 정근은 여기 4선禪에서 봐야 한다.

비구들이여, 그러면 혜근은 어디서 봐야 하는가? 혜근은 여기 4성제에서 봐야 한다."

그리고 『청정도론』에서는 이 다섯 가지 기능을 조화롭게 닦아야 한다고 강조하고 있다.

"기능[根]을 조화롭게 유지함이란 믿음 등의 기능들을 조화롭게 만드는 것이다. 만약 그에게 신근이 강하고 나머지 기능들이 약하면 정진근이 분발하는 역할을 할 수 없고, 염근이 확립하는 역할을 할 수 없고, 정근이 산만하지 않는 역할을 할 수 없고, 혜근이 있는 그대로 보는 역할을 할 수 없다. 그러므로 그 믿음의 기능은 법의 고유한 성질[自性]을 반조함에 의해서 조절해야 한다. 만약 마음을 엄하게 단속할 때 그것이 강해진다면 마음을 엄하게 단속하지 않음에 의해서 조절해야 한다. …

여기서 특별히 믿음과 통찰지의 균등함과 삼매와 정진의 균등함을 권한다. 믿음이 강하고 통찰지가 약한 자는 미신이 되고, 근거없이 믿는다. 통찰지가 강하고 믿음이 약한 자는 교활한 쪽으로 치우친다. 약으로 인해 생긴 병처럼 치료하기가 어렵다. 두 가지 모두 균등함을 통해서 믿을 만한 것을 믿는다. 삼매는 게으름으로 치우치기 때문에 삼매가 강하고 정진이 약한 자는 게으름에 의해 압도된다. 정진은 들뜸으로 치우치기 때문에 정진이 강하고 삼매가 약한 자는 들뜸에 의해 압도된다. 삼매가 정진과 함께 짝이 될 때 게으름에 빠지지 않는다. 정진이 삼매와 함께 짝이 될 때 들뜸에 빠지지 않는다. 그러므로 그 둘 모두 균등해야 한다. 이 둘이 모두 균등하여 본삼매(appanāsamādhi: 초선에서 제4선까지의 경지)를 얻는다. …

마음챙김은 모든 곳에서 강하게 요구된다. 마음챙김은 마음이 들뜸으로 치우치는 믿음과 정진과 통찰지로 인해 들뜸에 빠지는 것을 보호하고, 게으름으로 치우치는 삼매로 인해 게으름에 빠지는 것을 보호한다. 그러므로 염근은 모든 요리에 맛을 내는 소금과 향료처럼, 모든 정치적인 업무에서 일을 처리하는 대신처럼 모든 곳에서 필요하다. 그래서 말씀하셨다. '마음챙김은 모든 곳에서 유익하다고 세존께서는 말씀하셨다. 무슨 이유인가? 마음은 마음챙김에 의지하고, 마음챙김은 보호로 나타난다. 마음챙김 없이는 마음의 분발과 절제란 없다'라고."

5) 5력(力, bala)

'바라bala'는 힘, 능력, 활력을 뜻하며 5근은 그대로 5력의 내용을 이루고 있다. 그래서 『상윳타 니카야』에서는 5근과 5력을 이렇게 설명하고 있다.

> "믿음의 기능이 곧 믿음의 힘[信力]이고 믿음의 힘이 곧 믿음의 기능이다. 정진의 기능이 곧 정진의 힘[精進力]이고 정진의 힘이 곧 정진의 기능이다. 마음챙김의 기능이 곧 마음챙김의 힘[念力]이고 마음챙김의 힘이 곧 마음챙김의 기능이다. 삼매의 기능이 곧 삼매의 힘[定力]이고 삼매의 힘이 곧 삼매의 기능이다. 통찰지의 기능이 곧 통찰지의 힘[慧力]이고 통찰지의 힘이 곧 통찰지의 기능이다"

그러나 주석서에서는 다음과 같이 그 차이를 드러내고 있으며 이러한 구분은 부파불교의 정설로 계승되고 있다.

> "'확신'을 특징으로 하는 것에 대해서 통제를 한다는 뜻에서 '신근'이라 하고, 불신에 의해서 흔들리지 않기 때문에 '신력'이라 한다. 나머지들은 각각 '분발', '확립', '산란하지 않음', '꿰뚫어 앎'을 특징으로 하는 것에 대해서 통제를 한다는 뜻에서 '근'이 되고, 각각 게으름과 마음챙김을 놓침과 산란함과 무명에 의해서 흔들리지 않기 때문에 '역'이 된다고 알아야 한다."

즉 믿음은 확신의 측면에서 보면 '신근'이 되고 불신에 흔들이지 않는 측면에서 보면 '신력'이 된다는 것이다. 그와 같이 정진은 분발의 측면에서 보면 '정진근'이 되고 게으름에 흔들리지 않는 측면에서 보면 '정진력'이 된다. 마음챙김은 확립의 측면에서 보면 '염근'이 되고 놓치지 않음의 측면에서 보면 '염력'이 된다. 삼매는 산란하지 않음의 측면에서 보면 '정근'이 되고 산란함에 흔들리지 않음의 측면에서 보면 '정력'이 된다. 마찬가지로 통찰지는 꿰뚫어 앎의 측면에서 보면 '혜근'이 되고 무명에 흔들리지 않는 측면에서 보면 '혜력'이 되는 것이다. 아무튼 5근과 5력은 확신하고, 분발하고, 확립하고, 산만하지 않고, 판별하는 기능을 수행하며 우유부단함, 게으름, 부주의. 동요, 미혹을 극복하게 하는 실참수행법인 것이다.

세조 때 간행된 붓다의 일대기인 『월인석보』(1459)는 훈민정음訓民正音 창제 이후 제일 먼저 나온 불경언해서佛經諺解書인데, 이는 『월인천강지곡月印千江之曲』과 『석보상절釋譜詳節』을 합편한 책으로 5근과 5력을 다음과 같이 기술하고 있다.

> "오근과 오력은 신과 정진과 염과 선정과 지혜이니, 좋은 법을 잘 내는 것은 근이고, 궂은 법을 잘 헐음은 역이다. 신근이 역을 얻으면 일정하게 지녀, 의심하지 않고, 정진력은 비록 법을 못 보아도 한 마음으로 도리를 구하여 목숨을 아끼지 아니하여 머물지 아니하는 것이고, 염력은 늘 스승의 가르침을 생각하여 좋은 법이 오거든 들이고, 궂은 법이 오거든 들이지 아니함이 (마치) 문을 지키는 사람 같은 것이고, 정력은 마음을 한 곳에 잡아 움직이게 하지 아니하여 지혜를 돕는 것이고, 지혜력은 제법의 있는 그대로의 모양을 진실하고 미덥게 잘 보는 것이다. … "

6) 7각지(覺支, bodhy aṅgāni, bojjhaṅgā)

'보장가bojjhaṅgā'는 깨달음을 얻기 위한 요소라는 의미로, 마음의 상태에 따라 존재를 관찰하기 위한 주의와 방법을 7가지로 정리한 것이다. 『맛지마 니카야』 주석서에서는 다음과 같이 설명하고 있다.

① 마음챙김의 깨달음의 요소[念覺支]

기억한다는 뜻에서 마음챙김이다. 특징은 확립함 혹은 반복함이다. "마치 왕의 창고지기가 '이만큼의 금이 있고, 이만큼의 은이 있고, 이만큼의 재물이 있다'라고 왕의 재물을 반복해서 생각하듯이, 그와 같이 마음챙김이 있을 때 유익함과 해로움, 비난받아 마땅함과 비난받을 일이 없음, 저열함과 수승함, 흑백으로 상반되는 여러 법을 반복해서 생각한다. 이것이 4념처다." 역할은 깊이 들어감 혹은 잊어버리지 않음이다. 나타남은 대상과 직면함이다. "비구들이여, 나는 마음챙김을 모든 곳에 이롭다고 말한다." 그러므로 마음챙김의 깨달음이 나머지 모든 깨달음의 구성요소에 도움이 되기 때문에 제일 먼저 설한다.

② 법을 간택하는 깨달음의 요소[擇法覺支]

4성제의 법을 간택하기 때문에 택법이라 한다. 즉 '이것은 괴로움이다'라고 숙고한다는 말이다. 특징은 간택함이고, 역할은 밝게 비추는 것이다. 즉 법들의 진실한 고유성질을 덮는 어리석음을 흩어버린다. 나타남은 미혹하지 않음이다.

③ 정진의 깨달음의 요소[精進覺支]

적절한 방법으로 일으켜야 하기 때문에 정진이라고 한다. 특징은 용감함이고, 역할은 굳건하게 지지함이고, 나타남은 가라앉음과 반대되는 것이다.

④ 희열의 깨달음의 요소[喜覺支]

만족하기 때문에 희열이라고 한다. 특징은 충만함 혹은 만족함이고, 역할은 몸과 마음을 강하게 함이고, 나타남은 의기양양함이다.

⑤ 고요함의 깨달음의 요소[輕安覺支]

몸과 마음의 피로를 편안하게 하기 때문에 고요함이라 한다. 특징은 고요함이고, 역할은 몸과 마음의 피로를 가시게 함이고, 나타남은 차분함이다. '피로'란 육체적 고통과 정신적 고통의 원인인 들뜸 등의 오염원을 말한다.

⑥ 삼매의 깨달음의 요소[定覺支]

모으기 때문에 삼매라 한다. 특징은 흩어지지 않음 혹은 산만하지 않음이고, 역할은 마음과 마음에 따른 부수현상들을 결합시키는 것이고, 나타남은 마음이 계속해서 머무는 것이다.

⑦ 평온의 깨달음의 요소[捨覺支]

공평하기 때문에 평온이다. 특징은 식별함 혹은 공평하게 나눔이고, 역할은 모자라거나 넘치는 것을 막음 혹은 편견을 끊는 것이고, 나타남은 중립적인 상태이다.

7) 8정도(正道=聖道, ārya mārga, ariya magga)

8정도는 『상윳타 니카야』에서 '8가지 요소를 가진 성스러운 도'(八支聖道, ariya aṭṭhangika magga)라고 표현하고 있다. 니카야에서는 주로 8지성도라고 나타내고 있는데 한역 아함경에서는 『장아함경』을 빼고는 모두 8정도로 옮기고 있어서 이후 대승경전들이나 논서들에서도 8정도로 정착되었다. 37보리분법은 이 8정도를 정점으로 하는 수행체계로서 실천적 의미가 강하다. 또 『상윳타 니카야』 주석서에서는 깨달음을 위해서 닦는 8정도를 역시 실천수행을 뜻하는 계(sīla) · 정(samādhi) · 혜(paññā) 3학(學, śikṣā, sikkhā)에 순서대로 각각 정어 · 정업 · 정명, 정정진 · 정념 · 정정, 정견 · 정사유를 배당하기도 한다.

① 바른 견해[正見]

바른 견해는 '괴로움의 지혜[苦諦, duḥkha satya], 괴로움이 일어남의 지혜[集諦, samudaya satya], 괴로움의 소멸의 지혜[滅諦, nirodha satya], 괴로움의 소멸로 인도하는 길의 지혜[道諦, mārga satya]' 즉 4성제(聖諦, ārya satya, ariya sacca)의 지혜를 말한다. 또 12연기(緣起, pratītya samutpāda)의 유전문(: 괴로움의 발생구조)과 환멸문(: 괴로움의 소멸구조)의 정형구로 표방하는 연기의 가르침도 바른 견해다.

② 바른 사유[正思惟]

바른 사유는 '욕망에서 벗어남의 사유, 악의 없음의 사유, 해코지 않음의 사유'라고 정의되고 있다. 자신과 남에게 항상 지녀야 할 바른 생각을 말하며 구체적으로는 우애[慈, Ⓢmaitrī] · 동정[悲, karuṇā] · 더불어 기뻐함[喜, muditā] · 평온[捨, upekṣā]의 거룩한 마음가짐[4無量心=梵住, apramāṇāni]을 갖는 것을 뜻한다.

③ 바른 말[正語]

바른 말은 '거짓말을 삼가고, 중상모략을 삼가고, 욕설을 삼가고, 잡담을 삼가는 것'이라고 정의되고 있다. 그리고 도의 구성요소를 완성할 때는 오직 하나의 유익한 절제[離=遠離: 악행을 끊음, veramaṇi]가 일어나니 이는 바른 말, 바른 행위, 바른 생계에 해당하는 용어다.

④ 바른 행위[正業]

바른 행위는 '살생을 삼가고, 도둑질을 삼가고, 삿된 음행을 삼가는 것'이다. 그런데 여기서 '삿된 음행을 삼가는 것'은 순결하지 못한 삶을 삼가는 것을 말하는데, 이는 성생활을 완전히 금하는 비구 · 비구니계에 속한다. 그러나 『대념처경』 등에서는 재가자들이 지키는 계목으로 표현하고 있다. 즉 출가자는 모든 성행위를 금하는 것이고, 재가자는 부부관계 이외의 성행위를 금하는 것이다.

⑤ 바른 생계[正命]

바른 생계는 '삿된 생계生計를 제거하고 바른 생계로 생명을 영위하는 것'을 뜻한다. '삿된 생계'란 먹는 것 등을 위해 일어난 몸과 말의 나쁜 행실이고, '바른 생계'라는 것은 붓다가 칭송한 생계를 말한다. 그래서 살생 · 투도 · 사음 · 망어 · 기어 · 양설 · 악구의 삿된 생계를 끊어버리게 된다. 또 『디가 니카야』 「범망경」에서는 출가자는 무소유와 걸식으로 삶을 영위해야 하며, 특히 사주 · 관상 · 점 등으로 생계를 유지해서는 안 된다고 하는 등 좀 더 구체적으로 설명하고 있다. 물론 재가자는 정당한 직업을 통해서 생계를 유지해야 하며, 해서는 안 되는 장사로 무기장사 · 사람장사 · 동물장사 · 술장사 · 독약장사를 특정하고 있다. 아무튼 정어 · 정업 · 정명이라는 계율을 지키는 행위도 수행의 중요한 항목이라는 것을 반드시 알아야 할 필요가 있다.

⑥ 바른 정진[正精進]

바른 정진은 '아직 일어나지 않은 사악하고 해로운 법[불선법]들을 일어나지 못하게 하기 위해서, 이미 일어난 사악하고 해로운 법들을 제거하기 위해서, 아직 일어나지 않은 유익한 법[선법]들을 일어나도록 하기 위해서, 이미 일어난 유익한 법들을 사라지지 않게 하고 증장시키기 위해서 의욕을 생기게 하고 정진하고 힘을 내고 마음을 다잡고 애를 쓰는 것'이다. 그러므로 바른 정진은 해탈 · 열반과 향상에 도움이 되는 선법과 그렇지 못한 불선법을 정확히 판단하는 것이 전제된다.

⑦ 바른 마음챙김[正念]

바른 마음챙김은 '몸에서 몸을 관찰하고, 느낌에서 느낌을 관찰하고, 마음에서 마음을 관찰하고, 법에서 법을 관찰하면서 세상에 대한 욕심과 싫어하는 마음을 버리고 근면하게 분명히 알아차리고 마음챙기며 머무는 것'이다. 바른 마음챙김은 8정도 중에서도 가장 구체적인 수행기법으로, '나'라는 존재를 몸[身], 느낌[受], 마음[心], 심리현상[法]으로 해체해서 그 중 하나에 집중하여 그것이 무상하고 괴로움이고 무아라고 통찰하는 것이다.

⑧ 바른 삼매[正定]

바른 삼매는 초선부터 제4선까지 들어가 머무는 것이다. 이러한 선禪의 경지에 들기 위해서는 다섯 가지 장애[5蓋, nīvaraṇā] 즉 감각적 욕망[貪], 화냄[瞋], 혼침 · 수면[惛眠], 들뜸 · 후회[掉悔], 의심[疑]을 반드시 제거해야 한다. 이러한 장애들이 극복되어 떨쳐버린 뒤에 일으킨 생각[尋, vitakka]과 지속적인 고찰[伺, vicāra]과 마음의 희열[喜, pīti]과 행복[樂, sukha] 그리고 집중[定=心一境性, cittassa ekaggatā]과 평온[捨, upekkhā]이 가득한 경지를 순차적으로 정리한 것이 4가지 선이며 이를 바른 삼매라고 하는 것이다.

붓다의 최초의 설법이 8정도였다는 것을 경전에서는 이렇게 밝히고 있다.

> "이와 같이 나는 들었다. 한때 세존께서는 바라나시에서 이시빠따나의 녹야원에 머무셨다.
> 거기서 세존께서는 5비구를 불러서 말씀하셨다.
> 비구들이여, 출가자가 가까이 하지 않아야 할 두 가지 극단이 있다. 무엇이 둘인가?
> 그것은 저열하고 촌스럽고 범속하고 성스럽지 못하고 이익을 주지 못하는 감각적 욕망들에 대한 쾌락의 탐닉에 몰두하는 것과, 괴롭고 성스럽지 못하고 이익을 주지 못하는 자기 학대에 몰두하는 것이다. 비구들이여, 이러한 두 가지 극단을 의지하지 않고 여래는 중도를 완전하게 깨달았나니 이 중도는 안목을 만들고 지혜를 만들며, 고요함과 최상의 지혜와 바른 깨달음과 열반으로 인도한다.

비구들이여, 그러면 어떤 것이 여래가 완전하게 깨달았으며, 안목을 만들고 지혜를 만들며, 고요함과 최상의 지혜와 바른 깨달음과 열반으로 인도하는 중도인가?
그것은 바로 열덟 가지 구성요소를 가진 성스러운 도이니, 바른 견해, 바른 사유, 바른 말, 바른 행위, 바른 생계, 바른 정진, 바른 마음챙김, 바른 삼매이다.
비구들이여, 이것이 바로 여래가 완전하게 깨달았으며, 안목을 만들고 지혜를 만들며, 고요함과 최상의 지혜와 바른 깨달음과 열반으로 인도하는 중도이다."(『상윳타 니카야』「초전법륜경」)

(3) 비파사나 수행법

"여기서 마치 송아지 길들이는 자가 송아지를 기둥에 묶는 것처럼 자신의 마음을 마음챙김으로써 대상에 굳게 묶어야 한다."(『청정도론』)

마음챙기는 공부의 중요성을 경전에서도 '비구들이여, 자신의 고향동네인 행동의 영역에서 다녀라. 자신의 고향동네인 행동의 영역에서 다니는 자에게 마라(: 붓다가 보리수 아래서 깨달음을 얻기 위해 명상을 하고 있을 때 그의 마음을 어지럽히려고 나타났다고 하는 악마)는 내려앉을 곳을 얻지 못할 것이고 마라는 대상을 얻지 못할 것이다. 비구들이여, 그러면 어떤 것이 자신의 고향동네인 행동의 영역인가? 바로 이 네 가지 마음챙김의 확립[4념처]이다'(『상윳타 니카야』「새매경」)라고 강조하고 있다. 이곳에서는 붓다가 「대념처경」에서 제시하고 있는 수행법을 간략하게 소개하고자 한다.

"비구들이여, 이 도는 유일한 길이니 중생들의 청정을 위하고 근심과 탄식을 다 건너기 위한 것이며, 육체적 고통과 정신적 고통을 사라지게 하고 옳은 방법을 터득하고 열반을 실현하기 위한 것이다. 그것은 바로 '네 가지 마음챙김의 확립'이다."

그리고 이어서 마음챙김의 대상을 다음과 같이 44가지로 구분하여 밝히고 있으며, 마음챙김을 통해서 사마타와 비파사나 수행을 하나로 통합하고 있다.

1) 몸(kāya)의 관찰[身隨觀=身念處]

① "비구들이여, 어떻게 비구는 몸에서 몸을 관찰하며 머무는가? 비구들이여, 여기 비구는 숲속에 가거나 나무 아래에 가거나 외진 처소에 가서 가부좌를 틀고 몸을 곧추세우고 전면에 마음챙김을 확립하여 앉는다. 그는 마음챙겨 숨을 들이쉬고 마음챙겨 숨을 내쉰다. 길게 들이쉬면서 '길게 들이쉰다'고 꿰뚫어 알고(: 있는 그대로 앎, 知如眞, pajānati) 길게 내쉬면서 '길게 내쉰다'고 꿰뚫어 안다. 짧게 들이쉬면서 '짧게 들이쉰다'고 꿰뚫어 알고, 짧게 내쉬면서 '짧게 내쉰다'고 꿰뚫어 안다. …"

"이와 같이 안으로 몸에서 몸을 관찰하며 머문다. 혹은 밖으로 몸에서 몸을 관찰하며 머문다. 혹은 안팎으로 몸에서 몸을 관찰하며 머문다. 혹은 몸에서 일어나는 현상을 관찰하며 머문다. 혹은 몸에서 사라지는 현상을 관찰하며 머문다. 혹은 몸에서 일어나기도 하고 사라지기도 하는 현상을 관찰하며 머문다. 혹은 그는 '몸이 있구나'라고 마음챙김을 잘 확립하나니 지혜만이 있고 마음챙김만이 현전할 때까지. 이제 그는 갈애와 사견에 의지하지 않고 머문다. 그는 세상에서 아무것도 움켜쥐지 않는다. 비구들이여, 이와 같이 비구는 몸에서 몸을 관찰하며 머문다."

들숨과 날숨에 마음챙기는 공부는 모든 수행법의 기초가 되기 때문에 「출입식념경」이 독립되어 따로 설해져 있다.

② "다시 비구들이여, 비구는 걸어가면서 '걷고 있다'고 꿰뚫어 알고, 서 있으면서 '서 있다'고 꿰뚫어 알며, 앉아 있으면서 '앉아 있다'고 꿰뚫어 알고, 누워 있으면서 '누워 있다'고 꿰뚫어 안다. 또 그의 몸이 다른 어떤 자세를 취하고 있든 그 자세대로 꿰뚫어 안다."

③ "다시 비구들이여, 비구는 나아갈 때도 물러날 때도 자신의 거동을 분명히 알면서[正知] 행한다(sampajāna kāri). 앞을 볼 때도 돌아볼 때도 분명히 알면서 행한다. 구부릴 때도 펼 때도 분명히 알면서 행한다. 가사 · 발우 · 의복을 지닐 때도 분명히 알면서 행한다. 먹을 때도 마실 때도 씹을 때도 맛볼 때도 분명히 알면서 행한다. 대소변을 볼 때도 분명히 알면서 행한다. 걸으면서, 서면서, 앉으면서, 잠들면서, 깨면서, 말하면서, 침묵하면서도 분명히 알면

서 행한다."

④ "다시 비구들이여, 비구는 발바닥에서부터 위로 올라가며, 그리고 머리털에서부터 아래로 내려가며 이 몸은 살갗으로 둘러싸여 있고 여러 가지 깨끗하지 않은 것으로 가득 차 있음을 살펴본다. 즉 '이 몸에는 머리털 · 몸털 · 손발톱 · 이빨 · 살갗 · 살 · 힘줄 · 뼈 · 골수 · 콩팥 · 염통 · 간 · 근막 · 지라(=脾臟) · 허파 · 큰창자 · 작은창자 · 위 · 똥 · 쓸개즙 · 가래 · 고름 · 피 · 땀 · 굳기름 · 눈물 · 기름기 · 침 · 콧물 · 관절활액 · 오줌 등이 있다'라고."

⑤ "다시 비구들이여, 비구는 이 몸을 처해진 대로 놓인 대로 요소별로 고찰한다. '이 몸에는 땅[地]의 요소, 물[水]의 요소, 불[火]의 요소, 바람[風]의 요소가 있다'라고."

⑥ "다시 비구들이여, 비구는 마치 묘지에 버려진 시체가 죽은 지 하루나 이틀 또는 사흘이 지나 부풀고 검푸르게 되고 문드러지는 것을 보게 될 것이다. 그는 바로 자신의 몸을 그에 비추어 바라본다. '이 몸 또한 그와 같고, 그와 같이 될 것이며, 그에서 벗어나지 못하리라'라고."

⑦ "다시 비구들이여, 비구는 마치 묘지에 버려진 시체를 까마귀 떼가 달려들어 마구 쪼아먹고, 솔개 무리가 쪼아 먹고, 독수리 떼가 쪼아 먹고, 개떼가 뜯어먹고, 자칼들이 뜯어먹고, 별의별 벌레들이 다 달려들어 파먹는 것을 보게 될 것이다. …"

⑧ "다시 비구들이여, 비구는 마치 묘지에 버려진 시체가 해골이 되어 살과 피가 묻은 채 힘줄에 얽혀 서로 이어져 있는 것을 보게 될 것이다. …"

⑨ '해골이 되어 살은 없고 아직 피는 남아있는 채로 힘줄에 얽혀

서로 이어져 있는 것을 보게 될 것이다.'

⑩ '해골이 되어 살도 피도 없이 힘줄만 남아 서로 이어져 있는 것을 보게 될 것이다.'

⑪ '백골이 되어 뼈들이 흩어져서 여기에는 손뼈, 저기에는 발뼈, 또 저기에는 정강이뼈, 저기에는 넓적다리뼈, 저기에는 엉덩이뼈, 저기에는 등뼈, 저기에는 갈빗대, 저기에는 가슴뼈, 저기에는 팔뼈, 저기에는 어깨뼈, 저기에는 목뼈, 저기에는 턱뼈, 저기에는 치골, 저기에는 두개골 등이 사방에 널려있는 것을 보게 될 것이다.'

⑫ '백골이 되어 뼈가 하얗게 변하여 조개껍질 색깔처럼 된 것을 보게 될 것이다.'

⑬ '백골이 되어 단지 뼈 무더기가 되어 있는 것을 보게 될 것이다.'

⑭ '그 백골이 해를 넘기면서 삭아 가루가 된 것을 보게 될 것이다.'

"이와 같이 안으로 몸에서 몸을 관찰하며 머문다. 혹은 밖으로 몸에서 몸을 관찰하며 머문다. 혹은 안팎으로 몸에서 몸을 관찰하며 머문다. 혹은 몸에서 일어나는 현상을 관찰하며 머문다. 혹은 몸에서 사라지는 현상을 관찰하며 머문다. 혹은 몸에서 일어나기도 하고 사라지기도 하는 현상을 관찰하며 머문다. 혹은 그는 '몸이 있구나'라고 마음챙김을 잘 확립하나니 지혜만이 있고 마음챙김만이 현전할 때까지. 이제 그는 갈애와 사견에 의지하지 않고 머문다. 그는 세상에서 아무것도 움켜쥐지 않는다. 비구들이여, 이와 같이 비구는 몸에서 몸을 관찰하며 머문다."

2) 느낌(vedanā)의 관찰[受隨觀=受念處]

"비구들이여, 어떻게 비구가 느낌에서 느낌을 관찰하며 머무는가? 비구들이여, 여기 비구는 ① 즐거운 느낌을 느끼면서 '즐거운 느낌을 느낀다'고 꿰뚫어 안다. ② 괴로운 느낌을 느끼면서 '괴로운 느낌을 느낀다'고 꿰뚫어 안다. ③ 괴롭지도 즐겁지도 않은 느낌을 느끼면서 '괴롭지도 즐겁지도 않은 느낌을 느낀다'고 꿰뚫어 안다. ④ 세속적인 즐거운 느낌을 느끼면서 '세속적인 즐거운 느낌을 느낀다'고 꿰뚫어 안다. ⑤ 비세속적인 즐거운 느낌을 느끼면서 '비세속적인 즐거운 느낌을 느낀다'고 꿰뚫어 안다. ⑥ 세속적인 괴로운 느낌을 느끼면서 '세속적인 괴로운 느낌을 느낀다'고 꿰뚫어 안다. ⑦ 비세속적인 괴로운 느낌을 느끼면서 '비세속적인 괴로운 느낌을 느낀다'고 꿰뚫어 안다. ⑧ 세속적인 괴롭지도 즐겁지도 않은 느낌을 느끼면서 '세속적인 괴롭지도 즐겁지도 않은 느낌을 느낀다'고 꿰뚫어 안다. ⑨ 비세속적인 괴롭지도 즐겁지도 않은 느낌을 느끼면서 '비세속적인 괴롭지도 즐겁지도 않은 느낌을 느낀다'고 꿰뚫어 안다."

"이와 같이 안으로 느낌에서 느낌을 관찰하며 머문다. 혹은 밖으로 느낌에서 느낌을 관찰하며 머문다. 혹은 안팎으로 느낌에서 느낌을 관찰하며 머문다. 혹은 느낌에서 일어나는 현상을 관찰하며 머문다. 혹은 느낌에서 사라지는 현상을 관찰하며 머문다. 혹은 느낌에서 일어나기도 하고 사라지기도 하는 현상을 관찰하며 머문다. 혹은 그는 '느낌이 있구나'라고 마음챙김을 잘 확립하나니 지혜만이 있고 마음챙김만이 현전할 때까지. 이제 그는 갈애와 사견에 의지하지 않고 머문다. 그는 세상에서 아무것도 움켜쥐지 않는다. 비구들이여, 이와 같이 비구는 느낌에서 느낌을 관찰하며 머문다."

3) 마음(citta)의 관찰[心隨觀=心念處]

"비구들이여, 어떻게 비구가 마음에서 마음을 관찰하며 머무는가? 비구들이여, 여기 비구는 ① 탐욕이 있는 마음을 탐욕이 있는 마음이라 꿰뚫어 안다. ② 탐욕을 여읜 마음을 탐욕을 여읜 마음이라 꿰뚫어 안다. ③ 성냄이 있는 마음을 성냄이 있는 마음이라 꿰뚫어 안다. ④ 성냄을 여읜 마음을 성냄을 여읜 마음이라 꿰뚫어 안다. ⑤ 미혹이 있는 마음을 미혹이 있는 마음이라 꿰뚫어 안다. ⑥ 미혹을 여읜 마음을 미혹을 여읜 마음이라 꿰뚫어 안다. ⑦ 위축된 마음을 위축된 마음이라 꿰뚫어 안다. ⑧ 산란한 마음을 산란한 마음이라 꿰뚫어 안다. ⑨ 고귀한 마음을 고귀한 마음이라 꿰뚫어 안다. ⑩ 고귀하지 않은 마음을 고귀하지 않은 마음이라 꿰뚫어 안다. ⑪ 위가 남아 있는 마음을 위가 남아 있는 마음이라 꿰뚫어 안다. ⑫ 위가 없는 마음을 위가 없는 마음이라 꿰뚫어 안다. ⑬ 삼매에 든 마음을 삼매에 든 마음이라 꿰뚫어 안다. ⑭ 삼매에 들지 않은 마음을 삼매에 들지 않은 마음이라 꿰뚫어 안다. ⑮ 해탈한 마음을 해탈한 마음이라 꿰뚫어 안다. ⑯ 해탈하지 않은 마음을 해탈하지 않은 마음이라 꿰뚫어 안다."

"이와 같이 안으로 마음에서 마음을 관찰하며 머문다. 혹은 밖으로 마음에서 마음을 관찰하며 머문다. 혹은 안팎으로 마음에서 마음을 관찰하며 머문다. 혹은 마음에서 일어나는 현상을 관찰하며 머문다. 혹은 마음에서 사라지는 현상을 관찰하며 머문다. 혹은 마음에서 일어나기도 하고 사라지기도 하는 현상을 관찰하며 머문다. 혹은 그는 '마음이 있구나'라고 마음챙김을 잘 확립하나니 지혜만이 있고 마음챙김만이 현전할 때까지. 이제 그는 갈애와 사견에 의지하지 않고 머문다. 그는 세상에서 아무것도 움켜쥐지 않는다. 비구들이여, 이와 같이 비구는 마음에서 마음을 관찰하며 머문다."

4) 법(dhamma)의 관찰[法隨觀=法念處]

① "비구들이여 여기 비구는 다섯 가지 장애의 법에서 법을 관찰하며 머문다. 비구들이여, 어떻게 비구가 다섯 가지 장애의 법에서 법을 관찰하며 머무는가? 비구들이여, 여기 비구는 자기에게 감각적 욕망이 있을 때 '내게 감각적 욕망이 있다'고 꿰뚫어 알고, 감각적 욕망이 없을 때 '내게 감각적 욕망이 없다'고 꿰뚫어 안다. 비구는 전에 없던 감각적 욕망이 어떻게 일어나는지 꿰뚫어 알고, 일어난 감각적 욕망을 어떻게 제거하는지 꿰뚫어 알며, 어떻게 하면 제거한 감각적 욕망이 앞으로 다시 일어나지 않는지 꿰뚫어 안다."

"자기에게 화냄이 있을 때 '내게 화냄이 있다'고 꿰뚫어 알고, … "

"자기에게 혼침과 수면이 있을 때 '내게 혼침과 수면이 있다'고 꿰뚫어 알고, …"

"자기에게 들뜸과 후회가 있을 때 '내게 들뜸과 후회가 있다'고 꿰뚫어 알고, …"

"자기에게 회의적 의심이 있을 때 '내게 의심이 있다'고 꿰뚫어 알

고, …"(5蓋)

② "비구들이여 여기 비구는 '이것이 물질이다. 이것이 물질[色]의 일어남이다. 이것이 물질의 사라짐이다. 이것이 지각[受]이다. 이것이 지각의 일어남이다. 이것이 지각의 사라짐이다. 이것이 표상[想]이다. 이것이 표상의 일어남이다. 이것이 표상의 사라짐이다. 이것이 의지작용[行]이다. 이것이 의지작용의 일어남이다. 이것이 의지작용의 사라짐이다. 이것이 의식[識]이다. 이것이 의식의 일어남이다. 이것이 의식의 사라짐이다'라고 관찰하며 머문다."(5蘊)

③ "비구들이여 여기 비구는 눈을 꿰뚫어 안다. 형상을 꿰뚫어 안다. 이 둘을 조건으로[緣] 일어난 족쇄도 꿰뚫어 안다. 전에 없던 족쇄가 어떻게 일어나는지 꿰뚫어 알고, 일어난 족쇄를 어떻게 제거하는지 꿰뚫어 알며, 어떻게 하면 제거한 족쇄가 앞으로 다시 일어나지 않는지 꿰뚫어 안다."

"귀를 꿰뚫어 안다. 소리를 꿰뚫어 안다. …"

"코를 꿰뚫어 안다. 냄새를 꿰뚫어 안다. …"

"혀를 꿰뚫어 안다. 맛을 꿰뚫어 안다. …"

"몸을 꿰뚫어 안다. 촉감을 꿰뚫어 안다. …"

"마음을 꿰뚫어 안다. 법을 꿰뚫어 안다. …"(6內外處)

④ "비구들이여, 여기 비구는 자기에게 마음챙김의 깨달음의 요소가 있을 때 '내게 마음챙김의 깨달음의 요소가 있다'고 꿰뚫어 알고, 마음챙김의 깨달음의 요소가 없을 때 '내게 마음챙김의 깨달음의 요소가 없다'고 꿰뚫어 안다. 비구는 전에 없던 마음챙김의 깨달음의 요소가 어떻게 일어나는지 꿰뚫어 알고, 일어난 마음챙김의 깨달음의 요소를 어떻게 닦아서 성취하는지 꿰뚫어 안다."

"자기에게 법을 간택하는 깨달음의 요소가 있을 때 …"
"자기에게 정진의 깨달음의 요소가 있을 때 …"
"자기에게 희열의 깨달음의 요소가 있을 때 …"
"자기에게 고요함의 깨달음의 요소가 있을 때 …"
"자기에게 삼매의 깨달음의 요소가 있을 때 …"
"자기에게 평온의 깨달음의 요소가 있을 때 …"(7覺支)

⑤ "다시 비구들이여, 여기 비구는 네 가지 성스러운 진리의 법에서 법을 관찰하며 머문다. 비구들이여, 어떻게 비구가 네 가지 성스러운 진리의 법에서 법을 관찰하며 머무는가? 여기 비구는 '이것이 괴로움이다'라고 있는 그대로 꿰뚫어 안다. '이것이 괴로움의 일어남이다'라고 있는 그대로 꿰뚫어 안다. '이것이 괴로움의 소멸이다'라고 있는 그대로 꿰뚫어 안다. '이것이 괴로움의 소멸로 인도하는 도 닦음이다'라고 있는 그대로 꿰뚫어 안다."

"비구들이여, 그러면 무엇이 괴로움인가? 태어남도 괴로움이다. 늙음도 괴로움이다. 병도 괴로움이다. 죽음도 괴로움이다. 근심, 탄식, 육체적 고통, 정신적 고통, 절망도 괴로움이다. 원하는 것을 얻지 못하는 것도 괴로움이다. 요컨대 다섯 가지 무더기들 자체가 괴로움이다."(苦聖諦)

"비구들이여, 그러면 무엇이 괴로움의 일어남의 성스러운 진리인가? 그것은 갈애이니, 다시 태어남을 가져오고 환희와 탐욕이 함께 하며 여기저기서 즐기는 것이다. 즉 감각적 욕망에 대한 갈애[慾愛], 존재에 대한 갈애[有愛], 존재하지 않은 것에 대한 갈애[無有愛]가 그것이다."(集聖諦)

"비구들이여, 그러면 무엇이 괴로움의 소멸의 성스러운 진리인가?

갈애가 남김없이 빛바래어 소멸함, 버림, 놓아버림, 벗어남, 집착 없음이다. 비구들이여, 이를 일러 괴로움의 소멸의 성스러운 진리라 한다."(滅聖諦)

"비구들이여, 그러면 무엇이 괴로움의 소멸로 인도하는 도 닦음의 성스러운 진리인가? 그것은 바로 여덟 가지 요소를 가진 성스러운 도이니, 즉 바른 견해, 바른 사유, 바른 말, 바른 행위, 바른 생계, 바른 정진, 바른 마음챙김, 바른 삼매이다."(道聖諦)[4聖諦]

"이와 같이 안으로 법에서 법을 관찰하며 머문다. 혹은 밖으로 법에서 법을 관찰하며 머문다. 혹은 안팎으로 법에서 법을 관찰하며 머문다. 혹은 법에서 일어나는 현상을 관찰하며 머문다. 혹은 법에서 사라지는 현상을 관찰하며 머문다. 혹은 법에서 일어나기도 하고 사라지기도 하는 현상을 관찰하며 머문다. 혹은 그는 '법이 있구나'라고 마음챙김을 잘 확립하나니 지혜만이 있고 마음챙김만이 현전할 때까지. 이제 그는 갈애와 사견에 의지하지 않고 머문다. 그는 세상에서 아무것도 움켜쥐지 않는다. 비구들이여, 이와 같이 비구는 '다섯 가지 장애, 다섯 가지 무더기, 여섯 가지 감각 장소, 일곱 가지 깨달음의 요소, 네 가지 성스러운 진리'의 법에서 법을 관찰하며 머문다."

"비구들이여, 이 도는 유일한 길이니 중생들의 청정을 위하고 근심과 탄식을 다 건너기 위한 것이며, 육체적 고통과 정신적 고통을 사라지게 하고 옳은 방법을 터득하고 열반을 실현하기 위한 것이다. 그것은 바로 네 가지 마음챙김의 확립이다."

제3장 중국의 명상

제3장 중국의 명상

1. 유교

공자께서 말씀하셨다. "배우고 나서 수시로 익히면 또한 기쁘지 않겠는가? 벗이 먼 곳에서 찾아온다면 또한 즐겁지 않겠는가? 남이 알아주지 않아도 원망하지 않는다면 또한 군자답지 않겠는가?"(子曰 學而時習之 不亦說乎 有朋自遠方來 不亦樂乎 人不知 而不慍 不亦君子乎)(『논어』「학이」)

자로가 군자에 대해 물으니 공자께서 말씀하셨다. "공경하는 태도로 자신을 닦는 사람이다.(修己以敬)" 자로가 말하였다. "그렇게만 하면 됩니까?" 공자께서 말씀하셨다. "자신을 닦아 남을 편안하게 해줘야 한다.(修己以安人)" 자로가 말하였다. "그렇게만 하면 됩니까?" 공자께서 말씀하셨다. "자신을 닦아 백성을 편안하게 해줘야 하니(修己以安百姓), 자신을 닦아 백성을 편안하게 해주는 일은 요순堯舜도 오히려 부족하다고 여기셨다."(「헌문」)

중궁(=옹)이 자상백자子桑伯子는 어떤지 물으니, 공자께서 말씀하셨다. "그 사람도 대범하다는 점에서는 괜찮다." 중궁이 말하였다. "공경에 토대를 두고 대범하게 행동하면서(居敬而行簡) 백성을 대해야 옳지 않겠습니까. 대범함에 토대를 두고 대범하게 행한다면(居簡而行簡) 너무 대범한 것이 아니겠습니까?" 공자께서 말씀하셨다. "옹의 말이 옳다."(『옹야』)

중국에서는 품성 · 지혜 · 도덕을 함양함으로써 자아를 완성하고 성인聖人에 이르는 방법 또는 인간의 현존 모습을 극복하고 초월하여 바람직한 인간상을 창출해 가는 모든 과정과 방법을 뜻하는 도덕적 수양론이 고대부터 발달해왔다. 이러한 수양론은 선진(先秦: 춘추전국시대를 달리 이르는 말로 진나라의 시황제가 중국을 통일한 기원전 221년 이전의 시대라는 뜻)의 공 · 맹유학은 물론이고, 한나라 동중서(董仲舒, 기원전 170년~120년?)의 3강 5륜을 거쳐, 태극太極 · 이기理氣에 의한 세계 해석이나 심 · 성 · 정心性情에 의한 인간 해석을 중시하는 송나라 이후 성리학에서도 여전히 중심 과제였다. 실로 유학의 수양론이 취급하고 있는 주제와 그 성취 방법의 모색은, 시대적으로 다른 양상과 성격을 보여 주는 유학을 하나의 동일한 유학으로 볼 수 있게 만드는 공동의 근거라고 하겠다.

『논어』는 공자(기원전 551년~479년)의 가르침이나 그가 제자나 당시의 위정자 · 은자들과 나눈 단편적 대화를 공자의 제자들이 편찬한 책이다. 원래 유교는 한나라(기원전 206년~기원후 220년)에서 국교로 삼으면서 공자가 편찬하였다고 하는 『시경詩經』『서경

書經』『주역周易』『예기禮記』『춘추春秋』 등의 '5경經'을 중시하였으나 송나라의 주희(朱熹, 1130~1200)가 『논어』를 『맹자』, 그리고 『예기』 속의 한 편이었던 「대학」, 「중용」과 묶어 '4서'라 부르고 『사서집주四書集註』를 지어 높이 평가하면서부터 4서의 위상이 5경을 능가하게 되었다. 논어의 첫 구절인 첫 번째 인용은 배움의 기쁨[說=悅]과 벗과 만나는 즐거움[樂]과 타인에게 성내지 않는 군자다움[君子]을 칭송하고 있는데, 이는 각 개인의 실존적 고뇌와 그로부터의 해방보다는 공동체를 구성하는 개인의 훌륭한 인성과 그러한 개인 사이의 바람직한 관계와 이상적인 사회의 수립을 더 중요하게 생각하는 유교적 공부(=학문) 혹은 수양修養의 기본적인 태도를 나타내고 있다. 두 번째는 공자 수양론의 핵심이라고 할 수 있는 '경'사상을 담고 있으며 세 번째는 성리학 수양론의 뼈대인 '거경궁리居敬窮理'사상의 근거를 보여주고 있다.

여기에서는 유교의 근본 경서에서 나타내는 훌륭한 인간의 모습과 이상사회를 실현시키기 위한 개인의 수양론을 살펴보기로 한다. 아울러 불교와 도교의 수행법을 유교와 접목시켜 발전시킨 주희의 수양론을 간략하게 알아보도록 한다.

(1) 『대학』의 수양론

『대학』 첫머리에서는 "큰 학문의 길은 자신의 밝은 덕을 밝히는 데에 있고[明明德], 백성을 친애하는 데에 있고[親民=新民], 지선에 이르는 데에 있다[止於至善]"라고 밝히고 있는데, 이를 대학의 3강령綱領이라고 한다.

'명명덕'이라는 구절을 주희는 '명덕이란 사람이 하늘로부터 얻어 허령하고 어둡지 않으니 이로써 여러 이치를 갖추고 만사에 대응하는 것이다(明德者, 人之所得乎天而虛靈不昧, 以具衆理而應萬事者也)'라고 주석하였다. 즉 '명덕'은 사사로운 마음이 없이 신령하고 어둡지 않은 인간의 선천적이고 본질적인 내면의 밝음을 가리키는 말이다. 이처럼 맑고 밝은 덕이 기질과 욕심으로 가리어져 혼미한 경우가 있기 때문에 누구나 명덕을 보존하기 위해 노력을 기울어야 하니, 그것이 '명명덕'이다. 다음으로 '친민'은 원래 5륜 중 첫 번째 항목인 '부자유친父子有親'과 통하는 개념이다. 부모의 자식 사랑인 자애[慈]와 자식의 부모 사랑인 효도[孝]가 상호작용할 때 '친함'이라고 하듯이 지도자와 민중 사이에는 친함이 있어야 한다는 것이다. 그리고 '지선'은 나와 사회가 함께 도달해야 하는 공동의 목표하고 할 수 있다. 가령 5륜인 '부자유친父子有親', '군신유의君臣有義', '부부유별夫婦有別', '장유유서長幼有序', '붕우유신朋友有信'에서 상호 덕목인 '친', '의', '별', '서', '신'을 나와 모두가 같이 이루어야 하는 것이다. 이어서 "최고의 선을 알아야 마음을 정할 수 있고, 마음을 정한 이후에야 마음이 고요해지고, 고요해져야 편안해지고, 편안해져야 사려 깊게 생각할 수 있고, 사려 깊게 생각해야 최고의 선을 터득할 수 있다(知止而后有定 定而后能靜 靜而后能安 安而后能慮 慮而后能得)"고 하고 다음과 같이 8조목條目으로 유교적 수양의 과정을 밝히고 있다.

"옛날 천하에 밝은 덕을 밝히고자 하는 자는 먼저 그의 나라를 다스렸고, 그 나라를 다스리고자 하는 이는 먼저 그의 가정을 가지런히 하였다. 그 가정을 가지런히 하고자 하는 이는 먼저 자신의 몸을 닦았으며, 자신을 몸을 닦고자 하는 이는 그 마음을 바르게 하였다. 그 마음을 바르게 하고자 하는 이는 뜻을 진실되게 하였으며. 뜻을 진실되게 하고자 하는 이는 먼저 그의 지혜를 증진시켰고, 지혜를 증진시키고자 하는 이는 사물의 이치를 연구하였다. 사물의 이치를 있는 그대로 보아야[格物] 지혜에 이르며, 지혜에 이르러야[致知] 뜻을 진실되게 하며 뜻이 진실되어야[誠意] 마음을 바르게 하며, 마음을 바르게 하여야[正心] 몸을 닦을 수 있다. 몸을 닦은[修身] 이후에야 가정을 가지런히 할 수 있으며, 가정을 가지런히 한[齊家] 이후에야 나라를 다스릴 수 있고, 나라를 다스린[治國] 이후에야 천하를 태평스럽게 할 수[平天下] 있다. 왕으로부터 백성들에게 이르기까지 모든 사람은 수신修身을 근본으로 한다."

개인으로부터 사회와 우주에 이르기까지 사물의 이치와 인과의 법칙을 밝혀 객관적 · 윤리적 지식과 지혜를 확장하고 진정성과 바름의 덕성을 닦음으로써 온전하게 자아를 실현할 수 있으며, 이를 기반으로 하여 그 능력을 가정과 국가와 지구 전체로 확장해 나갈 것을 요구하고 있다. 그러므로 수양의 중심에 추상적 · 형이상학적 이론이나 피안적 가치보다는 5욕(慾: 재물욕 · 명예욕 · 식욕 · 수면욕 · 색욕)과 7정(情: 기쁨喜 · 노여움怒 · 슬픔哀 · 즐거움樂 · 사랑愛 · 미움惡 · 욕심欲)을 발산하며 살아가는 구체적인 '몸'과 복잡다단한 삶의 현장이 그대로 놓여있다는 것이 중국 명상의 특징이라고 할 수 있을 것이다.

(2) 『논어』의 수양론

공자의 사상은 인간의 본질적인 착함을 믿는 데서 출발한다. 그래서 제자들에게 인을 그 기질에 맞춰 여러 가지로 설명하고 있다.

> 번지가 인을 물으니, 공자께서 말씀하셨다. "사람을 사랑하는 것이다.(愛人)"(『논어』「안연」)

그런데 공자는 무조건적인 보편적 인류애를 주장하는 묵자의 겸애설兼愛說과 달리 일단 사랑에 차등을 둔다.

> 애공(哀公: 춘추시대 노나라의 왕, 재위 기원전 494년~468년)이 정사를 물으니, … "정치를 하는 것은 훌륭한 신하를 얻는 데에 달려 있는데, 훌륭한 신하를 얻기 위해서는 임금이 자신을 닦아야 하고, 자신을 닦기 위해서는 도를 닦아야 하고 도를 닦기 위해서는 인해야 합니다. 인은 사람(다움)인데, 친족을 친애하는 것[親親]이 가장 중요하고, 의는 합당하다는 뜻인데, 합당한 것으로는 현자를 존경하는 것이 가장 중요합니다. 그런데 친족에 대한 친애에도 차이가 있고 현자에 대한 존경에도 차등이 있기 마련이므로 여기에서 예가 생겨나는 것입니다.(爲政在人 取人以身 修身以道 修道以仁 仁者人也親親爲大

義者宜也 尊賢爲大 親親之殺 尊賢之等 禮所生也)"『중용』「애공문정」)

그리고 '인'의 핵심이 '친친'이라는 것을 이렇게 강조한다.

"군자가 친족에게 후하게 대하면 백성이 어진 기풍을 일으키고, 옛 친구를 버리지 않으면 백성이 야박해지지 않는다.(君子篤於親則民興於仁 故舊不遺則民不偸)"「태백」)

친친은 구체적으로 부모에게 효도하고 형제간에 우애가 돈독한 것을 가리키고 있다.

유자가 말하였다. "그 사람됨이 (부모에게) 효성스럽고 (형제를) 공경하는데 그런 사람이 윗사람에게 대들기를 좋아하는 경우는 드물다. 윗사람에게 대들기를 좋아하지 않는데 그런 사람이 난을 일으키기를 좋아하는 경우는 없다. 군자는 근본에 힘쓰니, 근본이 서면 도가 생기는 법이다. 효성과 공경[孝悌]은 아마도 인을 행하는 근본이리라.(其爲人也孝弟 而好犯上者鮮矣 不好犯上 而好作亂者未之有也 君子務本 本立而道生 孝弟也者 其爲仁之本與)"「학이」)

그러나 '애인'은 친친과 같은 차등으로 그치는 것이 아니라 '효제'라는 수양을 통해 점차 확장하면서 모든 인류에게 미칠 수밖에 없는 것이다.

자하가 말하였다. "내가 들으니, '생사는 천명이 있고 부귀는 하늘에 달려 있다'고 했소. 군자가 몸가짐을 삼가서 실수가 없고, 남에게 공손하고 예의를 지키면, 온 세상 사람들이 다 형제가 될 것인데, 군자가 어찌 형제가 없다고 근심하겠소.(商聞之矣 死生有命 富貴在天 君子敬而無失 與人恭而有禮 四海之內皆兄弟也 君子何患乎無兄弟也)"「안연」

그래서 사소한 이익을 멀리하고 의로운 길을 가고자 하는 군자의 길은 멀고도 험난하다는 것을 이렇게 이야기하고 있다.

공자께서 말씀하셨다. "군자는 의리에 밝고 소인은 이익에 밝다.(君子喩於義 小人喩於利)"「리인」

"군자가 인을 버리면 어찌 군자라고 할 수 있겠는가?(君子去仁 惡乎成名) 군자는 밥 먹는 동안에도 인에서 어긋남이 없어야 하니, 갑자기 황급한 일을 당했을 때에도 이같이 해야 하고 넘어지는 순간에도 이같이 해야 한다."「리인」

"군자는 (한 가지 용도로만 쓰이는) 그릇이 아니다.(君子不器)"「위정」

공자 · 안자顔子 · 자사 · 맹자와 함께 동양 5성聖으로 꼽히는 증자도 이렇게 토로하였다.

증자가 말하였다. "선비는 뜻이 넓고 강인하지 않으면 안 된다. 짐은 무겁고 갈 길은 멀기 때문이다. 인이 내가 질 짐이니, 무겁지 않은가. 죽은 뒤에야 벗게 되니, 멀지 않은가.(士不可以不弘毅 任重而道遠 仁以爲己任 不亦重乎 死而後已 不亦遠乎)"「태백」

그리고 군자 또는 위정자들의 기본적인 정치적 덕목을 사람을 성 · 재산 · 지위 · 계급 · 인종 · 민족 · 종교 · 출신지 · 용모 · 재능에 따라 차별하지 않고 평등하고 공평하게 대하는 공정성에서 찾고 있으며 이를 단적으로 이렇게 적시하고 있다.

> "내가 듣기로는, 나라를 소유하고 집안을 소유한 자는 (백성이) 적은 것을 근심하지 않고 고르지 못한 것을 근심하며, (백성이) 가난한 것을 근심하지 않고 편안하지 못한 것을 근심한다고 한다. 대체로 균등하면 (백성이) 가난할 리 없고, 화목하면 (백성이) 적을 리 없으며, 편안하면 (나라가) 기울 리가 없다.(丘也聞有國有家者 不患寡而患不均 不患貧而患不安 蓋均無貧 和無寡 安無傾)"「계씨」

그렇지만 유교의 수양은 근본적으로 자아 완성에 있다. 남을 위해 수양을 쌓는 것이 아니라 궁극적으로 자신을 위해 학문을 하고 인격을 닦는 것이다. 물론 자기를 위한 공부는 자연스럽게 타인을 위하는 배려와 실천으로 나타나게 된다.

> "옛날의 학자들은 자기를 위해 공부를 했는데[爲己], 요즘 학자들은 남을 위해 공부를 한다[위인]."「헌문」
>
> "인仁을 행하는 것은 자기에게서 말미암지 타인에게서 말미암겠는가?(由己 而由人乎哉)"「안연」

수양을 하는 방법으로 논어에서는 사학병진思學竝進과 극기복례克己復禮의 두 가지를 들고 있는데, 수행법으로 먼저 사색과

학문을 병행해야 함을 보여주고 있다.

> "배우기만 하고 생각하지 않으면 얻는 게 없고, 생각만 하고 배우지 않으면 위태롭다.(學而不思則罔 思而不學則殆)"『위정』

그러면서도 타인의 생각과 경험과 사색의 소산을 배우는 것이 중요하다는 점을 강조하여 이렇게 말한다.

> "내 일찍이 종일 먹지 않고 밤새도록 자지 않고 사색해 보았으나 유익한 게 없었다. 배우는 것만 못하였다."『(위령공』

그리고 생활의 장이 곧 구도求道의 장이니 항상 배우려는 자세를 다음처럼 가질 것을 요구하고 있다.

> "어진 사람을 보면 그와 같아지기를 생각하고 어질지 못한 사람을 보면 안으로 자신을 반성해 보아야 한다."『리인』
>
> "세 사람이 길을 가면 그중에 반드시 나의 스승이 있다. 선한 사람을 택해 따르고, 선하지 못한 사람은 (거울로 삼아 내 허물을) 고칠 일이다."『술이』

다음으로 이기적 속성의 생물적 본능을 극복하고 내면의 순수한 본성인 '인'을 밖으로 드러내려는 노력이 있어야 함을 말하고 있는데, 그것이 곧 '예'이다.

"자기를 이겨내고 예로 돌아가는 것이 인이다.(克己復禮爲仁)"(『안연』)

구체적인 '예'의 실천을 이렇게 표현하고 있다.

"예가 아니면 보지 말고, 예가 아니면 듣지 말고, 예가 아니면 말하지 말고, 예가 아니면 행하지 말아야 한다.(非禮勿視 非禮勿聽 非禮勿言 非禮勿動)"(『안연』)

(3) 『맹자』의 수양론

맹자(孟子, 기원전 372년~289년 추정)는 전쟁과 약탈의 혼란기인 전국시대(기원전 403년~222년)에 제후국을 주유하며 군주들에게 성선설에 근거하여 너그러운 정치 즉 인정仁政을 역설하고, 폭군은 내쳐야 한다는 방벌放伐을 주장하였으며, 백성의 위상을 군주보다 위에 놓음으로써 민본民本주의를 제창하였고, 군주의 욕심보다 백성의 삶이 우선시되어야 한다고 하는 위민爲民정치의 길을 열었다.

맹자는 인간의 본성을 인 · 의 · 예 · 지 4덕이라고 하고 그 단초를 일반적인 보통사람들의 마음에서 찾아 그것을 잃어버리지 말고 키워서 확충해나갈 것을 주장하였다.

"측은해 하는 마음이 없으면 사람이 아니며, 부끄러워하는 마음이 없으면 사람이 아니며, 사양하는 마음이 없으면 사람이 아니며, 시비를 가리는 마음이 없으면 사람이 아닌 것이다. 측은해 하는 마음은 인의 실마리이고, 부끄러워하는 마음은 의의 실마리이고, 사양하는 마음은 예의 실마리이고, 시비를 가리는 마음은 지의 실마리이다.(惻隱之心 仁之端也 羞惡之心 義之端也 辭讓之心 禮之端也 是非之心 知之端也) 사람이 이 4단端을 가지고 있음은 인체가 4지를 가지고 있는 것과 같다. 이 4단을 가지고 있으면서도 인의를 행할 수 없다고 스스로 말하는 자는 자신을 해치는 자이고, 자기 임금이 인의를 행할 수 없는 사람이라고 말하는 자는 임금을 해치는 자이다. 무릇 나에게 있는 이 4단을 모두 확충擴充해 나갈 줄 알면 마치 불이 처음 타오르고 샘물이 처음 솟아 나오는 것처럼 처음은 미약하지만 결과는 대단할 것이다. 진실로 이 4단을 제대로 확충해 나간다면 천하도 보호할 수 있겠지만, 확충해 나가지 못한다면 부모도 섬길 수 없을 것이다."「공손축상公孫丑上」

"측은히 여기는 마음은 사람마다 모두 가지고 있고, 부끄러워하는 마음은 사람마다 모두 가지고 있으며, 공경하는 마음은 사람마다 모두 가지고 있고, 시비를 가리는 마음은 사람마다 모두 가지고 있으니, 측은히 여기는 마음은 인이고, 부끄러워하는 마음은 의고, 공경하는 마음은 예이고, 시비를 가리는 마음은 지이다. 이 인의예지는 외부로부터 나에게 녹아 들어온 것이 아니라 내가 본래부터 가지고 있던 것인데, 생각하지 않고 있었을 뿐이다. 그래서 '구하면 얻을 것이요, 버리면 잃을 것이다'하는 것이니, 구하고 버리는 데 따른 선악의 차이가 두 배 혹은 다섯 배가 되어 헤아릴 수 없을 만큼 벌어지는 것은 그 재질(才質=性情)을 다 발휘하지 않기 때문이다."「고자상告子上」

나아가 유교의 학문의 길은 잃어버린 마음을 되찾는 구도와 수양의 길임을 강조하였다.

> 맹자께서 말씀하셨다. "인은 사람의 마음이요, 의는 사람의 길이다. 그 길을 버려두고 가지 않으며, 그 마음을 잃고[放心]도 찾을 줄을 모르니, 애처롭다. 사람들은 닭이나 개를 잃어버리면 찾을 줄을 알면서, 마음을 잃고서는 찾을 줄을 모른다. 학문의 도는 다른 것이 아니라 그 잃어 버린 마음을 찾는 것[求心]일 뿐이다."「고자상告子上」

그리고 인의는 외부에서 규범적으로 주어지는 것이 아니라 자신의 마음속에 본래부터 존재하는 것이므로 그것을 찾으면 자연스럽게 표출될 수밖에 없는 것이다.

> "순 임금은 온갖 사물의 이치에 밝으셨고 인륜에 특히 더 밝으셨기 때문에, 자연스럽게 인의를 따라 행하신 것이지, (의식적으로) 인의를 행하신 것은 아니다.(舜明於庶物 察於人倫 由仁義行 非行仁義也)"「이루하離婁下」

또한 인간과 우주는 하나이므로 군자는 다른 존재물과 일체감을 갖고 그 희노애락에 동참하게 된다.

> "만물의 이치는 모두 나에게 갖추어져 있으니, 자신을 돌이켜보아 진실하면 즐거움이 이보다 더 클 수 없고, 남을 이해하는 마음

[恕]을 힘써 행하면, 인을 구하는 방법으로 이보다 가까운 것은 없다."(「진심상盡心上」)

"군자는 지나가면 사람들이 감화되고 마음에 지닌 생각이 신묘한 분이므로 위아래로 미치는 영향이 천지조화의 운행과 같으니(上下與天地同流), 어찌 조금의 보탬만 있다고 할 수 있겠는가."(「진심상盡心上」)

'인의'는 '대동사회'를 묘사하는 『예기』「예운」편에 나오는 개념으로 '의義는 사물들을 구별하는 것이요, 인仁은 절제하는 것이다'라고 기술하고 있는데, 맹자는 이에 기초한 왕도정치를 추구하며 제후들에게 인정仁政을 베풀 것을 설득하며 다녔다.

"사람에게는 모두 남에게 차마 지나치지 못하는 마음(不忍人之心)이 있다. 옛날 선왕들은 남에게 차마 모른 척하고 지나치지 못하는 마음이 있어 남에게 차마 지나치지 못하는 정사(不忍人之政)를 행하셨다. 남에게 차마 못 본 척할 수 없는 마음으로 남에게 차마 못 본 척할 수 없는 정사를 행한다면 천하를 다스리는 것은 손바닥 위에 놓고 움직이는 것처럼 쉬울 것이다."(「공손축상公孫丑上」)

그래서 대인 즉 군자가 되는 길을 제시하고 있으니, 첫째는 '생각'이다.

"귀와 눈의 기능은 생각을 하지 못하여 외물에 가리어지게 되니, 외물이 귀와 눈에 접하면 외물이 귀와 눈을 끌어당기게 된다. 그러나 마음[心]의 기능은 생각[思]이니, 생각하면 이치를 알게 되고 생각하지 못하면 이치를 알 수가 없다. 이 세 가지(귀와 눈, 마음)는 하늘이 우리 인간에게 부여해 준 것인데, 그 중에 먼저 큰 것(마음)을 확립한다면 작은 것(귀와 눈)이 빼앗을 수 없으니, 이런 사람이 대인이 되는 것이다."(『고자상告子上』)

그리고 둘째는 그 생각하는 마음을 보호하고 지키는 것이다.

"군자가 일반인과 다른 점은 마음을 보존[存心]하고 있다는 것이다. 군자는 인을 마음에 보존하고 있고 예를 마음에 보존하고 있다.(君子以仁存心 以禮存心)"(『이루하離婁下』)

결국 마음을 다하며 자신을 닦는 수행의 길이 군자의 길인 것이다.

"자기 마음을 다하는 자는 자기의 본성을 알게 되는데, 자기의 본성을 알게 되면 하늘을 알게 되는 것이다. 그 마음을 보존하여 그 본성을 함양[養性]하는 것이 하늘을 섬기는 방법이며, 단명과 장수에 동요되지 않고, 자신을 닦으며 죽음을 기다리는 것이 천명을 지키는 방법이다.(盡其心者 知其性也 知其性則知天矣 存其心 養其性 所以事天也 殀壽 不貳 修身以俟之 所以立命也)"(『진심상盡心上』)

맹자의 고유한 명상법으로는 '호연지기'와 '야기'를 들 수 있는데, 경전에는 이에 대해 간략한 언급만이 있을 뿐이다.

맹자께서 말씀하셨다. "나는 말을 알며, 나는 나의 호연지기浩然之氣를 잘 기른다." 공손추가 말하였다. "감히 여쭙겠습니다. 무엇을 호연지기라 합니까?" 맹자께서 말씀하셨다. "말하기 어렵다. 이 호연지기는 지극히 크고 강하니, 곧은 도의로 잘 기르고 해치지 않으면 천지 사이에 꽉 차게 된다. 이 호연지기는 도의와 짝하고 있으니(配義與道), 이것이 없으면 줄어들게[뇌餒] 된다. 이 호연지기는 의(=善行)를 많이 쌓음[集義]으로써 생겨나는 것이지 의로운 행위 하나 했다고 갑자기 얻어질 수 있는 것이 아니다. 자신의 행동이 마음에 흡족하지 않은 점이 있으면 이 호연지기는 줄어들게 되어 있다. 그래서 나는 '고자가 의를 안 적이 없다'고 한 것이니, 그는 의를 마음 밖에 있다고 보았기 때문이다. 호연지기를 기르는 사람은, 반드시 의를 쌓는 일을 행하되 미리 그 결과를 기대하지 말 것이며, 마음속에 항상 그것을 잊어버리지도 말고(心勿忘) 억지로 조장하지도 말아서(勿助長) 저 어리석은 송나라 사람처럼 되지 않아야 할 것이다. 송나라 사람 중에, 벼가 빨리 자라지 않는 것을 안타깝게 여겨 뽑아 올린 자가 있었다. 그리고는 멍청하게 돌아와서는 집안사람들에게 '오늘 나는 몹시 피곤하다. 벼가 자라는 걸 도와주고 왔다'하였다. 그 아들이 달려가서 보았더니, 벼가 다 말라 있었다. 이처럼 천하에는 벼가 자라도록 억지로 조장助長하지 않는 자가 적다. 호연지기를 무익하다 여겨 내버려두고 기르지 않는 자는, 이를테면 벼를 김매지 않는 자이고, 호연지기를 억지로 기르려고 하는 자는 이를테면 벼를 뽑아 올리는 자이다. 조장하게 되면 무익할 뿐만 아니라 도리어 그 근본을 해치게 되는 것이다."(「공손축상公孫丑上」)

맹자께서 말씀하셨다. "우산牛山의 나무들도 예전에는 무성하여 아름다웠다. 그러나 대도시의 교외에 위치해 있어 사람들이 도끼와 자귀로 나무를 베어가니, 어떻게 아름다울 수 있겠는가. 그 산에도 밤낮으로 만물을 생장시키는 원기와 촉촉이 적셔주는 비나 이슬이 있으므로 싹과 움이 트지 않는 것은 아니지만, 그것이 나오는 족족, 소와 양이 뜯어 먹기 때문에 저렇게 민둥산이 된 것이다. 그러나 사람들은 그것이 민둥산인 것만 보고 처음부터 재목이 있었던 적이 없다고 하는데, 이것이 어찌 산의 본성이겠는가. 사람이 지닌 본성에도 어찌 인의의 마음이 없겠는가. 그런데도 그 양심을 잃어버리는 이유는 역시 도끼와 자귀로 산의 나무를 아침마다 베어가는 것처럼 스스로가 양심의 싹을 자르기 때문이니, 어떻게 아름답게 될 수 있겠는가. 이렇게 해서 양심을 잃은 사람은, 밤낮으로 길러주는 좋은 기운과 새벽녘의 맑고 깨끗한 기운에도 불구하고, 선을 좋아하고 악을 미워함에 있어 남들과 유사한 점이 많지 않은데, 그가 낮에 하는 소행이 다시 그나마 있는 것을 해치고 만다. 이렇게 하기를 반복하다 보면 야기(夜氣=한밤에 자라는 좋은 기운)가 인의의 양심을 보존할 수 있게 해 주지 못하고, 야기가 양심을 보존할 수 있게 해 주지 못하면 금수와 별로 다를 바가 없게 된다. 그렇게 되면 사람들은 그의 금수 같은 행실만 보고는, 일찍이 재질이 있었던 적이 없다고 하는데, 이것이 어찌 사람의 원래 성정이겠는가. 따라서 만약 제대로만 기른다면[養] 자라지 않는 것이 없게 되고, 제대로 기르지 못한다면 사라지지 않을 것이 없는 것이다. 공자께서도 말씀하시기를, '잡으면 보존되고 놓으면 잃게 되며, 드나드는 데에 일정한 때도 없고 어디로 갈지 방향도 알 수 없는 것, 이는 바로 마음을 두고 하는 말이다'하셨다."(「고자상告子上」)

(4) 『중용中庸』의 수양론

공자는 『논어』에서 이렇게 말한다.

"나는 열다섯에 학문에 뜻을 두었고, 서른에 확고하게 섰으며, 마흔에는 미혹되지 않았고, 쉰에는 천명을 알았으며, 예순에는 남의 말이 거슬리지 않았고, 일흔에는 마음 내키는 대로 해도 법도에 어긋나지 않았다.(吾十有五而志于學 三十而立 四十而不惑 五十而知天命 六十而耳順 七十而從心所欲 不踰矩)"(「위정爲政」)

여기서 '천명'은 인간의 힘으로는 어쩔 수 없는 '운명' 또는 만물에 내재한 우주의 최고원리라고 할 수 있다. 전자의 의미에서 '사람이 할 일을 다 한 후에 결과는 천명에 따른다(盡人事而待天命=修人事待天命=謨事在人成事在天)'(『삼국지연의』)거나 '생사는 천명에 있고 부귀는 하늘에 달려 있다(死生有命 富貴在天)'(「안연顔淵」)고 하며, 후자의 의미에서는 『중용』의 '천명지위성天命之謂性'에서 보듯 우주의 존재원리가 인간에 내재한다는 윤리적 개념으로 쓰이고 있다. 이는 인도의 다르마, 중국의 도, 서양의 로고스 등을 떠오르게 하는데, 『중용』의 서술을 좇아가 보기로 한다.

"하늘이 명한 것을 성이라 하고, 성을 따르는 것을 도라 하고, 도

를 닦는 것을 교라 한다.(天命之謂性 率性之謂道 修道之謂教)

도라는 것은 잠시도 떠날 수 없는 것이다. 떠날 수 있으면 도가 아니다. 그러므로 군자는 외부의 사물을 보기 전부터 경계하고 삼가며[戒愼], 외부의 소리를 듣기 전부터 두려워하고 조심하는[恐懼] 것이다(남들이 보지 않는 곳에서도 경계하고 삼가며 남들이 듣지 않는 곳에서도 두려워하고 조심하는 것이다).(道也者 不可須臾離也 可離 非道也 是故君子 戒愼乎其所不睹 恐懼乎其所不聞)

어두운 곳보다 더 잘 드러나는 것은 없고 작은 것보다 더 분명하게 보이는 것은 없다. 그러므로 군자는 마음속에서 일어나는 생각을 신중하게 살피는[愼獨] 것이다.(莫見乎隱 莫顯乎微 故君子 愼其獨也)

희노애락의 감정이 아직 발해지지 않은 상태를 중中이라 하고, 그 감정이 발하여 모두 절도에 맞는 것을 화和라 한다. 그러니 중이라는 것은 (모든 이치가 이를 통해 나오므로) 천하의 큰 근본이며, 화라는 것은 (언제 어느 곳에서나 가야 할 길이므로) 천하의 공통된 도이다. 중과 화의 경지를 이루면 천지가 제 위치에 놓이고 만물이 제대로 길러진다.(喜怒哀樂之未發 謂之中 發而皆中節 謂之和 中也者 天下之大本也 和也者 天下之達道也 致中和 天地位焉 萬物育焉)"(1장)

'중'은 인간의 심리현상 즉 감정과 사고가 일어나기 이전의 상태[未發의 中]이며 인간뿐 아니라 만물의 근원으로서, 현상계의 사물을 조화롭고 완전하게 만들어 '화'를 이루니[已發의 和] 이를 '중화'라고 한다. 이로서 천지가 질서 지워지고 만물은 각각의 존재 목적을 실현시킬 수 있게 되는 것이다. 또한 인간과 만물의 본성을 진실한 것[誠]에서 찾았다.

"진실한 것은 하늘의 도이고, 진실하려고 하는 것은 사람의 도입니다. 진실한 사람은 노력하지 않아도 도에 맞고 생각하지 않아도 도를 알아 자연히 도에 부합되니, 이런 분은 성인이고, 진실하게 하려는 자는 선을 택하여 굳게 지켜가는 자입니다.(誠者 天之道也 誠之者 人之道也 誠者 不勉而中 不思而得 從容中道 聖人也 誠之者 擇善而固執之者也)"

(자신을 진실하게 하려면) 널리 배우고[學], 자세히 묻고[問], 신중히 생각하고[思], 명확하게 분별하고[辨], 독실히 행해야[行] 한다.(博學之 審問之 愼思之 明辨之 篤行之)

배우지 않으면 몰라도 배울 바엔 능숙해지지 않고는 그만두지 않으며, 묻지 않으면 몰라도 물을 바엔 알지 않고는 그만두지 않으며, 생각하지 않으면 몰라도 생각을 할 바엔 깨닫지 않고는 그만두지 않으며, 분별하지 않으면 몰라도 분별할 바엔 명확하지 않고는 그만두지 않으며, 행하지 않으면 몰라도 행할 바엔 독실해지지 않고는 그만두지 않아야 한다. 남이 한 번에 능숙하게 하면 나는 백 번이라도 하고, 남이 열 번에 능숙하게 하면 나는 천 번이라도 해서 능숙해지도록 해야 할 것이다.(有弗學 學之 弗能弗措也 有弗問 問之 弗知弗措也 有弗思 思之 弗得弗措也 有弗辨 辨之 弗明弗措也 有弗行 行之 弗篤弗措也 人一能之 己百之 人十能之 己千之)

만약 이런 방식으로 해 나갈 수만 있다면 아무리 우매한 사람도 반드시 명민하게 되고 아무리 유약한 사람도 반드시 강해지게 될 것이다. (『중용』 20장 「애공문정哀公問政」)

결국 인간과 만물의 존립 근거는 '성'에서 찾아질 수밖에 없는 것이다.

> "성(진실)이란 사물 스스로 성립하는 근거(인간이 자신을 이루는 방법)이며, 도는 스스로 행해야 하는 당연한 도리이다.(誠者 自成也 而道自道也)
> 성(진실)은 사물의 처음이자 끝이니, 진실하지 못하면 사물도 없다. 그러므로 군자는 진실을 중요하게 여기는 것이다.(誠者 物之終始 不誠 無物 是故君子 誠之爲貴)
> 성(진실)은 자신을 이룰 뿐만 아니라 남도 이루어주는 것이니, 자신을 이루는 것[成己]은 인仁이고, 남을 이루어주는 것[成物]은 지知이다. 이 인과 지는 본성의 덕으로, 안(자신)과 밖(남)을 합일하는 도이기 때문에 때에 따라 적절하게 행해지는 것이다.(誠者 非自成己而已也 所以成物也 成己仁也 成物知也 性之德也 合內外之道也 故時措之宜也)"(25장)

유교에서는 속세를 떠난 고원한 이상을 추구하는 출가의 도를 정면으로 반대한다. 사회 속에서 자신에게 주어진 역할에 충실할 뿐이다.

> "도가 사람에게서 멀리 있는 것이 아닌데, 사람이 도를 행한다고 하면서 사람을 멀리한다면(사람과 관계가 먼 것을 행한다면) 도를 행한다고 할 수 없다.(道不遠人 人之爲道而遠人 不可以爲道)
> 『시경』에 '도끼 자루 베고 도끼 자루 베는데, 도끼 자루 표본은 멀리 있지 않다네'라고 하였다. 사람들은 도끼 자루를 잡고 도끼 자

루로 쓸 나무를 베면서도, 그것을 주시하지 않고 오히려 표본이 멀리 있다고 여기는 것이다. 그러나 도는 멀리 있지 않고 사람 자신에게 있는 것이므로 군자는 그 사람에게 있는 도로 그 사람을 다스리다가 잘못을 고치면 즉시 중지하고 다스리지 않는 것이다.(詩云 伐柯伐柯 其則不遠 執柯以伐柯 睨而視之 猶以爲遠 故君子 以人治人 改而止)

충(: 내 마음을 다하는 것)과 서(: 남을 이해하고 배려하는 것)는 도와 거리가 멀지 않다. 충서란 자신에게 행해 봐서 싫었던 것을 역시 남에게도 행하지 않는 것이다.(忠恕 違道不遠 施諸己而不願 亦勿施於人)

군자의 도 네 가지 중에 나는 한 가지도 잘하지 못한다. 자식에게 바라는 것으로 부모를 섬기는 일을 잘하지 못하며, 신하에게 바라는 것으로 임금을 섬기는 일을 잘하지 못하며, 아우에게 바라는 것으로 형을 섬기는 일을 잘하지 못하며, 벗에게 바라는 것을 내가 먼저 벗에게 베푸는 일을 잘하지 못한다. 평상의 덕을 행하고 평상의 말을 조심하여 행실에 부족한 점이 있으면 더욱더 힘쓰고 할 말이 남아 있어도 감히 다하지 않아야 한다. 그리하여 말할 때에는 행실을 되돌아보고 행할 때에는 말을 되돌아볼지니, 이렇게 하면 군자가 어찌 독실하지 않겠는가."(13장)

한마디로 도는 먼 데서 찾는 것이 아니라 일상생활을 충실하게 꾸려가면서 차근차근히 쌓아가는 것이다.

"군자가 도를 행하는 것은, 비유하자면, 먼 곳을 가려 할 때 반드시 가까운 데에서부터 출발하고, 높은 데를 오르려 할 때 반드시

낮은 데에서부터 시작하는 것과 같다."(15장)

그래서 구체적인 수양 덕목으로 지知·인仁·용勇 세 가지를 제시되고 있다.

"천하 공통의 도[達道]가 다섯 가지인데, 이것을 행할 수 있는 것은 세 가지입니다. 군신과 부자와 부부와 형제와 붕우의 사귐, 이 다섯 가지는 천하 공통의 도이고, 지·인·용, 세 가지는 천하 공통의 덕[達德]입니다. 이 덕으로 이 도를 행하기 위해서는 하나(: 誠)가 있어야 합니다.(天下之達道五 所以行之者三 曰君臣也父子也夫婦也昆弟也朋友之交也五者 天下之達道也 知仁勇三者 天下之達德也 所以行之者一也)

어떤 사람은 태어나면서 이것(: 達道)을 알고, 어떤 사람은 배워서 이것을 알고, 어떤 사람은 애를 써서 이것을 알지만, 알고 난 뒤에는 똑같은 것입니다. 어떤 사람은 편안히 이것을 행하고, 어떤 사람은 이롭게 여겨 이것을 행하고, 어떤 사람은 애써 노력하여 이것을 행하지만, 이루고 난 뒤에는 똑같은 것입니다.(或生而知之 或學而知之 或困而知之 及其知之一也 或安而行之 或利而行之 或勉强而行之 及其成功一也)

배우기를 좋아하면[好學] 지에 가깝고, 힘써 행하면[力行] 인에 가깝고, 부끄러움을 알면[知恥] 용에 가깝습니다. 그러니 이 세 가지(호학·역행·지치)를 알면 자신을 닦는 방법(즉 도)을 알게 되고, 자신을 닦는 방법을 알게 되면 사람을 다스리는 방법(사람의 마음을 알고 대처하는 방도)을 알게 되고, 사람을 다스리는 방법을 알게 되면 천하와 국가를 다스리는 방법을 알게 되는 것입니다.(好學 近乎知 力行

近乎仁 知恥 近乎勇 知斯三者 則知所以修身 知所以修身 則知所以治人 知所以治人 則知所以治天下國家矣)"(『중용』 20장 「애공문정」)

(5) 주희의 수양론

주희(朱熹, 1130~1200)는 주돈이(周敦頤, 1017~1073)의 태극설에서 비롯되어 장재(張載, 1020~1077)의 태허太虛, 정호(程顥, 1032~1085) · 정이(程頤, 1033~1107) 형제의 이기理氣설을 거치며 발전한 성리학의 체계를 완성하였다. 그중에서도 수행과 관련하여 그는 공자가 중시한 공경에 토대를 두고[居敬] 자신을 닦는[修己] 수양과 실천을 위한 구체적 방법으로 '정좌靜坐'를 제시하고 불교나 도교와의 차이점을 강조하였다. 정좌는 세속을 떠나지 않고 3강 5륜의 사회적 책임을 다하면서 새벽이나 일이 없을 때 조용히 앉아 마음을 수렴收斂하는 것이다. 마음 안에 있는 천리天理를 보존해야 모든 일을 의義에 따라 처리하여 세상을 편안하게 할 수 있기 때문이다. 그 수양법의 핵심은 미발시(未發時: 사려가 일어나기 이전)의 '거경居敬 함양(涵養 또는 存養)'과 이발시(已發時: 사려의 작용이 있을 때)의 '궁리窮理 성찰省察'를 위해 정좌해야 한다는 것인데, 한마디로 외모를 단정히 하고(整齊嚴肅) 정좌에 의해 마음을 오직 한 곳에 집중시켜 잡념을 없애고(主一無適) 모든 사물의 이치를 끝까지 파고 들어가 진정한 앎에 이른다(格物 · 致知)는 것이다. 여기에서는 그의 『주자어류(朱子語類: 주희가 제자들과 강학한 어록을 모아 편집한 것, 1270)』에서 이와 관련된 내용을 간략하게 알아본다.

> "정좌는 좌선입정坐禪入定하듯이 하여 사려를 단절하려고 하는 것이 아니다. 다만 이 마음을 수렴하여 쓸데없는 생각을 지어내지 못하게 한다면, 이 마음이 맑아서 일삼음이 없게 되어 자연히 이치에 대해 한결같게 될 것이다."(『학육學六』, 권12)
>
> "정좌를 배워서 사려를 철저히 억제할 수는 없다. 다만 물리치면 된다. 완전히 눈을 감고 앉아도 사려는 있게 된다. 사려가 완전히 없을 수는 없으니, 다만 사악할 생각을 없게 할 뿐이다."(『주자십오朱子十五』, 권118)

사려에는 나쁜 생각도 있고 선한 생각도 있기 마련인데, 정좌는 단지 나쁜 생각을 제거하려는 것이지 선한 생각까지 단절하려는 것은 아니라는 것이다. 이는 정좌가 좌선과 같은 미발공부만이 아니라 격물 · 치지의 이발공부 수양법도 되어야 한다는 주장이다. 그래서 다음과 같이 직접적으로 지적하고 있다.

> "정좌하여 생각이 없을 때(無思念=미발)도 있고, 도리를 생각할 때(思量=이발)도 있는데, 어찌 두 길을 구분하여 정좌할 때의 공부와 독서할 때의 공부가 판이하여 같지 않다고 말할 수 있겠는가? 정좌에 임해 함양할 때란 바로 도리를 몸소 성찰하고[體察] 생각하여 해석하려[사역思繹]하는 것, 단지 이것이 함양이다. 이것은 환기함[환성喚醒]과 이끌음[제시提撕]을 말하는 게 아니고, 도리에 나아가서 저 나쁜 생각[邪思]과 망령된 생각[妄念]을 물리치는 것이다. 단

지 자신이 도리를 생각할 때에 저절로 나쁜 생각은 생겨나지 않는다."(『학육』, 권12)

즉 환기함과 이끌음에 의해 놓아버린 마음을 수습하는 소극적 미발 함양법에 그치지 않고, 도리를 사유하고 해석함에 의해 나쁜 생각이나 욕심을 물리치는 적극적 이발 함양법을 말하고 있는 것이다. 또 그 공부하는 때도 무리하게 정해놓을 필요는 없다고 밝히고 있다.

"희로애락에는 저절로 발출할 때도 있고 발출하지 않을 때도 있다. 각기 처해진 곳에 따라 공부하는 것이지, 어찌 강제로 미발로 되돌아가려하는가?"(『논어십팔』, 권36)

미발공부는 시간을 정해 규칙적으로 해야 하는 것이 아니라 단지 일이 없을 때나 미발의 때가 주어졌을 때 해야 하는 것이고, 정좌의 경우에도 미발심을 유지할 때도 있고, 도리를 숙고할 때도 있다는 것이다. 즉 정좌에는 미발공부와 이발의 궁리공부라는 의미가 병행하고 있는 것이다.

2. 도교

도교는 원래 '도를 설한 가르침'이라는 뜻으로 사용되어 왔으며, 유가 · 도가 등 제가백가의 설은 모두 '도'의 의미를 밝힌다는 의미에서 '도교'라고 지칭하였고 나아가 외래종교인 불교를 도교라고 부르기도 하였다. 그러다가 도교가 독자적인 하나의 큰 세력을 이루게 되는 5세기 무렵부터 유교 · 불교에 대항하는 '도교'라는 이름이 사용되면서 오늘에 이르고 있다. 현재 도교를 정의하려는 여러 가지 시도가 있지만 그중 몇 가지를 소개하기로 한다.

— 도교는 중국의 고대 민간신앙을 기반으로 하고 신선설을 중심으로 하며, 그것에 도가 · 주역 · 음양오행 · 참위讖緯 · 의학 · 점성 등의 설과 무속신앙을 더하고, 불교의 조직과 체재를 모방해 종합하여, 불로장생을 주된 목적으로 하는 주술종교적인 경향이 강한 현세이익적인 자연종교다.

— 도교는 유교와 마찬가지로 중국인 및 중국사회의 문화복합체다. 거기에는 철학 · 사상 · 종교 · 미신 · 민중의 생활 · 풍습 · 관행 · 도덕 · 문학 · 예술 · 과학 등의 요소가 있다. 풍토와 지역적인 조건을 근간으로 하고, 정치 · 사회 · 문화의 각 현상과 관련을 맺으면서 중국의 역사를 통해 전개된 중국의 대표적인 민족종교다.

— 도교는 중국 고대의 민간신앙과 신선사상, 노장사상을 결합하고, 노자를 개창자로 하여 유교의 도덕사상과 불교의 인과응보사상 및 불경과 교단조직을 모방해서 성립한 것이다.

여기에서는 신화시대의 우주적 상상의 편린을 한 구절 음미한 뒤 도교의 사상적 모태인 노자와 장자에서 도교적 명상의 뿌리를 살펴보고, 도교교단 차원에서 인정하는 『태평경』과 『포박자』에서 제시하는 수행원리를 알아보도록 한다. 그리고 그 구체적인 수행법을 간단하게 정리해본다.

"그 옛날 태초의 일을 누가 전해주었단 말인가? 하늘과 땅이 나누어지기도 전인데 어떻게 그걸 생각했을까?
밤낮이 불분명하던 그때에 누가 그것을 분명히 했을까? 우주가 희미하고 어두운데 어떻게 그것을 분별했을까?"(『초사楚辭』「천문天問」)
"말해질 수 있는 도는 영원한 도가 아니요, 이름 붙여진 이름이란 것도 저 그대로의 이름은 아니다. 이름 없는 것이 천지의 비롯이요, 이름 있게 하는 것이 만물의 어미이다. 그러므로 항상 욕심 없음으로써 그 묘妙를 보며, 욕심 있음으로써 구별된 사물[요徼]을 본다. 이 두 가지(무명과 유명)는 같은 것에서 나온 이름만이 다른 것인데 다 함께 알기 어려운 것[玄]이다. 깊고 깊어서 알 수 없는 것, 이것이 모든 묘한 것들의 문이다.(道可道非常道 名可名非常名 無名天地之始 有名萬物之母 故常無欲以觀其妙 常有欲以觀其徼 此兩者 同出而異名 同謂之玄 玄之又玄 衆妙之門)"(『도덕경』 제1장)
"태초에 무가 있으나 유有도 없으며 명名도 없었다. '일一'을 기원케

하는 것'은 '일'이로되 아직 형체가 없었다. '물物'이 이를 얻어 생하니 그것을 '덕'이라고 일컫는다. 아직 형체가 없는 것은 분화分化는 있으나 그래도 차이가 없으니 그것을 '명命'이라고 한다. 유동하여 물을 생하고 물이 이루어진 뒤 생명[生]과 조리[理]가 있게 되니 그것을 형形이라고 한다. 형체 속에 정신을 보유하여 각각 자기 의칙儀則을 가지니 이것을 성性이라고 한다.

그러므로 누구나 자기의 성을 닦으면 본연의 덕으로 돌아갈 수 있고, 그 끝에 이르러선 태초와 일치할 수 있다(性修反德 德至同於初). 이렇게 일치할 수 있다는 것은 '허虛'와 같다는 말로서, 이 허는 곧 일체의 원인인지라 무한히 큰 것이다. 따라서 허의 경지에 이르게 되면 입에서 나오는 말도 마치 새가 지저귀듯 흘러나오게 되며, 또 그렇게 된다는 것은 그 덕이 천지와 하나로 됨을 뜻한다. 천지와 하나로 되면 이미 인위적인 것은 모두 떨어져 버린 상태이기에 어리석거나 무지한 사람으로 여겨질 뿐이다. 이와 같은 사람을 가리켜 유현한 덕[玄德]을 체득했다 하며, 자연에 따르는 '대순大順'과 같다 하는 것이다."(『장자』「천지」)

"무릇 사물은 원기元氣에서 시작된다."(『태평경』 권67)

"무릇 기라는 것은 천지만물의 운명을 관통하는 것이다."(『태평경』 권86)

"하늘과 땅이 나누어져 있지 않았을 때에는 싸인 기[積氣]가 모두 하나로 합하여 있었으나, 나뉘어 둘이 되고 부부를 이루었다. 천하가 땅에 베풀어 어둠[玄冥]을 잉태하니, 이름하여 갑자甲子라 하였다."(『태평경』 권102)

"구름과 비가 베풀고 백성은 농사일 할 것을 걱정하며 원기가 되돌아와 머물며 여러 곡식과 초목, 기어 다니는 것, 숨차서 헐떡거리는 것, 꿈틀거리는 것 모두 원기를 머금고 있으며 날아다니는 새, 뛰어다니는 짐승, 물속에 사는 것 또한 그러하다."(『태평경』 권 112)

"사람이 '일'을 알면 만사가 끝난다. 하나를 아는 자는 하나라도 알지 못하는 것이 없다. 하나를 알지 못하는 자는 하나라도 알 수가 없다. 도는 하나에서 일어나니, 그 고귀함은 짝할 수 있는 게 없다. 각기 하나에 거처함으로써 하늘과 땅 그리고 사람이 본받는다. 그래서 말하기를 삼일三一이라 하였다. 하늘은 하나를 얻어 푸르고 땅은 하나를 얻어 평안하고 정신은 하나를 얻어 신령하게 된다. 쇠는 가라앉고 깃털은 뜨고, 산은 우뚝 솟으며 냇물은 흐른다. 보려 해도 보이지 않고 들으려 해도 들리지 않으며 있는 듯 하며 존재하고 홀연히 사라진다. 그것을 향해 나아가면 길하고, 그것에 등 돌리면 흉하다. 그것을 보존하면 오랜 복을 얻을 것이고, 그것을 상실하면 명이 끊어지고 기가 막히게 된다. 노군께서 '도의 됨됨이는 자못 황홀할 뿐이다. 황홀한 가운데 모습[象]이 있고 황홀한 가운데 물物이 있다'라고 하셨으니 곧 하나를 말한 것이다."(『포박자 내편』「지진地眞」)

양자강 유역 초나라에서 유행했던 '초나라의 노래[초사]'라는 명칭은 한나라 사마천司馬遷의 『사기史記』(기원전 91년)와 반고(班固, 32~92)의 『한서漢書』에 처음 보이지만, 신화적이고 주술적인 상상력이 풍성하게 담긴 『초사』라는 책은 유향(劉向, 기원전 79년~8년?)에 의해 처음 편찬되었고 굴원(屈原, 기원전 343년~278년?) 등의 작품 16편이 담겨있다. 특히 굴원의 「천문」은 신화적 색채가 짙으며 혼돈으로부터 시작해서 신화와 전설, 역사에 이르는 온갖 호기심 어린 의문들을 열거하고 있다. 위의 인용문은 『리그베다』의 「무유아가無有雅歌」를 떠올리게 하며, 우주와 인간의 기원에 대한 인간의 타고난 호기심이 그 의문을 해결하려는 강렬한 추동력으로써 명상 또는 수행을 창안한 것이 아닌가 하고 생각하게 한다.

『도덕경』의 인용문은 노자의 '도'사상을 단적으로 드러내고 있는데, 이는 우주적 시각에서 자연과 사회와 인간의 변화와 그 본질을 통찰한 것으로서 인간의 좁은 시야를 저 멀리 벗어나 있다. 만물의 차별상은 인간의 눈으로 구별하고 분별해 놓은 것일 뿐, 그것이 만물 자체는 아니라는 것을 간명하게 표현해 놓은 것이다. 욕심 없는 마음이라야 참 그대로의 그것을 볼 수 있고 욕심 있는 마음으로는 자기가 보고자 하는 대로만 볼 뿐이다. 전자는 주객의 구분이 생기기 이전의 마음으로 보는 그것[妙]이고, 후자는 인간의 인식 주관에 의해서 사물의 차별이 인정된 다음에 보는 그것[徼]이다. 그러나 양자는 모두 도의 나타남 외에 아니니 그래서 도는 현묘한 것이고 만물을 떠나 현묘한 도가 따로 있는 것도 아니다.

『장자』의 인용문은 장자의 우주론을 표현한 것으로, 우주 즉 도는 인간의 관찰이나 개념적 사고로 도달할 수 있는 것이 아니라 직접적인 신비체험을 통해서만 알 수 있는 것이라고 말하고 있는 듯하다. 여기서 '일'은 주객 · 피차 · 선악 등으로 분화되지 않은 상태를 가리키고, '덕'은 '도'로부터 분가하여 본질적으로 둘 사이에 차이가 없지만 인간이나 사물의 개별적 측면을 뜻한다. '덕'이 움직여 분화하여 개별적 사물이 생겨나서 일정한 무늬 · 결 · 조리가 형성되니 그것이 '형'이고, 형체가 생기자 곧 정신을 보유하게 되어 각각의 성질과 작용과 법칙을 갖게 되었으니 그것이 '성'이다. 그러므로 '성'을 닦으면 덕으로 돌아가고 태초로 돌아가고 허로 돌아가 깊고 오묘한 덕을 체득하여 자연, 우주, 도와 하나가 될 수 있다.

『태평경』의 인용문들은 만물이 하나의 원기로부터 생성된 것이라는 것을 말하고 있다. 우주 안의 모든 사물들은 같은 원기로부터 생겨나니 고상한 것이나 선한 것뿐 아니라 천하고 악한 것도 또한 원기에서 나온 것이다. 나아가 아무리 미미하고 미천한 것이라 하더라도 그것들이 우주 안에 없어서는 안 될 존재들임을 강조하고 있다. 질병을 유발하는 모기나 파리, 바퀴벌레, 바이러스나 박테리아까지도 같은 원기로부터 나온 형제들인 것이다. 무기물로 이루어진 자연환경과 온갖 생물과 인간이 모두 평등하고 정당한 존재 이유를 가지며, 거기에 온갖 부당하고 차별적인 압박을 부정하고 타파하려는 '황건의 난'이 있는 것이다. 또한 실체로서의 원기와 규범으로서의 도(元氣守道: 원기는 도를 지킨다)를 지배하고 관장하는 최고의 인격적 절대적 주재자主宰者 '황천皇天'을 내세움으로써, 도교교단으로서의 '태평도'가 난세의 민중들을 실질적으로 위무하고 구제할 수 있었다. 황천은 후대의 도교에 나타나는 태상노군太上老君이나 원시천존元始天尊과 같은 각종 신격들의 선구적 형태라 할 수 있다.

『포박자』의 인용문에서 '일'은 우주만물을 주재하는 신령스런 존재이지만 사람들이 숭배해야 하는 대상이 아니라 사람들이 체득해야 하는 대상으로 '현玄'이라고도 한다. 그래서 '현은 자연의 시조이고 온갖 특수한 것들의 큰 마루(근원)이다'(「창현暢玄」)라고 하여, 이로 말미암아 하늘과 땅 그리고 만물이 생성되었다고 한다. 이는 갈홍의 신선론과 방술론의 기초가 되고 있을 뿐 아니라 이후 도교 수행체계의 대전제를 이루고 있다.

(1) 『도덕경』의 수행론

『도덕경』은 전국시대부터 한나라 초기까지의 자연중심주의적인 경향을 가지고 속세를 떠나 은둔하며 살던 일련의 민간 사상가들이 설했던 주장 등을 모아 정리한 것으로 보고 있다. 여기서 '도'의 개념을 본격적으로 논하며 다양하게 설명하고 있어서 이후에는 학파나 종파를 떠나 '도'의 근본경전으로서의 역할을 하고 있다. '도'는 이로부터 수행의 대전제가 되었던 것이다.

> "보려고 하나 보이지 않으니 이름하여 '이夷'라 하고, 들으려 하나 들을 수 없으니 이름하여 '희希'라 하며, 잡으려 하나 얻을 수 없으니 이름하여 '미微'라 한다. 이 세 가지는 말로 따져서 도달할 수 있는 것이 아닌 고로 섞여서 하나가 된다. 그 위도 밝지 않고, 그 아래도 어둡지 않은데 하나로 이어져 있으니 무엇이라 이름할 수 없으며 '무물無物'에 복귀한다. 이를 형상없는 형상이라 하며, '무물'의 모습이라 한다. 또한 이것을 '홀황惚恍'이라고도 한다. 맞이하려

하나 그 머리를 볼 수 없고, 뒤따르려 하나 그 꽁지를 볼 수 없다. 옛 도道를 잡아 오늘의 있음을 제어하면, 능히 그 시원을 안다. 이것을 '도기道紀'라 한다."(제14장)

'도'는 빛, 소리, 질량을 지니지 않으므로 감각이나 생각에 의해 포착할 수 없고 현상적 사물에 국한된 것이 아니며, 또한 만물은 '도'를 떠나서 존재할 수 있는 것도 아니니 이를 알아야 시간을 초월하여 만물의 근거와 근원을 통찰할 수 있다.

"크게 빈 덕[孔德]의 모습은 오직 도를 따를 뿐이다. 도의 됨됨이는 자못 황홀할 뿐이다. 황홀한 가운데 모습[象]이 있고 황홀한 가운데 '물物'이 있다. 고요하고 그윽한 가운데 '정精'이 있는데 그 '정'이 심히 진실하여 그 가운데 '신信'이 있다. 예로부터 지금에 이르기까지 그 이름이 바뀌지 않는데, 이로써 모든 것의 시원을 본다. 나는 어떻게 모든 것의 시원이 그런 것인 줄 아는가? 이로써이다(以此)."(제21장)

도는 아무 형태도 없는 것이지만 그것이 운행해서 형용 즉 '덕'이 된다. 다시 말하면 '덕'은 도의 속성이 사물에 내재하게 된 것이란 뜻이다. 도는 말로 한정할 수 없으므로 주객의 분별을 전제로 해서는 파악할 수 있는 것이 아니다. 그러나 도는 단지 공허한 것이 아니라 '기氣'의 작용을 지니고 있으며 이 '기'는 아무렇게나 움직이는 것이 아니라 필연적인 자기법칙성을 따라서 작동하고 있다. 이렇게 만물은 도에 말미암은 것인데, 이를 알 수 있는 것은 마음이 '도'와 일치함으로써이다.

"분별할 수 없는 물物이 있는데 천지가 생겨난 것보다 앞선 것이니 고요하고 적막하다. 홀로 서서 변화되지 않으며 두루 운행하여도 위태롭지 않으니 가히 천하의 어미[母]가 됨직하다. 나는 그 이름을 뭐라고 할지 알 수 없어서 억지로 도道라고 하며, 마지못해 크다[大]고 이름한다. '크다'고 함은 감[逝]을 말함이요, '간다'함은 멀리 활동함을 뜻함이요, 멀리 움직임은 되돌아옴을 말함이다. 그러므로 도가 크고, 하늘이 크고, 땅이 크며, 왕도 또한 크다. 테두리 가운데 네 가지 큰 것이 있는데, 왕도 그 하나에 있다. 사람은 땅을 본받고, 땅은 하늘을 본받으며, 하늘은 도를 본받는데, 도는 자연을 본받는다(人法地 地法天 天法道 道法自然)."(25장)

분별 이전의 순수한 존재는 가장 근원적인 것이므로 천지가 생겨나기 이전부터 있었고 홀로 서서 끊임없이 움직이지만 스스로의 법칙에 의해 순환하여 운행하므로 위태롭지 않은 것이다. 이 활동 중에서 큰 것은 도와 하늘과 땅과 사람인데, 사람은 땅의 영향을 받고, 땅은 하늘의 영향을 받고, 하늘은 도의 영향을 받고, 도는 자연의 영향을 받는다. 그런데 도는 가장 근원적인 존재라고 전제하였으므로 자연은 '도' 자체를 의미하는 것이라고 할 수 있다. 이는 감각이나 생각을 초월하여 스스로 깨칠 수밖에 없는 일이다.

"도는 하나를 생하고, 하나는 둘을 생하며, 둘은 셋을 생하고, 셋은 만물을 생한다. 만물은 음陰을 업고 양陽을 안으며, 충기沖氣로써 화和를 삼는다. 사람들이 싫어하는 것은 고독하고[孤] 부족하며[寡] 소박한[穀] 것이지만 왕공은 이것으로써 자기 칭호를 삼는다. 그러므로 사물은 혹 손실이 되는 듯 하면서 이익이 되기도 하고, 이익되는 듯 하면서 손실이 되기도 한다. 사람들이 가르치는 바를 나도 역시 가르치는데 너무 강하기만 한 이는 그 죽을 자리를 얻지 못하니 나도 이것으로써 가르침의 아비를 삼는다."(42장)

도와 '하나'가 다른 존재라는 것이 아니라, 그 관념이 '도'로부터 나왔다는 의미다. 이로부터 '하나'와 그것 아닌 것이라는 관념이 생겨 '둘'을 만들고, 또한 그 관계로부터 '셋'이라는 관념 또한 나오게 되었고, 이러한 관념의 전개 이후에 만물을 차별적으로 보고 이름까지 붙이게 된 것이다. 그리고 만물의 잡다한 차별적 모습은 결국 '음기'와 '양기'와 '충기'의 세 가지 '기'에 포섭된다고 한다. 인간 의식의 전개와 사물의 '기'는 근원적 존재인 '도'에서 비롯된 것이고 궁극에는 '도'로 복귀하게 되는데도 불구하고, 인간은 상대적이고 분별적인 인식의 차원에서 벗어나지 못하여 죽을 지도 모르고 이익과 손해를 따지는데 급급할 뿐이다.

"학문을 위해서는 매일 보태야 되고, 도를 하려면 매일 덜어나간다. 덜고 또 덜어서 하염없는 데까지 이르면 함이 없으면서도 하지 않음이 없다(無爲而無不爲). 그러므로 천하를 취하는 데에는 항상 일 없음으로써 한다. 또한 일이 있는 데 이르러서는 천하를 취하기에 족하지 못하다."(48장)

도를 알기 위해서는 인간의 편견과 고정관념과 선입견과 확증편향에서 비롯된 주관적 가치판단에서 벗어날 것을 강조하고 있다.

> "아는 자는 말하지 않고, 말하는 자는 알지 못한다(知者不言 言者不知). 그 감각의 구멍을 막고 그 문을 잠그며, 그 날카로움을 꺾고, 그 어지럽게 얽힘을 풀며, 그 빛을 고르게 화和하여 티끌에 함께 하나니, 이것을 도와 하나가 되었다[玄同]고 한다. 친하려 하나 할 수 없고, 멀리 하려고 하나 될 수 없으며, 이롭게 하려고 하지만 할 수가 없고, 해롭게 하려고 하나 그렇게 할 수도 없으며, 귀하게 하려고 하나 그것도 안 되고, 천하게 하려고 하나 그것도 안 된다. 그러므로 천하에 귀한 것이 된다."(56장)

도는 언어나 개념에 한정된 것이 아니므로 이를 아는 사람은 굳이 말로 한정하려고 하지 않으며, 이를 모르는 사람이 말만으로 도를 아는 체 한다. 그는 감각에 미혹되지 않고 소유나 지배의 욕망을 초월하며 이해관계나 감정에 뒤얽힌 구속에서 벗어나, 지혜의 빛으로 사람들을 일깨운다. '도'와 하나되어 이렇게 사는 것이 진정한 귀한 삶이다.

(2) 『장자』의 수행론

『장자』는 전국시대의 사상가 장자(莊子=莊周)의 저서로 알려져 있으며 『남화진경南華眞經』이라고도 한다. 『장자』의 사상은 자유분방하고 신선하여 지배계급과 일반 대중 모두에게 현실세계를 벗어난 피신처의 역할을 하였고, 종교적으로는 선불교의 탄생을 이끌었으며 문학적으로는 도연명, 이백, 소식 등 당대 문장가들에게 영향을 끼쳤다. 장자는 본성을 회복하여 덕을 실현한 이상적 인간을 성인聖人 · 지인至人 · 신인神人 · 천인天人 · 진인眞人 등으로 표현하며 이를 이루기 위한 구체적인 수행법을 제시하고 그 궁극의 경지를 보여주고 있다.

먼저 장자는 진리를 논하는 언어의 한계를 분명하게 지적한다.

> "통발은 고기를 잡는 도구지만, 고기를 잡고 나면 통발은 잊어야 한다. 올가미는 토끼를 잡는 도구지만, 토끼를 잡고 나면 올가미를 잊어야 한다. 말은 뜻을 표현하는 도구지만, 뜻을 얻고 나면 말을 잊어야 한다. 나는 어찌하면 저 말을 잊은 사람을 만나 함께 이야기를 나눌 수 있을까!"(「외물外物」)

언어는 뜻을 전하는 도구여서 '물物'에 대해서 논할 수는 있으나, 사물을 사물이게 하는 '물물자(物物者=形形者=生生者)' 즉 '도'는 말로 표현할 수 있는 것이 아니다. 오직 '좌망'과 '상아喪我' 그리고 '심재'를 통해서만 모든 인간적 한계를 벗어나 도를 알 수 있다. 이후 도교의 양생법에서 '좌망'은 '수일'이나 '존사存思'와 같은 행기 조식법調息法으로 발전하였다.

"안회顔回가 공자에게 말했다. '제 수양이 진보한 것 같습니다.' 공자가 말하기를 '무엇을 일컫는가?'라고 하였다. 말하기를 '저는 인의仁義를 잊게 되었습니다.' '알겠다. 훌륭한 일이다. 그러나 아직 멀었다.' 뒷날 안회는 다시 공자에게 말했다. '저는 보다 진보했습니다.' '무엇을 일컫는가?' '저는 예악禮樂을 잊게 되었습니다.' '장하다. 그러나 아직 멀었다.' 뒷날 안회는 다시 공자를 보고 말했다. '저는 보다 진보했습니다.' '저는 좌망坐忘할 수가 있습니다.' 공자는 깜짝 놀라 태도를 고쳐 물었다. '무엇을 좌망이라고 하는가?' '지체를 버리고 총명을 물리치며, 형체를 떠나고 앎을 버려서 도와 하나가 되는 것입니다.(墮肢體 黜聰明 離形去知 同於大通)' 공자는 크게 끄덕였다. '도와 하나가 되면 시비선악에 사로잡히지 않고 도와 함께 변화하여 무한한 자유를 얻을 수가 있을 것이다. 장하다. 네가 벌써 거기에까지 나아갔으니 내가 네 뒤를 좇아야겠구나.'"(「대종사大宗師」)

"남곽자기南郭子綦는 책상에 몸을 기대앉았다. 하늘을 우러러 보며 조용히 호흡을 가다듬고 있는 동안 온몸에서 생기가 사라져 버리고, 혼이 나간 빈껍데기 모양으로 변해갔다. … 이때 자기가 다시 의식을 찾은 듯 곁에서 모시고 있던 언(顔成子遊)을 부른다. '언이냐? 방금 나는 나를 잃었었는데(喪我), 너도 그것을 알고 있었더냐? 너는 인뢰(人籟: 사람의 소리)는 들었으나 지뢰(地籟: 땅의 소리)를 듣지 못했고, 지뢰를 들을 수 있다 하더라도 천뢰(天籟: 하늘의 소리)는 듣지 못한다.' …"(「제물론齊物論」)

"… 안회가 물었다. '감히 묻습니다만 마음의 재계[心齋]란 무엇입니까?' 중니가 대답했다. '뜻을 하나로 해라. 듣기를 귀로써 하지 말고 마음으로써 해라. 듣기를 마음으로써 하지 말고 기氣로써 해라. 듣는다는 것은 귀에서 끝나고 마음은 사물을 아는 데 그친다. 기란 빈 것으로써 사물을 받아들이는 것이다. 오로지 도는 빈 것에로 모인다. 빈 것이 곧 마음의 재계齋戒다.(氣也者 虛而待物者也 唯道集虛 虛者心齋也)'"(「인간세」)

감각기관의 활동이 그치고 사려분별이나 희노애락과 같은 심리작용이 멈추는 데서 '물'의 세계에서 벗어나 '도'와 합일하는 경지에 이를 수 있다. 이를 「대종사」에서는 '천하를 밖으로 하고[外天下], 만물을 밖으로 하고[外物], 삶을 밖으로 하고[外生], 드디어 아침햇살처럼 밝은[朝徹] 경지에 들고 그 이후에 도를 보았고[見獨], 고금古今을 초월하였고, 죽음도 삶도 없는 세계에 들어갔다'고 표현하고 있다. 『장자』에서 '물物'은 부귀 · 빈천 · 공명 · 이해 · 수요壽夭 · 대소 · 미추 · 선악 · 장단 그리고 모든 심리현상과 사회현상, 자연계의 온갖 사물과 사건들을 총망라하고 있는데, 그 어떤 것에도 동요하지 않고 집착하지 않는 마음의 상태를 '현해懸解'(「양생주」)라고도 하였다. 장자는 어떤 '물'에도 얽매이거나 의존하지 않고 자유롭게 살아가는 정신의 자유를 강조하였다.

"… 만약 천지의 정正을 타고 6기(氣: 風 · 寒 · 暑 · 濕 · 燥 · 火 또는 陰 · 陽 · 風 · 雨 · 晦 · 明)의 변화를 다스리며 무궁한 세계에서 노니는 사람이라면 또 어디에 의존하겠는가? 그래서 '지인至人은 무기無己하고, 신인神人은 무공無功하며, 성인聖人은 무명無名하다'고 한 것이다."(「소요유逍遙遊」)

자기를 주장하지 않고 인간의 본성인 덕德에 내맡겨 살아가는 의존함이 없는[無待] 소요자재逍遙自在의 길을 제시하고 있다. 구체적으로는 외부에서 주어지는 부와 명예, 비난과 칭송, 육체적인 집착, 이익과 손해에 의지하지 않는 수양과 수행이 자유로운 삶의 조건인 것이다.

"… 천지는 나와 함께 생하고, 만물은 나와 더불어 하나가 된다. …"(「제물론」)

이는 나와 대상 사이의 벽이 없어진 '이천합천以天合天'(「달생達生」)의 경지에서 이루는 신비체험이라고 할 수 있을 것이다.

"지도至道의 정수는 요요명명(窈窈冥冥: 그윽하고 어두움)하고 지도의 지극함은 혼혼묵묵(昏昏默默: 모습도 없고 소리도 없음)한 것입니다. 보려 하지도 들으려 하지도 말고 정신을 지켜서 고요함을 유지하면, 몸도 저절로 바르게 될 것입니다. 반드시 고요하고 반드시 깨끗함을 지켜서 당신의 몸을 수고롭게 하지 말고, 당신의 정신을 흔들어 대지 않아야만 비로소 장생할 수 있을 것입니다. … 나는 순일한 도를 지켜서[守一] 조화 속에 머물러 있습니다. 그 때문에 나는 몸을 닦은 지 1200년이 흘렀는데도 내 몸이 아직 쇠약해지지 않았습니다."(「재유在宥」)

이는 공동산에서 황제黃帝가 광성자廣成子에게 도를 물은 데 대한 답이다. '수일'은 『노자』의 '포일抱一'과 통하며, 『포박자』에서는 신체 속에 있는 '일'이라 일컬어지는 신神을 정사靜思하는 내관법을 뜻하고 태식胎息과 같은 양생술이 되었다. 양생술에 대해서는 직접적으로 이렇게 말하고 있다.

> "… 숨을 들이켜고 내쉬는 호흡운동을 하여[취순吹呴호흡], 오래된 생기를 토해내고 새로운 생기를 몸속으로 들이켜며[토고납신吐故納新], 마치 곰이 나무에 매달리거나, 새가 두 다리를 펴듯이 하여[웅경조신熊經鳥申], 오로지 수명을 길게 하려고 하는 선비들이 있다. 이것들은 도인을 하는 선비(導引之士)나 몸을 단련하는[養形] 자, 또는 팽조와 같이 장수를 바라는 사람이 즐기는 바다."(「각의刻意」)

'취순호흡'과 '토고납신'은 체내의 정기를 방출하지 않고 새로운 기를 호흡하고 묵은 사기邪氣를 토함으로써 정기를 새롭게 하고 사악한 기를 없애는 행기行氣 · 토납의 호흡법이다. '웅경조신'은 뒤에 왕충의 『논형』 「도처」편이나, 갈홍의 『포박자 내편』 「극언」편 등에도 언급되는 도인(: 호흡법을 가미한 유연한 屈伸체조) 양생법을 가리킨다. 그러나 장자는 이어서 이렇게 말하고 있다.

> "하지만 뜻을 갈지 않아도 행동이 고상하고, 인의가 없이도 몸을 닦으며, 공명이 없이도 나라를 다스리고, 강호江湖에서 세상을 피하여 노닐지 않아도 한가하고, 도인술을 행하지 않아도 장수할 수 있다면, 모든 것을 잊지 않음이 없기 때문에 도리어 모든 것을 다

가질 수 있다. 그리하여 담담히 끝없는 작용을 이루면 모든 아름다움(: 高, 修, 治, 閒, 壽)이 저절로 따르게 될 것이니, 이것이 바로 천지자연의 도이고 성인에게 갖추어진 덕이다. 그러기에 '염담적막(恬淡寂漠: 욕심없고 담백한 고요하고 조용한 상태)과 허무무위(虛無無爲: 무심한 무작위의 상태)는 천지의 근본이고 도와 덕의 본질이다'라고 하는 것이며, 또 '성인은 이러한 경지에서 휴식한다'고 하는 것이다. 성인이 이 경지에서 몸을 쉬면 그의 마음이 평이平易하게 되고 평이하게 되면 무욕담백하게 되고, 이처럼 평이하고 담백하게 되면 어떤 근심 걱정도 그 마음속에 들어올 수 없으며, 어떤 사악한 기운도 밖에서 들어올 수 없다. 그 때문에 성인의 덕은 완전하고 마음은 손상되지 않는다."

(3) 『태평경』의 수행론

2세기에 '황건의 난(184~)'을 일으킨 장각張角이 창시한 태평도太平道는 『태평경』 170권을 찬술하고, 장릉張陵이 창시한 오두미도(五斗米道=天師道=新出正一明威之道)는 『도덕경』을 소의경전으로 받들며 『노자상이주老子想爾注』를 지었다고 전한다. 현존하는 『태평경』은 전해지지 않는 부분이 많고 그마저도 그 내용이나 사상체계가 매우 잡다 번쇄하고 서로 모순되는 것들이 적지 않지만, 세월을 거치면서 여러 사람에 의해 씌어진 후한시대의 작품이라는 것은 인정받고 있다. 『태평경』에서는 도교적인 윤리도덕 관념을 적극적으로 정립하고 있는데 이는 현실에서의 효와 같은 윤리적 행위가 자신의 화복禍福과 장수長壽를 결정한다는 인과응보 사상을 담고 있으며, 수행론도 그 연장선상에서 논의되고 있다.

> "한 몸을 지켜 주어진 수명을 다하고 '하나를 지키고 허물을 생각하여(守一思過)' 다시 주어진 기간을 늘린다."(권112)

여기서 '수일'의 '일'은 만물을 생성하는 근원이고, 인간의 마음[心]이고 뜻[意]이고 의지[志]이며 이 한 몸 안에 있는 신神을 의미하는 것이다. 즉 일은 우주의 본질인 동시에 인간의 본질을 뜻한다. 그러므로 '수일'은 우주와 인간의 본질을 찾는 것이고 지키는 것이며, 자신이 범한 잘못이나 죄를 생각하여 본질을 회복시키고 그럼으로써 수명을 연장할 수 있다는 것이다.

> "주어진 수명을 다하고자 하는 자는 기氣를 지켜 신神과 합하고, 정精이 그 형체를 떠나지 않게 해야 한다. 이처럼 셋이 합하여 하나로 되는 것을 마음에 품어 오래 되면 함께 갖추어 저절로 나타남이 있게 되며, 몸 안에서 형체가 점차 가벼워지고 정은 더욱 밝아진다. 빛이 더욱 정미하게 되고 마음속이 매우 안락하게 되며 흔쾌히 기뻐하게 되면 태평기太平氣가 응하게 된다."(『태평경성군비지太平經聖君秘旨』)

인간은 도의 법에 따라 원기로부터 육신과 정과 신을 부여받았기 때문에 반드시 이를 지켜야만 천수를 누릴 수 있다.

> "사람이 '수일'을 아는 것을 이름하여 '무극의 도'라 한다. 사람에게 한 몸이 있어 정·신과 더불어 항상 합한다. 형체는 죽음을 맡고 정과 신은 태어남을 맡는다. 항상 합하면 길하고 떠나면 흉하다. 정과 신이 없으면 죽고 정과 신이 있으면 산다. … 성인은 수일을 가르치고 의당 한 몸을 지킬 것을 말한다. 염두에 두어 쉼이 없으면 정과 신이 스스로 와서 서로 응하지 않는 바가 없게 되며, 1백 가지 병이 저절로 없어지게 되니, 이것이 장생구시長生久視의 증거다. … 정과 신이 상실되면 형체만이 남게 된다. '수일'이란 참된 것들이 합하여 하나가 되는 것이다."(『태평경초』 신부辛部)

'일'은 우주의 원기를 뜻하고, 한 몸의 원기를 말하며, 한 몸의 정·기·신을 의미하는 것이므로, '수일'은 개인의 수양이며 나아가 치국의 근간이기도 하다. 우주와 자연과 인간 그리고 사회는 동일한 하나로부터 나온 것이기 때문이다. 그래서 수일은 선의 추구로 나아간다.

> "수일 이후에 선과 악 그리고 허물과 잃어버린 곳을 두루 알게 되고, 그런 연후에 도를 지킬 수 있으며[守道] … 정을 수양한 연후에 신을 지킬 수 있다[守神]."(권96)

'일'을 지키면 선악을 판단하고 정과 신을 지킬 수 있으며, 반대로 악을 제거하고 선을 지향하기 위해서는 반드시 우선적으로 '수일'을 해야 하는 것이다. 그러한 수일의 궁극적 경지는 어떤 것인가.

"수일의 법은 마땅히 본래 무형임을 염두에 두어야 하는데 낮과 밤이 서로 합하고 '일'이 따라서 태어나며 늙음을 없애고 어린애로 돌아가 오래 살 수 있게 한다."(권137)

즉 수일은 원기로부터 인간에게 부여된 온갖 기들을 잘 보존하는 것이니, 결국 모든 삶의 막중한 책무의 짐를 벗어버리고 장수하고자 하는 것이다. 이는 개인의 차원에 그치는 것이 아니라 건강하고 온전한 모습의 신선이 사는 태평스러운 이상사회를 구현하는 것과 직결되어 있다.

"기란 천기가 아래의 태어남을 기꺼이 즐거워하고 지기가 위의 양육을 기꺼이 따르는 것을 말한다. 기의 법칙은 천하지상에서 행하여 음과 양이 서로 얻는 바 있어 교대하여 조화를 이루고, 중화의 기와 더불어 셋이 합하여 함께 무릇 사물을 기르며 세 기가 서로 사랑하고 통하며, 다시 해됨이 없는 것이다."(권48)

"태평은 하나라도 상하는 사물이 없고, 태평의 기를 행한다고 하는 것이다. 모든 일이 하나라도 상하고 병들지 않는다 함은 다 자기 자리를 얻어 바르게 되는 것이다."(권93)

'태평'은 '크게[大] 바름[正]'을 의미하니, 하늘과 땅과 사람 즉 천기天氣 · 지기地氣 · 중화기中和氣의 셋이 합하고 서로 통하여[三合相通] 현실의 세계가 원래의 조화로운 바른 상태로 되는 것을 말한다. 즉 『태평경』은 천하의 태평을 궁극적 목표로 삼고 있는 것이다.

(4) 『포박자』의 수행론

『포박자抱朴子』는 위진남북조(魏晉南北朝: 한이 멸망한 해부터 隋가 통일하기까지의 기간, 220~589)시대 동진東晉의 갈홍(葛洪: 283~343 또는 363)이 지었으며, 춘추전국시대 이후 전해 내려오는 신선에 관한 이론을 집대성한 책으로 알려져 있다. 이는 『내편內篇』 20편과 『외편外篇』 50편으로 이루어져 있는데, 내편에서는 고래의 도교사상과 양생법을 체계적으로 논술하고 있고, 외편에서는 유교의 입장에서 현실의 정치체제와 사회제도, 정책 등을 논하고 있다. 갈홍 자신의 말에 따르면 '『내편』에서는 신선과 방약(方藥=服藥法), 귀괴(鬼怪: 귀신이나 요괴를 쫓는 법)와 변화, 양생養生과 연년(延年: 수명을 늘림), 양사(禳邪: 사악한 기운을 쫓는 법)와 각화(却禍: 재앙을 물리침)를 말한다'(「포박자 외편 자서自敍」)고 하였듯이, 『포박자 내편』은 신선이 되기 위한 갖가지 이론과 방법들이 망라되어 있다.

먼저 인간은 육체[形]와 정신[神]으로 이루어져 있으며 양자가 분리되는 것이 죽음이라고 보는데, 이는 전국시대(기원전 403년~기원전 221년)에 편찬된 가장 오래된 전통 의학서인 『황제내경黃帝內經』을 비롯한 『태평경』, 『포박자』의 공통된 관점이다. 그래서 육체의 보전[養形]과 마음의 보전[養神]을 아울러 이루어야 한다는 것이 도교적 양생론의 기본적인 생각인데, 육체보다는 마음을 중시하는 불교와 사상적 교섭을 거치면서 송나라 이후에는 육체적 불사不死를 초월한 붓다나 신선이 되고자 하는 성명쌍수법

性命雙修法으로 발전하게 되었다. 여기서 '성'은 '신神', '명'은 '정精'과 '기氣'에 해당하는데, 그 출발점은 역시 신체를 의미하는 '정'이고 그것이 잘 보존되어야 그 속에 '신'이 깃들고, 신이 바르게 작용하여야 '기'가 바르게 운행할 수 있게 된다.

> "대체로 형체가 있는 것은 형체가 없는 것에 의해 살며, 형체는 정신에 의해서 성립된다. 형체가 있는 것은 형체가 없는 것의 집이고, 형체는 정신의 집이다. 즉 제방에 비유한다면 제방이 무너지면 물이 고일 수 없는 것과 같다. 촛불에 비유해 말한다면, 초가 다하면 불도 꺼져 버리는 것과 같다. 형체가 지치면 정신은 산만해지고 원기가 다하면 목숨도 끝이 난다."(「지리至理」)

사람의 형체가 소멸되면 정신도 존재할 수 없게 되니 형체를 잘 보존해야 하는데, 문제는 형체를 어떻게 유지할 것인가 하는 것이다.

> "이른바 술術이라고 하는 것은 안으로는 몸과 마음을 수련하여(內修形神) 수명을 늘리고 질병을 고치는 것이며, 밖으로는 사악함을 몰아내고 재난에 처하지 않게 하는 데 있다."(「미지微旨」)

즉 불로장생을 위해서는 육체와 정신의 수련을 병행해야 한다는 것이다. 그런데 인간의 수명은 이미 정해져 있는 것인가, 아니면 수행에 따라 변할 수 있는 것인가? 『내편』에는 두 가지 주장이 함께 실려 있어 모순을 드러내고 있다.

"수명의 길고 짧음은 실로 운에 달린 것이다. 음양의 기를 받아서 수태할 때 각기 별에 좌우된다. 천도는 그 자체로서는 아무 일도 할 수가 없다. 다만 만물을 자연에 맡겨둘 뿐이다. 특별히 친절한 것도 없고, 더 먼 것도 없으며, 저편도 없고 이편도 없는 것이다. 어떤 사람의 운명이 생성生星에 속해 있으면 그 사람은 반드시 선도仙道를 좋아할 것이다. 선도를 좋아하면 구하는 것을 반드시 얻을 것이다. 어떤 사람의 운명이 사성死星에 속해 있으면 그 사람은 선도를 믿지 않는다. 선도를 믿지 않으므로 스스로 그것을 수행하려고 생각지 않는다. 좋아하고 싫어하는 것은 타고난 천품에 달려 있다. 이것을 바꾸려 하거나 뺏는 일은 하늘도 할 수 없다."(「색난塞難」)

여기서는 성선成仙이 태어날 때의 운명에 달려있다고 하지만, 다른 곳에서는 '나의 수명은 나에게 달려있다. 하늘에 달려 있지 않다(我命在我 不在天)'(「황백黃白」)고 정반대의 주장을 하고 있다. 사람이 질병에 걸리거나 요절하는 것은 천명이나 귀신과 관계가 없고 자신의 정신상태나 생리적인 문제들로 인한 것이라는 것이다. 인간의 삶이나 죽음과 같은 운명은 하늘에 달린 것이 아니라 인간 자신에게 있다는 사상은 도교의 양생법을 발달시키는데 중요한 관건이 되고 있으며, 「논선論仙」편에서는 신선은 배움을 통하여 도달할 수 있다(學道成仙)는 선도사상을 정립하고 있다.

(5) 수행의 실제

『포박자 내편』에는 건강하게 오래 살고자 하는 양생법, 즉 불사약의 복용이라는 외단법과 호흡 · 운동 · 정신수련이라는 내단법이 체계적으로 정리되어 있는데, 양생의 근간을 이렇게 말하고 있다.

> "양생의 방법은 가령 침을 뱉는 데도 멀리 뱉지 않는 데 있다. 길을 걸어갈 때도 질주하지 않는다. 듣는 데 있어서도 극도로 하지 않고, 눈은 오랫동안 보지 않는다. 오랫동안 앉아있지 말며, 피로할 정도로 오래 잠을 자서도 안 된다. 춥다고 생각되기 이전에 적당한 옷을 입어야 하고 덥다고 느끼기 이전에 옷을 벗어 버려야 한다. 그런가 하면 배가 심히 고파서 음식을 먹는 것도 좋지 않다. 먹을 때는 과식하지 않는다. 목이 지나치게 말라 음료수를 마시는 것도 좋지 않다. 마셔도 과하게 마시지 않는다. 과식하면 체하고 과음하면 담에 걸린다. 지나치게 피로하지도 편하지도 말라. 너무 일찍도 늦게도 일어나지 말며, 땀을 흘리지 말고, 잠을 많이 자지 말라. … 양생을 잘하는 사람은 자고 일어나는 것에 사시四時의 절도를 지키며 항상 조화를 이루면서 살아가는 것이고, 언제나 근골을 단련하며, 언앙(偃仰: 엎드리고 우러러봄)의 방법으로 질병을 없애고, 호흡법을 사용하여 기를 영위(榮衛: 원기를 왕성하게 하는 피와 몸을 호위하는 기운)에 유행시키며, 보사(補瀉: 원기를 돕거나 나쁜 기운을 내보내는 치료법)의 방법으로 혈액순환을 촉진시키며, 여탈(與奪: 주는

일과 뺏는 일)의 요령으로 절도 있는 노동을 하며, 분노를 참아 음기를 보전하며, 기쁨을 눌러 양기를 기른 연후에 초목의 약을 복용하여 수명의 단축을 예방하고, 그 다음에 금단金丹으로 무궁한 수명을 누린다. 장생의 이치는 이것으로 다하는 것이다."(「극언極言」)

"무릇 사람이 죽게 되는 원인은 정력의 소모, 노쇠함, 백병의 침입, 중독, 사기邪氣에 해를 입는 것, 바람이나 냉기를 맞는 것 등 6가지 해에 의한다. 이제 도인으로 기를 온몸에 두루 돌리고(導引行氣) 정을 새지 않게 몸 안으로 돌려 뇌를 보충하고(還精補腦), 음식과 기거에 절도를 지키고, 약물을 복용하고[服藥] 사신수일思神守一하며, 악귀를 막는 부적을 지니고, (생명을 축소시키는 기름진 음식, 미녀 등) 삶을 손상시키는 일체를 멀리 한다면, 이 6해로부터 벗어날 수 있다."(「지리」)

외부의 물질을 섭취하거나 하지 않음으로써 장수를 도모하는 것은 외단, 자신의 몸과 마음을 조화롭게 단련하여 장수를 하고자 하는 것은 내단으로 분류되고 있다. 그중 행기와 도인, 그리고 사신수일은 『내편』 양생법의 뼈대다.

"대저 사람은 기 안에 있고 기는 사람 안에 있다. 천지에서부터 만물에 이르기까지 기를 따라서 생기지 않는 것은 없다. 따라서 행기를 잘하는 자는 내적으로는 신체를 보양하고 외적으로는 악을 퇴치한다."(「지리」)

행기(= 調息, 閉氣, 胎息, 服氣, 吐納)의 구체적 방법을 이렇게 기술하고 있다.

> "그 대요는 태식胎息뿐이다. 태식을 터득하게 되면 입과 코를 쓰지 않고 호흡할 수 있는데 마치 태아가 뱃속에 있을 때처럼 숨 쉴 수 있으면 도가 이룩된 것이다. 처음으로 행기를 배우는 사람은 코를 통해서 기를 몸 안으로 빨아들인 다음 그것을 정지시키고 마음속으로 수를 센다. 백이십까지 세고 입으로 조용히 내쉰다. 이렇게 기를 들이쉬고 내쉴 때는 그 소리가 귀에 들리지 않을 정도로 한다. 언제나 들이쉬는 양이 내쉬는 양보다 많아야 한다. 콧구멍에 가벼운 깃털을 대고 그것이 움직이지 않을 정도의 상태에서 호흡을 해야 한다. 이것이 익숙해지면 마음속으로 세는 수를 늘린다. 오래 계속하면 천까지도 셀 수 있다. 그런 상태에 이르면 비록 노인이라 해도 날이 갈수록 젊어진다."『석체釋滯』

행기는 많은 인내와 자제력을 요구하는데, 반드시 도인을 병행해야 한다고 강조한다.

> "양생법을 깨치려는 자는 신약神藥을 복용하기 전에 행기行氣를 게을리 하지 않고 아침저녁으로 도인導引을 행하여 혈액 순환이 막히는 일이 없도록 하며, 그 위에 방중술房中術을 행하면 좋다."『잡응雜應』

'도인'은 경락과 경혈을 자극하기 위한 체조법과 호흡법을 결합하여 기와 혈의 순환을 활발하게 하고 삿된 기운의 배설을 촉진하는 운동이다. 이를 좀더 구체적으로 이렇게 말하고 있다.

> "무릇 도인이란 이름을 세우거나 사물의 모양을 그려 나타내려는 것이 아니다. 굽혔다 폈다하거나[굴신屈伸], 구부렸다 위를 보거나[俯仰], 걷거나 눕거나, 기대거나 서거나, 뛰어오르거나, 천천히 걷거나, 읊조리거나[吟], 숨쉬는 것이 모두 도인이다. 매일 아침 반드시 행할 필요는 없지만 몸에 이상이 느껴지면 이것을 행한다. 행할 때는 폐기하고 기를 조절하여 충격을 주면 기가 통한다. 도인할 때에 당기지도 않았는데 골절에서 큰 소리가 난다. 소리가 적게 나면 근이 부드럽고 기가 잘 통하는 것이다. 도인은 병나기 전에 병을 고치며 화하지 못한 기를 통하게 한다. 운동하면 여러 관절에 기가 소통되며 운동하지 않으면 삼궁(三宮=三丹田)의 혈액이 엉긴다. 도인은 양생의 큰 법칙이며 질병을 없애는 현술玄術이다."『포박자별지』

'사신수일'은 신神을 생각하고 일一을 지킨다는 말로, 노자의 '포일'과 태평경의 '수일'을 계승한 개념이다.

> "『선경仙經』에 '단을 복용하고 일을 지키면(服丹守一) 하늘만큼 오래 살고, 환정還精과 태식胎息을 하면 한없이 수명을 늘릴 수 있다'라고 하였는데, 이것은 지극한 도다."『대속對俗』

갈홍은 장생불사의 구체적 방법으로 '금단(金液과 還丹)'을 중시하지만 형체를 지키고 사악한 기운을 물리치려면 오직 '진일眞

一'을 지켜야 한다고 강조한다.

"'일'을 지키고 참됨을 보존하면(守一存眞) 이에 신령스러움과 통할 수 있고, 욕구를 줄이고 먹는 것을 단속하면 '일'이 숨에 머무르며, 시퍼런 칼날이 머리에 닿는다 해도 '일'을 생각하면 살 수 있다."(「지진地眞」)

그런데 갈홍은 여기서 한 단계 더 나아가 '일'을 인체로 가져와 자신의 양생법과 수행론을 완성하고 있다.

"'일'은 성씨와 의복을 지니니, 남자의 신神의 길이는 9푼이고 여자의 신의 길이는 6푼이다. 혹은 배꼽 밑 두 치 네 푼 아래의 하단전에 있고, 혹은 심장 밑 강궁絳宮과 금궐金闕 사이의 중단전에 있으며, 혹은 양 눈썹 사이에 있는데, 깊이가 한 치인 것은 명당明堂이고 두 치인 것은 통방洞房이며 세 치인 것이 상단전이다. 이것이 바로 도가에서 중요하게 여기는 바로, 삽혈(歃血: 굳은 약속의 표시로 짐승의 피를 서로 나누어 마시거나 입에 바르던 일)하고 난 뒤라야 3단전 신神의 성명姓名을 입으로 전해주었을 뿐이다."(「지진」)

이밖에 금액환단법과 방중술을 상설하며 양생법의 체계를 정교하게 세우고 있다. 그러나 이러한 신체 수련에 앞서 인간으로서의 인격 수양을 또한 역설하고 있다.

"장생을 얻고자 하는 자는 반드시 선을 쌓고 공을 세우며 사물에 대해 자비심을 갖고 자신을 용서하듯이 남을 용서하고 어진 마음을 곤충에까지 미쳐야 한다. 남의 행운을 즐거워하고 남의 고충을 가엾이 여기며 남의 위급함을 돕고 남의 가난을 구제해야 한다. 손으로 산 것을 해치지 않고 입으로는 재앙이 될 일을 권하지 않아야 한다. 남이 이득을 보면 자신이 얻은 것처럼 여기고 남이 손상을 보면 자기가 잃은 것처럼 여겨야 한다. 거만하지 않고 뽐내지 않으며 자기보다 나은 사람을 시샘하지 않으며 아첨하거나 몰래 중상모략 하지 않아야 한다. 이와 같은 경지에 이르러야 덕 있는 사람이라고 할 수 있고 하늘에서 복을 받아 하는 일이 꼭 이루어져 신선을 추구해도 가능성이 있는 것이다."(「미지」)

양생을 행하며 개인의 불로장생만을 추구하여서는 결코 성공할 수 없으며, 모든 공동체 일원들과 더불어 사는 자세를 그 전제로 제시하여 도교와 유교의 조화와 융합을 꾀하려는 사상적 특성을 볼 수 있다.

3. 선불교

말이나 문자에 의존하지 않고

경전 밖에서 따로 전하니

사람의 마음을 곧바로 가리켜

자성을 보아 깨달음을 이룬다.

(不立文字 教外別傳 直指人心 見性成佛)

'불립문자 교외별전'은 송나라의 대천보제(大川普濟, 1179~1253)가 편찬한 선종 오가칠종五家七宗의 통사인 『오등회원五燈會元』에 처음 등장한다. 거기에 세존이 가섭에게 '나는 정법안장(正法眼藏: 석가모니가 세상의 이치를 깊이 깨달은 후, 혼자서 명상을 하며 깨달음의 기쁨을 맛보던 묘법), 열반묘심(涅槃妙心: 번뇌와 미망을 벗어나 진리를 증득한 마음), 실상무상(實相無相: 생멸의 세계를 떠난 만유의 불변의 진리), 미묘법문(微妙法門: 진리를 깨친 마음)을 글로 기록하지 않고 가르침 밖에 따로 전하는 것이 있다(不立文字 教外別傳). 그것을 가섭존자에게 전한다'라는 말이 나오는데, 그것이 염화시중拈華示衆 이심전심以心傳心의 이치를 담고 있는 선의 근본사상을 나타내는 것이다.

'직지인심'은 선종의 개조인 달마가 2조 혜가(慧可, 487~593)와 나눈 '안심安心법문'에서 유래한 것으로, 진리를 생각하거나 분석하지 말고 자기 마음을 직접 파악하라는 말이다. '견성성불'이라는 말이 처음 나오는 곳은 양梁나라 보량(寶亮, 444~509)이 지은 『열반경집해涅槃經集解』로 알려져 있다. 그러나 이러한 사상이 확립된 것은 육조 혜능(慧能, 638~713)의 『육조단경六祖壇經』에서부터라고 보아야 할 것이다. "모든 법이 모두 자신의 마음 가운데 있거늘, 어찌 자기의 마음을 따라서 진여의 본성을 단박에 나타내지 못하는가? 『보살계경(菩薩戒經=菩薩地持經=보살지지론)』에서 '나의 본래 근원인 자성이 맑고 깨끗하다(我本源自性 清淨)'고 하였으니, 마음을 알아 성품을 보면(識心見性) 스스로 부처님 도를 성취하는 것이니(自成佛道) 곧 활연히 깨쳐서 본래 마음을 도로 찾느니라(卽時豁然 還得本心)."(돈황본) 즉 『보살계경』의 '자성청정'과 『유마경』의 '즉시활연'을 인용하여 육조 자신의 법문인 '식심견성 자성불도'의 근거로 삼고 있는데, 이것이 앞의 구들과 호응하여 선불교의 종지宗旨를 이루고 있는 것이다.

선禪은 산스크리트어로 댜나(dhyāna, jhāna)를 음사한 것으로 정定·정려靜慮·사유수思惟修 등으로 한역하고 있으며, 선정禪定이라고도 한다. '선정'이라는 용어는 최초기의 한역경전인 안세고(安世高: 安息國=파르티아, 150년 전후) 역의 『자서삼매경自誓三昧經』, 지겸(支謙, 月氏, 200년 무렵) 역의 『유마경維摩經』, 축법호(竺法護, 大月氏, 239~316) 역의 『수행도지경修行道地經』 등에 이미 등장하고 있었다. 그러나 선을 표방하는 종파로서의 성립은 보통 남인도 또는 페르시아 승려로 알려진 달마로부터 비롯된 것으로 보고 있다. 당나라의 화엄종 제5대 조사이자 하택신회(荷澤神會,

670~762) 문중에서 돈오頓悟의 심법을 이어받은 규봉종밀(圭峰宗密, 780~841)은 그의 『선원제전집도서禪源諸詮集都序』에서 선의 종류를 외도선·범부선·소승선·대승선·최상승선의 다섯 가지로 분류하고, 최상승선을 달마로부터 시작된 '여래청정선'이라고 하였다. 그리고 선禪과 교敎의 회통과 돈오점수頓悟漸修를 주장하여 돈오돈수(頓悟頓修, 『육조단경』)의 간화선을 제창한 대혜종고(大慧宗杲, 1089~1163)와 더불어 한국 선불교에 막대한 영향을 끼치고 있다.

그러나 오늘날 전하는 선종은 처음 달마가 주창하던 선과 얼마간의 차이가 있다. 달마는 인도의 승려 구나발타라가 한역한 『능가경*laṅkāvatāra sūtra*』(433)을 중시하여 혜가에게 선양토록함으로써 능가종을 형성하였으며, 4조 도신(道信, 580~651)과 5조 홍인(弘忍, 601~674)은 『문수설반야경』, 『반주삼매경』, 『관무량수경』(5세기초), 『법구경』(224) 등을 원용하고 있다. 또 혜능과 동문인 신수(神秀, ?~706)는 그의 선종 강요서 「대승오방편(大乘五方便=大乘無生方便門)」에서 『기신론』, 『유마경』, 『법화경』, 『사익경思益經』, 『화엄경』 등에 의해 선의 대의를 설명하여, 후에 규봉종밀은 이를 두고 '번뇌를 여의고 청정을 보며 방편으로 모든 경전을 꿰뚫고 있다(拂塵看淨 方便通經)'고 칭송하고 있다. 그런데 『육조단경』(돈황본)에서는 신수와 혜능을 다음과 같이 대립시켜 그 우열을 보이고자 하였다.

몸은 바로 깨달음의 나무이며
마음은 맑은 거울과 같으니

항상 부지런히 쓸고 닦아

티끌과 먼지가 끼지 않게 해야 할 것이다.

(身是菩提樹 心如明鏡臺 時時勤拂拭 莫使有塵埃/ 신수)

깨달음은 본래 나무가 아니며

맑은 거울 역시 받침대가 아니네

부처의 성품은 항상 깨끗하거니

어디에 티끌과 먼지가 끼겠는가?

(菩提本無樹 明鏡亦無臺 佛性常清淨 何處有塵埃/ 혜능)

마음은 보리수요

몸은 맑은 거울과 같으니

맑은 거울은 본래 깨끗하거니

어디에 티끌과 먼지가 끼겠는가?

(心是菩提樹 身爲明鏡臺 明鏡本清淨 何處染塵埃/ 혜능)

마음의 땅이 뜻의 씨앗을 머금으니

법의 비가 꽃을 피운다.

스스로 꽃 뜻의 씨앗을 깨달으니

보리의 열매가 스스로 이루는도다.

(心地含情種 法雨即花生 自悟花情種 菩提菓自成/ 혜능의 전법게傳法偈)

여기서 '부처의 성품은 항상 깨끗하거니 어디에 티끌과 먼지가 끼겠는가'라는 문구는 종보본 · 덕이본 · 도원서대승본 · 홍성

사본 등 다른 본에는 '본래 한 물건도 없거니 어느 곳에 티끌과 먼지가 끼겠는가(本來無一物 何處惹塵埃)'로 되어 있다. 이를 처음 개작한 당나라 지거智炬의 『보림전寶林傳』(801)은 달마의 법통이 혜능에게 계승되었음을 주장하면서 조사선祖師禪이라는 용어를 정착시켰다. 조사들의 어록과 함께 모든 공안公案의 자료를 담고 있는 도원道原과 양억楊億의 『전등록』(1004)에는 앙산 혜적이 동문인 지한에게 '자네는 다만 여래선을 얻었을 뿐, 아직 조사선을 체득하지는 못했네'라고 하였다는 기록이 있다. 중국의 선종에서 불교의 중심이 부처에서 조사로 옮겨간 것은 마조도일(馬祖道一, 709~788)과 석두희천(石頭希遷, 700~790)의 등장과 함께 급격하게 이루어졌는데, 마조도일은 대중들에게 이렇게 말했다.

> "도를 닦아 익힐 필요가 없다(道不用修). 오직 더러움에 물들지만 않으면 된다. 더러움에 물든다는 것은 무슨 말인가? 나고 죽는다는 생각을 염두에 두고 일부러 별난 짓을 벌이는 것을 바로 더러움에 물든다고 하는 것이다. 단번에 도를 이루고 싶은 생각이 있는가. 평소의 이 마음이 바로 도다(平常心是道)! 평소의 마음이란 어떤 마음인가? 그것은 일부러 짐짓 꾸미지 않고, 이러니저러니 가치판단을 하지 않으며, 마음에 드는 것만을 좋아하지도 않고, 단견상견斷見常見을 버리고, 평범하다느니 성스럽다느니 하는 생각과 멀리 떨어져 있는(無造作 無是非 無取捨 無斷常 無凡無聖) 그런 마음을 가리킨다. 경(『유마경』)에 다음과 같은 말이 있다. '범부처럼 행세하지도 않고, 성인현자처럼 행세하지도 않는 것이 바로 보살행이다.' 지금 이렇게 걷다가는 곧 멈추기도 하고, 다시 앉아 있다가는 곧

편안하게 눕기도 하는(行住坐臥), 형편을 따라 움직이는(應機接物) 이 모두가 다 도인 것이다. 그러므로 도라고 하는 것은 결국 법계를 이르는 말이다. 강가의 모래가 그다운 구실을 하고 있는 것도 또한 법계를 따로 벗어나 있는 일이 아닌 것이다. 만일 그렇지 않다면 어떻게 심지법문(心地法門: 마음을 만법의 근원으로 보는 입장에서 만물을 생성해내는 대지에 비유한 것, 『심지관경心地觀經』, 『범망경』)이라 할 수 있을 것이며 어떻게 무진등(無盡燈: 한 등이 백 천의 등에 차례로 불꽃을 당겨주는 것과 같다는 비유, 『유마경』)이라 할 수 있을 것인가?"

'평상심시도'는 그의 '그 마음이 바로 부처다(卽心是佛, 『관무량수경』)'라는 말과 함께 마조선사의 대명사가 되었고, 이로부터 조사선이 본격적으로 시작되었다.

아무튼 인도에서는 인더스문명 이래로 모든 종교에서 정신통일을 위한 수행법이 다양하게 발달해왔는데 중국에서는 불교의 수행법이 노장사상이나 도교, 유교와 습합하는 과정을 거쳐 6세기에는 인도불교의 영향을 벗어난 선종禪宗이라는 종파까지 성립하게 되었다. 인도에서는 초기 대승불교의 '색즉시공 공즉시색色卽是空 空卽是色'이라는 기치아래 진리의 경지 또는 세계인 열반계(涅槃界, nirvāṇa dhātu)가 곧 부처가 교화하는 인간 현실의 세계인 사바세계(娑婆世界= 忍土 · 堪忍土 · 忍界, sahā-loka-dhātu)라는 사상이 등장하고, '사바가 곧 정토(淨土, kṣetra śuddhi)'라는 『법화경』까지 나오게 되었다. 그렇지만 인도의 불교는 '번뇌 즉 보리', '생사 즉 열반'을 내세우면서도 아직 관념적이고 초월적이고 추상적인 개념의 영역을 벗어나지 못하고 있었다. 그런데 중국에서는 불교가 들어오기 이전부터 유교와 도교에서 이상적인 사회로 군자나 진인이 이끄는 대동세계나 태평세계가 그려지고 있었는데, 그것이 부처가 교화하는 사바세계와 동일시되는 과정을 거치면서 새로운 불교가 탄생되었던 것이다.

이로서 불교는 인도에서는 속세를 떠나 영원을 지향하는 피안彼岸의 종교로 태어났지만 중국에서는 문화접변(acculturation)과 창조적 해석을 거치면서 생활에 밀착하여 찰나를 사는 차안此岸의 종교가 되었다.

(1) 선의 법맥

인도에서 석가모니는 모든 사람에게 진리를 공개적으로 투명하게 전하였는데 다만 그 해석에 따라 부파나 학파가 형성되어 서로 경쟁하며 발전하였다. 이와 달리 중국에서는 보리달마로부터 혜가→승찬→도신→홍인→혜능으로 스승에게서 제자에게로 개인적으로 법통이 이어졌다[師資相承, 傳燈]고 『육조단경』은 전한다. 그리고 광동성 소주 조계산 보림사에 주석하던 혜능의 10대 제자에 들지 못했던 남악회양(南嶽懷讓, 677~744)과 청원행사(青原行思, ?~741)의 각각의 제자인 마조와 석두로부터 조사선祖師禪은 본격적으로 시작되었다. 이들은 정치·문화의 중심지인 장안이나 낙양이 아니라 남쪽 곡창지대인 강서나 호남에서 주로 활동하며 그 세력을 넓혀나갔고 특히 '회창會昌의 폐불(廢佛: 당나라 무종의 불교탄압, 845)' 이후로 오히려 더욱 번성하여 5가 7종을 형성하기에 이르렀다.

먼저 마조의 제자인 백장회해(百丈懷海, 720~814)는 선종 사원의 구체적인 교단조직과 수행생활의 규칙을 정한 「백장청규百丈清規」로 유명한데, 그 문하에서 위산영우(潙山靈祐, 771~853)와 앙산혜적(仰山慧寂, 807~883)이 나와 위앙종潙仰宗을 세웠고, 황벽희운(黃檗希運, ?~850)과 임제의현(臨濟義玄, ?~866)은 임제종臨濟宗을 세웠다. 시간이 지난 후 임제의 문하에서 황룡혜남(黃龍慧南, ?~1069)은 황룡파黃龍派를, 양기방회(楊岐方會, ?~1049)는 양기파楊岐派를 세웠다. 그리고 석두의 문하에서는 동산양개(洞山良介, 807~869)와 조산본적(曹山本寂, 840~901)이 조동종曹洞宗을, 운문문언(雲門文偃, ?~949)이 운문종雲門宗을, 법안문익(法眼文益, 885~958)이 법안종法眼宗을 세움으로써 선의 전성시대를 구가하였다. 이들 중 지금까지 법맥을 유지하고 있는 것은 석두 문하의 조동종과 마조 문하의 임제종이다.

조사선은 일상의 평범한 말을 통해 진리를 드러내고자 하므로 조사들의 생활 속의 말과 행동이 담긴 어록들이 경전과 같은 역할을 하게 되고 수행자들은 그것을 통해 조사와 만나고 깨달음을 얻게 된다. 그래서 많은 조사어록들이 후대에 등장하여 '공안公案' 또는 '화두話頭' 또는 '고측古則'이라는 이름으로 수행의 지침이 되고 있으며, 큰 의심을 일으키게 하는 조사들의 파격적이고 역설적인 말이나 문답이 담겨있다. 예를 들어 임제종의 종문제일서로 인정받는 『벽암록碧巖錄』(1125)은 운문종의 설두중현(雪竇重顯, 980~1052)이 가려뽑고 게송을 붙인 『설두송고頌古』에 임제종 양기파의 원오극근(圜悟克勤, 1063~1135)이 주석을 달고

해설한 것이다. 조동종에서 애용되는 『종용록(從容錄=從容庵錄)』(1223)은 조동종의 굉지정각(宏智正覺, 1091~1157)이 공안을 가려뽑고 게송을 붙인 『굉지송고』에 만송행수(萬松行秀, 1166~1246)가 평창(評唱: 古則이나 頌古에 대한 상세한 해설과 비평)을 단 것이다. 그리고 양기파의 무문혜개(無門慧開, 1183~1260)가 48측 공안을 해설한 『무문관無門關』(1228)은 특히 제1측인 '조주무자趙州無字' 공안으로 유명하다. 조주(778~897)에게 한 승려가 '개에게도 불성이 있습니까?'하고 묻자, '없다'고 대답한 것[狗子無佛性]으로, 전편에 걸쳐 '무자' 탐구가 주제를 이루고 있다. 우리나라에서는 지눌의 제자인 혜심(慧諶, 1178~1234)이 지은 『선문염송禪門拈頌』(1226)이 인도의 석가모니로부터 시작되는 선종의 전등 순서를 따라 1,125측을 배열하고 수선사에서 펴낸 가장 오래된 공안집으로 우리나라 선종에서 가장 중시되고 있다.

당나라로 유학 갔던 신라 말 · 고려 초의 승려들은 특히 마조도일의 홍주종洪州宗 등 선종의 선사들에게 인가(印可: 깨달았음을 스승으로부터 인정받는 것)를 받고 돌아와 전국 각지에 선문禪門을 열었으니 그 수가 아홉[九山禪門]이었다.

① 실상산문實相山門: 홍척洪陟이 826년 귀국하여 남원에 실상사를 창건하였으며 구산선문의 시초다.

② 봉림산문鳳林山門: 현욱(玄昱, 787~868)은 837년에 귀국하여 심희(審希, 855~923)에게 그의 선법을 전하니 그가 창원 봉림산에 봉림사를 창건하고 선풍禪風을 일으켰다.

③ 동리산문桐裏山門: 혜철(惠哲, 785~861)이 839년에 귀국하여 곡성 동리산에 태안사泰安寺를 창건하였다.

④ 가지산문迦智山門: 마조의 제자인 서당지장西堂智藏의 선법을 전해 받고 821년에 신라에 돌아온 도의道義의 손제자인 체징(體澄, 804~880)이 840년 장흥 가지산에 보림사를 창건하고 선풍을 일으켰다.

⑤ 성주산문聖住山門: 무염(無染, 800~888)이 845년에 귀국하여 보령 성주산 성주사에서 선풍을 일으켰다.

⑥ 사굴산문闍崛山門: 범일(梵日, 810~889)이 847년에 귀국하여 강릉 사굴산에 굴산사崛山寺를 창건하였다.

⑦ 사자산문師子山門: 도윤(道允, 798~868)은 847년에 귀국하여 화순 쌍봉사雙峰寺에서 선풍을 일으키고 그의 법을 절중(折中, 826~900)에게 전하니, 그가 영월 사자산 흥녕사興寧寺에서 선풍을 크게 일으켰다.

⑧ 수미산문須彌山門: 이엄(利嚴, 870~936)이 동산양개의 제자인 운거도응雲居道膺의 선법을 전해 받고 911년에 귀국하여 해주 수미산 광조사廣照寺에서 선풍을 일으켰다.

⑨ 희양산문曦陽山門: 도헌(道憲, 824~882)의 법맥은 4조 도신道信으로 그 손제자인 긍양(兢讓, 878~956)이 석두희천의 선법을 전해 받고 924년에 귀국하여 문경 희양산 봉암사鳳巖寺에서 선풍을 일으켰다.

구산선문은 9세기 초반부터 10세기 초반에 걸쳐 그 지방 호족들의 후원을 받으며 개창했는데, 이 가운데 창원 봉림사, 보령 성주사, 강릉 굴산사, 해주 광조사 등 네 곳은 폐사되어 터만 남았고 나머지 다섯 본산이 현존하고 있으며, 현재 대한불교조계종의 뿌리다.

임제의 법손이며 양기파에 속하는 대혜종고의 영향을 받은 고려의 지눌(知訥, 1158~1210)은 사굴산문 출신으로 돈오점수頓悟漸修와 정혜쌍수定慧雙修를 제창하여 선과 교에 집착하지 않고 깨달음의 본질을 모색하면서 정혜결사定慧結社를 맺어 참선과 교학을 함께 수행할 것을 주장하고, 지금 조계종의 모태인 '수선사修禪社'라는 신앙결사 운동을 일으켰다. 조선 중기에는 서산대사 휴정(休靜, 1520~1604)이 『선가귀감禪家龜鑑』(1569)을 지어 당시 불교계의 잘못된 수행 태도를 경계하고 선종 5가의 특징을 구별하여 임제종의 종지를 선양하였다. 조선 후기에는 백파긍선(白坡亘璇, 1767~1852)이 그의 『선문수경禪文手鏡』에서 선의 단계를 의리선 · 여래선 · 조사선으로 분류하였는데, 이에 반박하여 초의의순(草衣意恂, 1786~1866)이 『선문사변만어禪門四辨漫語』에서 의리선이 곧 여래선이고 조사선은 격외선이라고 주장하면서 이후 백년에 걸쳐 그 제자들에 의해 선의 본질 논쟁이 전개되면서 선풍이 새롭게 살아나기도 하였다.

(2) 간화선

'평소의 마음이 바로 도다', '그 마음이 바로 부처다'로 시작된 당나라 때의 조사선은 시간의 흐름과 함께 구태의연한 형식주의에 빠져 왜곡과 퇴락의 길을 걷게 되었는데, 이를 바로잡기 위해 송나라 초 무렵에 간화선과 묵조선이 등장하였다. 인도불교 천년이 끊임없는 개혁의 역사였듯이 보리달마로부터 비롯된 선불교도 역시 자기 혁신의 길을 걷게 되는 것이다. 반성과 비판과 경쟁과 쇄신의 길이 끊겼을 때 모든 유기체가 그러하듯이 종교사상도 껍데기만 남을 뿐 알맹이는 사실상 소멸하고 마는 것이며, 이는 오늘날의 모든 종교나 철학에도 해당한다.

간화선看話禪은 선승들에 의해서 이루어진 선문답(공안)을 읽고 공부하여 구체적인 일상생활 속에서 불법의 지혜로운 삶을 구체적으로 실천할 수 있는 정법의 안목을 체득하는 수행이다. 그래서 송나라 초에는 깨달음의 사례와 판례를 모은 기록인 공안집을 엮고 자신의 독자적인 견해를 게송으로 표현한 '송고집頌古集'이 대거 출현하였다. 이들은 대체로 『조당집』과 『전등록』 등에서 발췌하여 편찬한 것으로 앞에 든 『벽암록』, 『종용록』, 『무문관』, 『선문염송』 외에도 임제종 분양선소(汾陽善昭, 947~1024)의 『분양록』, 임제종 대혜종고의 『정법안장』, 조동종 투자의청投子義青의 『공곡집空谷集』, 단하자순丹霞子淳의 『허당집虛堂集』, 굉지정각의 『청익록請益錄』이 유명하다. 당나라의 정靜과 균筠 두 선사가 편찬한 것으로 알려진 『조당집祖堂集』(952)은 과거칠불에서 시작해서 인도의 28대, 중국의 6대를 거쳐서 청원행사와 남악회양 문하에 이르기까지 250여 명의 행적 · 법요 · 게송 등을 기록한 저술로, 이 가운데에는 신라 승려들의 전기가 다수 기록되어 있다. 또 도원의 『경덕전등록景德傳登錄』(1004)은 과거칠불에서부터 석가모니를 거쳐 보리달마에 이르는 인도의 조사들과, 보리달마 이후 법안문익의 법제자들에게 이르기까지의 중국의 전등법계를 밝히고 조사들의 어록과 함께 모든 공안의 자료를 제공하고 있다. 이 문헌들은 송나라(960~1279) 간화선의 기본교재로 널리 읽혀졌으며 동양 3국의 선수행의 요체로서 중요한 역할을 하였다. 간화선은 이렇게 시작되었다.

> 오조법연선사는 법당에서 조주의 무자공안을 제시하여 말했다.
> 어떤 스님이 조주스님에게 질문했다. "개도 불성이 있습니까?"
> 조주스님은 "없다"고 대답했다.
> 그 스님은 다시 질문했다. "일체 중생이 모두 불성이 있다고 했는데, 개는 어째서 불성이 없다고 하십니까?"
> 조주스님은 그에게 "업식성(業識性= 중생심)이 있기 때문이다"라고 대답했다.
> 법연선사가 말했다.
> "대중 여러분들은 평소 불법을 어떻게 알고 있는가? 노승은 평소 다만 이 조주의 무자화두만을 들고 있는 것으로 충분하다고 생각한다. 자네들이 만약 이 조주의 무자를 환하게 깨닫는다면(透得) 천하의 사람들 그 누구도 자네들을 어떻게 할 수 없을 것이다. 자네들은 도대체 어떻게 조주의 무자화두를 깨달을 것인가? 여기에 조주의 무자화두를 철저히 깨달은 사람이 있는가? 그런 사람이 있으면 여기로 나와서 대답해 보도록 하라! 나는 그대들이 '유有'라고 대답하는 것도 요구하지 않고, 또한 '무無'라고 대답하는 것도 요구하지 않는다. 그리고 또한 '유도 아니고 무도 아니다'라고 대답하는 것도 요구하지 않는다. 자! 그러면 그대들은 도대체 무엇이라고 대답할 것인가?"(『법연선사어록』)

간화선은 임제종 양기파의 오조법연(五祖法演, ?~1104)으로부터 원오극근을 거쳐 대혜종고(1089~1163)에 이르러 수행구조와 방법론이 체계적으로 정비되었다. 대혜종고는 모든 중생은 본디 불성(佛性, buddhatā=buddhatva) 또는 진여(眞如, tathatā)를 갖추고 있다는 『화엄경』이나 『열반경』의 사상을 계승한 『대승기신론』에서 번뇌에 가려 드러나지 않던 청정한 깨달음의 성품이 서서히 활동한다는 시각始覺, 중생이 본디 갖추고 있는 청정한 마음인 본각本覺, 청정한 마음의 근원이 번뇌에 가려 있는 상태인 불각不覺을 원용하여 선의 구조를 설명하고 있다. 즉 간화선은 번뇌·망상에 사로 잡혀 있는 중생[不覺]이 조주의 무자화두를 참구[始覺]하여 각자 근원적인 진여의 상태[本覺]로 되돌아가서 안신입명安身立命의 지혜로운 삶을 살도록 하는 수행법이라는 것이다. 여기서 안신입명은 깨달음의 경지에서 지금 여기서 일상생활을 지혜롭게 사는 것을 뜻한다. 그래서 공안을 참구하는 간화선은 '시각문'의 수행 구조를 띠고 조사선과 묵조선은 깨달은 자의 수행인 '본각문'에 속한다는 것이다. 그는 공안은 어디까지나 주체적인 큰 의심을 일으키도록 하는 데에 있다고 하여 『대혜서』「여사인에게 답함(答呂舍人)」에서 이렇게 말하고 있다.

"가슴속에서 솟아나는 헤아릴 수 없는 의심을 단지 주체적인 하나의 의심에 집중시켜 공안에 입각해서 의심이 깨트려진다면 천만 가지 의심은 일시에 사라진다. 공안이 타파되기 이전에는 어디까지나 오로지 공안과 대결해야 한다. 만일 그 공안을 버리고 또 다른 문자에 대하여 의심을 일으키거나 경전에 의심을 일으키거나 다른 공안에 의심을 일으키거나 세간의 일에 의심을 일으키거나 한다면 이미 악마의 무리 속으로 들어간 것과 같다. 자기에게 부여된 공안을 결코 안이하게 긍정해서도 안 되고, 함부로 제멋대로 사량思量 분별分別해서도 안 된다. 오직 모든 의식을 사려思慮가 미치지 않는 곳에 집중시켜 마음을 어느 곳으로도 달아날 수 없도록 해야 한다. 마치 늙은 쥐가 소의 뿔 가운데로 들어가서 꼼짝도 할 수 없게 된 것처럼 마음의 움직임을 붙잡아야 한다."

간화선의 입장에서 볼 때, 불각의 중생이 본래 청정한 불성을 가지고 있기는 하지만 현실적으로는 미혹에 빠져있기 때문에 참선 수행을 철저히 하여 본래 자신이 진여라는 사실을 깨닫고 직접 체험으로 확인하지 않으면 안 된다. 그 구체적인 방법으로 선문답의 공안을 참구[看話]하여 의심을 타파함으로써 번뇌망상의 불각의 세계에서 벗어나 본래의 불성을 회복하려는 것이다. 그래서 간화선은 가령 조주의 '무자공안'을 참구하여 스스로 불성을 깨닫는 한편으로 깨달음의 체험을 담고 있는 경전이나 어록에 전하는 다양한 사상과 법문, 선문답을 항상 배우고 익히고 깊이 사유하여 정법의 안목[正法眼藏]을 체득하고 지혜를 구족하는 공안공부[看話]를 병행해야 하는 수행이다. 이는 초기불교에서부터 선정과 지혜, 사마타와 비파사나를 함께 닦아야 한다고 강조한 것과도 견주어볼 수 있을 것이다.

(3) 묵조선

묵조선默照禪에서도 선정과 지혜를 함께 갖춰야 한다고 주장하는 점에서는 간화선과 동일하지만 본각문의 입장에서 참선해야 한다는 점에서 차이를 보이고 있을 뿐이다. 조동종 묵조선의 종지는 석두희천(700~790)의 『참동계參同契』와 동산양개(807~869)의 『보경삼매寶鏡三昧』, 『오위현결五位顯訣』에서 그 근간이 형성되었고, 단하자순(1064~1117)과 그 제자 진헐청료(眞歇淸了, 1088~1151)와 굉지정각(=天童宏智, 1091~1157)에 이르러 대성하였는데 특히 굉지정각은 '묵조'라는 용어로 그 선풍을 이론적으로 정비하였다.

'묵조'는 현장(玄奘, 602?~664)과 함께 2대 역성譯聖으로 불리는 구자국(龜玆國: 현재의 신장 쿠차에 속함) 출신의 구마라집(鳩摩羅什, 344~413)의 제자 승조(僧肇, 384~414)가 지은 『조론肇論』「반야무지론」에 나오는 '성인은 그 마음에 (번뇌의 미혹을) 비우고 진실을 관조하여 종일토록 알아도 일찍이 아는 것이 아니다. 그 때문에 말없이 마음의 광체를 숨기고 (번뇌가) 텅 빈 마음에서 현묘한 (관조반야의) 조감照鑑을 일으켜, 인식의 지혜와 총명을 사용하지 않고 그윽하게 홀로 깨달은 분이다(是以聖人 虛其心而實其照 終日知而未嘗知也 故能默耀韜光 虛心玄鑒 閉智塞聰 而獨覺冥冥者矣)'라는 말에서 유래하였다. 주해에 나오는 관조반야觀照般若에서 반야는 산스크리트어 프라즈냐prajñā의 음사로써 혜慧·지혜智慧라 번역하는데, 모든 현상의 있는 그대로의 참모습을 관조하여 명료하게 아는 지혜를 뜻한다. 천동굉지는 여기에서의 '묵'과 '조'의 의미를 가져와서 간화선과 구별하여 사용하며, 『묵조명默照銘』에서 이렇게 말하고 있다.

"…

삼라만상이 모두 빛을 내어 설법하여(萬象森羅 放光說法)
서로가 증명하고 각각이 문답한다.(彼彼證明 各各問答)
서로 문답하고 증명하는 것이 딱 맞게 상응한다.(問答證明 恰恰相應)
조에 묵이 없으면 곧 침릉을 받는다.(照中失默 便見侵陵)
서로 증명하고 문답하는 것이 딱 맞게 상응한다.(證明問答 相應恰恰)
묵에 조가 없으면 어지럽게 쓸데없는 것이 되고 만다.(默中失照 渾成剩法)
묵조의 도리가 원만하기로는 마치 연꽃이 피고 꿈을 깨는 것과 같다.(默照理圓 蓮開夢覺)
…"

좌선의 삼매 속에서 우주 만물은 서로 간에 완벽하게 상응하고 호응하여 어떤 존재도 설하지 않음이 없고 듣지 않음이 없는 경지다. 우주의 원리[道, 理]와 각각의 존재[事, 物]는 서로 자유롭게 통하여(回互) 원융자재하게 되고, 몸으로 하는 좌선[默]과 마음의 깨침[照]도 혼연일체가 된다. '침릉'은 사마邪魔가 얼굴만 온화한 모습으로 등장하는 것을 말하며, '조중실묵'을 동산양개는 '이빨 빠진 호랑이와 같고 절름발이 말과 같다'고 하였다. 또 '묵중실조'는 대혜종고가 묵조사선默照邪禪이라고 비판한 바로 그것을 가리킨다. 묵조좌선을 하는 자의 경지는 곧 『불지경론佛地

經論』에서 '불지의 경계는 일체지와 일체종지(一切種智: 모든 현상의 있는 그대로의 평등한 모습과 차별의 모습을 두루 아는 부처의 지혜)를 갖추어 번뇌장(: 청정한 지혜가 일어나는 것을 방해하여 무지의 속박에서 벗어나지 못하게 하는 번뇌)과 소지장(所知障: 인식된 차별 현상에 집착하는 法執에 의해 일어나 보리를 방해하는 번뇌)을 여읜다. 그리하여 일체법(: 의식에 형성된 모든 현상)과 일체종상一切種相에서 능히 스스로 깨달음을 열며, 또한 능히 일체유정까지도 깨닫게 한다. 그 모습은 마치 잠에서 꿈을 깨듯하고 연꽃이 그 꽃을 피우듯 한다. 그러므로 불지라 한다'고 한 것을 가리킨다. 굉지정각은 지극한 깨달음의 경지를 『지유암명至遊庵銘』에서 이렇게 읊고 있다.

> "대개 불도를 닦는 사람들의 지유至遊란 텅 빈 공의 세계에 거닐고, 미묘한 지혜의 밝은 경지를 간직하며, 진실된 불법의 순수함을 마시고, 청정하고 결백한 곳에 거주하며, 절벽에 발을 내밀고, 공겁空劫 이전의 세계에 몸을 굴린다. 깨달음의 경지를 체득하여 잘 전개하며, 일체 차별의 경계를 끊고, 자연히 활동함에 한계가 없고, 사물을 대응함은 산울림이 울리고 물에 비친 모습과 같아 일체 경계에 걸림이 없다. 주체와 진리가 하나가 되어, 남과 나의 대립이 없고, 옳고 그름의 시비가 없으며, 사각형이나 둥근 모양이나 크고 작음의 차별이 없다.
> 이와 같은 경지를 체득한 사람은 어떠한 세속의 차별경계에 갈지라도 진실로 유희삼매에 계합될 수 있다. 이것을 지유라고 한다."

'지유'는 전한시대 도가문헌인 『열자(列子=沖虛至德眞經, 1005)』 「중니仲尼」에 등장하는데, 열자의 스승 호구자가 '… 안으로 관하는 사람은 자신에게서 모든 것을 취하는 것일세. 자신에게서 모든 것을 취하는 것이 노님의 지극한 경지이며 외물에서 모든 것을 추구하는 것은 노님의 지극한 경지가 못되는 것이네.(內觀者 取足於身 取足於身 遊之至也 求備於物 遊之不至也) … 지극하게 노니는 자는 가는 곳을 알지 못하며 지극하게 관하는 자는 보이는 것을 알지 못하여, 사물은 모두 노닐고 있고 사물은 모두 보고 있는 것이네(至遊者 不知所適 至觀者 不知所眡 物物皆游矣 物物皆觀矣)'라고 한 데서 유래한다. 장자의 '소요유逍遙遊'나 선불교의 '유희삼매遊戲三昧'(『무문관』)도 같은 의미로 볼 수 있다. 반야의 지혜로 일체 만물을 깨달음의 놀이터로 삼는 자유자재한 삶을 노래하고 있는 것이다.

마지막으로 좌선의 수행방법을 간략하게 요약하여 이후 조사선 · 묵조선 · 간화선에 두루 통용되는 종색(宗賾, 1053~1113)의 「좌선의坐禪儀」를 간략하게 소개하도록 한다. 그는 운문종의 법맥을 이었으나 정토종에도 속했던 것으로 알려졌으며 선정쌍수禪淨雙修를 주장했다. 선수행의 입문서로 평가되고 있는 「좌선의」는 천태지의(天台智顗, 538~597)의 『천태소지관天台小止觀』과 규봉종밀(780~841)의 『원각경도량수증의圓覺經道場修證儀』에 대체로 의존하고 있다고 밝히고 있으며, 그가 편찬한 『선원청규禪苑淸規』에 실려 있다.

1) 좌선하는 마음의 준비

반야의 지혜를 수행하는 보살은 먼저 반드시 중생을 구제하려는 대비심大悲心을 일으키고, 큰 서원[四弘誓願]을 세우고 열심히 선정의 삼매를 닦아 맹세코 중생을 제도할 것을 서약하여야 하며, 자신 자신만을 위하여 해탈을 하려고 해서는 안된다.

2) 몸과 마음의 조절

좌선수행을 하기 위해서는 여러 가지 잡다한 인연들을 떨쳐버리고, 번거로운 일들을 쉬게 하여 몸과 마음이 하나가 되고[心身一如], 몸을 움직여 일상생활을 할 때나 조용히 선정의 경지에 있을 때나 조금도 차이가 없도록 하라.

음식의 양을 조절하여 너무 많이도 먹지 말고, 혹은 너무 적게도 먹지 말라. 수면을 조절하여 너무 적게도 자지 말고, 지나치게 너무 많이도 자지 말라.

3) 좌선의 자세

① 조신調身

좌선을 하고자 할 때는 한적하고 조용한 곳에서 두터운 방석을 깔고 옷과 허리띠를 느슨하게 하여 자세를 똑바로 정비한 뒤에 결가부좌를 하도록 한다.

결가부좌는 먼저 오른쪽 발을 왼쪽 허벅지 위에 올려놓고, 왼쪽 발을 오른쪽 허벅지 위에 올려놓는다.

반가부좌의 자세를 해도 좋다. 반가부좌를 할 때에는 왼쪽 발을 오른쪽 허벅지 위에 올려놓기만 하면 된다.

그 다음에 오른손을 왼발 위에 올려놓고, 왼쪽 손바닥을 오른쪽 손바닥 위에 올려놓으며, 양손의 엄지손가락의 끝을 서로 맞대어 받쳐준다. 그리고 천천히 몸을 일으켜 앞으로 펴고, 또 좌우로 몇 번 흔들어 잘 정돈한 뒤에 몸을 바르게 하여 단정히 앉는다.

② 조신調身

좌선하는 가부좌의 자세에서 몸을 왼쪽으로 기울이지 않도록 하며, 오른쪽으로 치우치게도 하지 말라. 몸을 앞으로 구부리지도 말고 뒤로 젖혀지게도 하지 말라. 허리와 등뼈, 머리와 목의 골절이 서로서로 떠받치어 그 모양이 마치 탑을 세워 놓은 것처럼 반듯하게 하라.

그러나 몸을 똑바로 곧추세우기 위해 지나치게 신경 쓰고 힘을 주어 불안하게 해서도 안 된다. 반드시 귀와 어깨가 서로 나란히 되도록 하며, 코와 배꼽이 서로 나란히 수직이 되도록 하라. 혀는 잇몸을 가볍게 떠받치게 하며, 위아래의 입술과 이는 서로 맞대어 가볍게 다물도록 하라.

눈은 반쯤 뜨게 하여 졸음에 떨어지지 않도록 해야 한다. 이렇게 선정을 닦게 되면 그 효과는 실로 훌륭하다고 하겠다.

4) 좌선의 마음가짐

옛날에 선정을 닦는 어떤 고승이 있었는데, 그는 좌선을 할 때는 언제나 눈을 뜨고 앉았다고 한다. 최근에 개봉開封 법운사의 법수원통(法秀圓通, 1027~1090)선사도 역시 눈을 감고서 좌선을 하는 사람을 가리켜 흑산의 동굴(黑山鬼窟)에 빠진 지혜 작용이 전혀 없는 좌선이라고 꾸짖고 있다. 정말로 깊은 의미가 있는 말이라는 사실을 좌선에 통달한 사람은 알 수 있다.

좌선하는 몸가짐이 이미 안정되어 호흡이 잘 조절된 뒤에 이번에는 하복부를 편안하게 하고, 일체의 선과 악에 대한 상대적인 분별심을 생각하지 말아야 한다.

만약 한 생각의 번뇌 망념이 일어나면 곧바로 번뇌 망념이 일어난 사실을 자각하도록 하라(念起卽覺). 번뇌 망념이 일어난 사실을 자각하면 곧바로 번뇌 망념은 없어지고 본래심이 된다.

이렇게 좌선수행을 오래도록 하여 일체의 경계를 분별하는 번뇌 망념이 없어진다면 자연히 나와 경계도 없어져 하나가 된다(自成一片). 이것이 좌선수행을 하는 방법으로 중요한 비결인 것이다. 자세히 생각해 볼 때 좌선이야말로 몸과 마음을 편안하게 하는 안락의 법문이라고 할 수 있는데, 좌선을 하다가 선병禪病을 얻은 자가 많으니, 이것은 대개 좌선수행의 방법과 마음가짐이 잘못된 것이기 때문이라 하겠다.

5) 좌선의 공덕

만약 이와 같이 좌선수행의 의미와 방법을 잘 알고 좌선을 실천한다면 저절로 4대는 가볍고 편안하게 되며, 정신은 상쾌하고 의식은 통일되어 지혜작용이 분명하게 된다.

불법의 깨달음으로 지혜로운 삶이 되고, 고요하고 맑은 마음으로 평안하고 즐거운 생활이 된다. 또한 만약에 자기의 본심을 깨닫고 밝히게 되면 진실로 용이 물을 얻은 것과 같다고 할 것이요, 호랑이가 산에 거닐고 있는 것같이 자유자재한 생활이 된다.

혹시 아직 자기의 본심을 깨닫지 못하여 밝히지 못했다고 할지라도 바람 부는 방향에 불을 붙이면 불길이 쉽게 번지는 것처럼 많은 노력을 쏟지 않더라고 곧 깨닫게 될 것이다. 다만 어디까지나 자기 스스로 자각하여 확신을 체득해야 한다는 사실을 명심해야 하며, 반드시 자기를 기만하는 일이 없도록 해야 한다.

6) 마구니의 경계

그러나 깨달음의 경지가 높으면 높을수록 마구니[魔]의 장애가 많아진다. 어떤 때는 역경에서 어떤 때는 인연에 따른 순경에서 여러 가지 다양한 마구니의 장애가 생긴다. 그러나 능히 본래심[正念=無念=無心]의 지혜로 지금 여기 자기 자신의 일을 한다면 일체의 어떠한 마구니의 장애에도 구애될 것이 없다.

『능엄경』이나 천태지의의 『마하지관』 및 규봉종밀의 『수증의』 등에서 한결 같이 그러한 마구니의 경계[魔事]에 대해 자세히 설명하고 있다. 수행자는 예상치 못한 사태에 대비하기 위해서는 마구니의 장애에 대해서 미리 알아두는 것이 좋다.

7) 선정의 마침과 일상의 공부

좌선수행을 끝내고 선정에서 벗어나려고 할[出定] 때는 천천히 몸을 움직여 안전하고 조심스럽게 일어나야 한다. 몸을 가볍고 난폭하게 움직이면 안 된다. 선정에서 나온 뒤에도 평상시의 일상생활에서 언제나 화두를 참구하는 등 방편을 만들어 선정의 힘을 잘 간직하기를 마치 어린아이를 보호하는 것과 같이 하라. 이와 같이 좌선수행을 한다면 선정의 힘을 쉽게 이룰 수가 있다.

8) 선정의 중요성

사실 선정을 닦는 수행은 불법을 닦는 수행자들에게 가장 절실하고 중요한 일이다. 산란된 마음을 차분히 가라앉히고 조용히 좌선하여 불법의 대의를 사유하지 않는다면, 자신의 일상생활에 지금 여기서 자기 자신의 본래심을 상실하여 정신없이 멍청하게 살게 된다.

그래서 '물속에 떨어진 구슬을 찾으려면 먼저 물결을 가라앉혀야 하며, 물결이 흔들리면 구슬을 찾기란 어려운 것이다'라고 말하는 것이다.

선정이라는 물이 맑고 깨끗하게 되면 마음이라는 구슬이 저절로 나타나게 된다. 때문에 『원각경』에도 '걸림이 없는 청정한 지혜는 모두 선정으로부터 생기는 것'이라고 말하고 있는 것이다. 또 『법화경』에도 '한적한 곳에서 자기의 마음을 잘 수습하여 선정을 닦아, 편안히 안주하여 동요됨이 없는 모습이 마치 수미산과 같도록 하라'고 설하는 것이다.

9) 맺는말

범부의 경지를 뛰어넘고 또한 성인의 경계까지 초월하기 위해서는 반드시 정좌靜坐의 힘을 빌리고 있음을 알 수 있다. 앉은 채로 입적하고 선 채로 죽을 수 있는 것[坐脫立亡]도 모두 선정의 힘[定力]에 의한 것이다. 한평생을 다하여 본래면목을 밝히려고 정진해도 오히려 그르쳐 실패할까 걱정스러운데, 하물며 이렇게 게을리 하여 어떻게 번뇌 망상의 업성業性을 극복할 수가 있겠는가?

그래서 옛사람도 '만약 선정의 힘이 없으면 달갑게 생사 번뇌의 중생이 되는 문턱에 떨어져서 윤회하게 되는 수밖에 없다'고 말씀하셨다. 불법을 체득한 지혜의 안목 없이 한평생을 헛되이 보내고, 완연하게 생사 망념의 고해에서 유랑하게 될 것이다.

바라건대 제발 모든 참선 수행자들이여! 이 글의 문장을 몇 번이고 반복해서 읽고, 자기 자신을 구제함은 물론 타인들도 제도하여 모두가 한결 같이 올바른 불법을 깨닫도록 하자!

제4장 지중해의 명상

제4장 지중해의 명상

"그러니까 소크라테스 님, 어쩌면 선생께서도 사랑과 관련된 것들에는 입문(입교)할 수 있으셨겠네요. 하지만 완전한 최종적인 밀교의식, 이를 위한 것이 또한 그것들(: 앞에서 말한 디오티마의 가르침)이에요. 만약에 누군가가 옳게 따라간다면 말씀입니다. 선생께서 그러실 수 있을 것인지는 제가 모르겠네요. 그러면 제가 말하리다. 열의를 다할 거예요"하면서 여인은 말했습니다. "하실 수 있는 한, 선생께서도 따라오시도록 해 보세요. 실상, 이 일에 옳게 나아가는 자는 젊어서는 아름다운 몸들로 향해 가는 것에서 시작해야 하죠. 그래서 인도자가 옳게 인도할 경우에, 그는 처음에는 한 몸을 사랑하여 그것에 아름다운 말들을 낳고, 다음으로 그는 어떤 몸에 있는 아름다움도 다른 몸에 있는 아름다움과 동류의 것임을 알게 되어야겠죠. 또한 만약에 그가 외관상의 아름다움을 추구해야만 했는데도, 모든 몸에 있어서의 아름다움이 동일한 것이라는 생각을 그가 하지 못한다는 것은 큰 어리석음이에요. 이를 깨닫게 됨으로써 그는 모든 아름다운 몸을 사랑하는 자가 되어야 할 것이니, 이는 하나의 아름다운 몸에 대한 열정을 이완시켜야 할 거예요. 그걸 경멸하며 작은 것이라 여기고서 말이에요. 그러나 그 다음으로 그는 혼들에 있어서의 아름다움을 몸에 있어서의 아름다움보다도 더 값진 것으로 생각하게 되어, 누군가가 비록 꽃다움은 보잘 것 없을 지라도 혼에 있어서는 올곧다면, 그에 대해서 만족하고 사랑하며 보살피고, 젊은이들을 더 훌륭하게 만들 그런 말들이 태어나게 할 거예요. 이에 그는 다시 관행들과 법률에 있어서의 아름다움을 알아보게 되어, 이 모두가 그 자체와 동류라는 이 사실을 확인하지 않을 수 없게 되어야 하겠고요. 이제야 몸과 관련된 아름다움은 하찮은 것이라 생각하게 되는거죠. 관행들 다음에는 학문들로 이끌어서, 여기에서 다시 학문들의 아름다움을 보게 되어, 이미 훨씬 더한 아름다움을 바라보게 된 터라, 더 이상 하나의 것에 있어서의 아름다움을, 곧 소년의 아름다움이나 어떤 한 사람이나 한 관행의 아름다움에, 마치 가노처럼 연연하며 미천하고 좀스러운 노예 노릇을 하지 않고, 아름다움의 난바다(: 뭍에서 멀리 떨어진 넓은 바다)로 향하여 그걸 관상하며, 무제한의 지혜 사랑 속에서 많은 아름답고 고매한 말들과 생각들을 태어나게 하죠. 이에서 힘이 세지고 성장해서 다음과 같은 하나의 어떤 앎(epistēmē)을 직관하게 되겠는데, 이는 이제 말하려는 이런 아름다움에 대한 것이에요."

"그럼, 되도록 최대한 주의해 주세요"하면서 여인이 말했습니다.

"실인즉 여기까지 사랑의 길로 인도되어 온 자는, 아름다운 것들을 차례로 옳게 보았기에, 이제 사랑의 완성을 향하여 나아가는데, 갑

자기 본성상 놀라운 아름다움을 바라보게 될 것입니다. 소크라테스 님, 이게 그것, 곧 바로 그것 때문에 이전의 모든 노고가 있었던 것이기도 한 것이에요. 첫째로, 그것은 영원하여 생성되지도 않고 소멸되지도 않으며, 성장하지도 않고 쇠잔해지지도 않아요. 다음으로는, 이런 면에서는 아름다우나 저런 면에서는 추하지도 않고, 어느 때는 아름다우나 다른 때는 그렇지 않은 일도 없으며, 어느 것과 관련해서는 아름다우나 다른 어느 것과 관련해서는 추하지도 않으며, 여기서는 아름다우나 저기서는 추하지도 않죠. 어떤 이들에게는 아름답지만, 어떤 이들에게는 추하듯이 말이에요. 또한 그에게는 아름다움이 얼굴이나 손 또는 그 밖의 육체가 지니는 어떤 것의 모습으로 나타나지 않으며, 연설이나 지식으로 나타나는 것도 아니요, 개별적인 생명체 속에나 지상에나 혹은 천상에나 그 밖의 다른 어떤 곳에 있는 것도 아니에요. 오히려 그것은 한 가지 모양새로 있으며 스스로 어디에서나 영원히 동일하게 있고, 다른 모든 아름다운 것들은 이 아름다움에 관여하는데, 그 관여의 방식이란 다른 것들은 생성되고 소멸하지만 이 아름다움은 늘거나 줄지도 않으며 어떤 일도 일어나는 법이 없다는 것이에요. 그래서 누군가가 소년 사랑하기를 옳게 함으로써 그런 것들에서 위로 올라가 저 아름다움을 보기 시작하게 되어, 목표에 거의 근접하게 되겠죠. 바로 이게 사랑에 관련된 것들로 나아가거나 다른 사람에 의해 인도받기를 옳게 하는 것이니까요. 이들 아름다운 것들에서 시작하여 저 아름다움 때문에 언제나 위로 올라가는 것, 마치 사다리의 가로장들을 이용하듯, 하나에서 둘로, 또 둘에서 모든 아름다운 몸들로, 또 아름다운 몸들에서 아름다운 관행들로, 또 관행들에서 아름다운 배움들로, 그리고는 배움들에서 저 배움(mathēma)으로 끝을 맺는 것 말이에요. 이는 저 아름다움 자체(auto to kalon)의 배움 이외의 다른 것의 배움이 아니거니와, 마침내 아름다운 것 자체(auto ho esti kalon)를 알게 되는거죠."

"인생의 도정에서 만약에 그런 데가 있다면 이 대목에서야말로 친애하는 소크라테스 님, 사람에게 살 가치가 있죠. 아름다움 자체를 본 사람에겐 말이에요"하며 만티네아 여자 손님은 말했습니다. "이것을 만약에 선생께서 보신다면 그건 황금이나 옷, 아름다운 소년이나 젊은이들과 같은 그런 차원의 것이라고는 선생께 생각되시지 않을 거예요. 지금은 이들을 보시게 되면, 넋을 잃게 해서 선생도 다른 많은 이도 사랑하는 소년들을 보며 이들과 언제나 함께 있으면서, 그럴 수만 있다면 먹지도 마시지도 않고, 바라보기만 하며 함께 있을 준비가 되어 있을 테지만, 그렇다면 우리는 무슨 생각을 할까요?"하면서 여인이 물었습니다. "만약에 누군가에게 아름다움 자체를 순수하고 깨끗하며 섞인 것이라곤 없는 것으로 보게 되는 일이 일어난다면, 인간의 살이나 색깔 그리고 그 밖의 다른 많은 사멸하는 어리석은 것들로 오염되지 않고, 신적인 아름다움(to theion kalon) 자체를 한 가지 보임새로 볼 수 있다면요?"

"그래, 선생께선 그리로 향해 바라보는 사람의 삶이 곧 마땅히 이용해야만 하는 기능(: 혼이나 이성 또는 지성에 의해서 보는 것)으로 그걸 관상하며 그것과 함께하는 사람의 삶이 하찮은 것일 거라 여기시나요?" 여인은 또한 물었습니다. "혹시 선생은 이런 상태에서만 이 사람에게, 곧 그 기능에 의해서만 볼 수 있는 아름다움을 보는 자에게 사람으로서의 훌륭함(=덕, aretē)의 영상들(eidōla)이 아닌, 참된 그걸 낳게 될 것이라는 걸 알아차리지 못하시나요. 영상에 접하는 게 아니라 참된 것에 접하게 되는 자일 것이기 때문이죠. 참된 훌륭함을 낳아 이를 기른 자는 신의 사랑을 받을 수 있게 될 것이며, 만약에 인간들 중에서 누군가가 불사(不死, athanasia)할 수 있게 된다면, 그 또한 그럴 수 있게 되겠죠?"(『향연*Symposion*』)

플라톤(Platōn, 기원전 427년~347년)의 『향연』은 그의 대화편들 중의 하나로, 그 문학적 구성과 내용에서 가장 뛰어난 작품 중의 하나로 손꼽힌다. 심포시온 즉 그리스 귀족 남성들만의 사적인 술자리 모임에서 소크라테스(Sokrates, 기원전 469년~399년)는 만티네아(Mantinea, Mantineia: 그리스 남부도시 트리폴리스) 출신의 디오티마(Diotima: '제우스를 숭배하는' 또는 '제우스가 존중해주는'이라는 의미)라는 여인과의 에로스Eros에 대한 대화 내용을 소개하고 있는데, 여기서 소크라테스는 실재의 직접적인 인식에 대해 디오티마에게 가르침을 받고 있는 것으로 묘사되고 있다.

고대 그리스사회에 큰 영향력을 끼친 밀교로는 디오니소스교, 오르페우스교, 엘레우시스교, 피타고라스교단 등이 있었는데, 이들은 자체의 비밀스런 의식을 갖고 있었으니, 이를 미스테리아mystēria라고 한다. 이 종교에 입교(myēsis, myein)하는 대다수의 사람을 위한 의식이 입교의식(teletai, teletē)이고, 극소수의 사람에게만 허용되는 완전한 최종적인 밀교의식(ta telea kai epoptika)이 있는데, 이를 통해 이 밀교의 비전(秘傳, epopteia=직관)에 접하게 된다. 이 밀교가 전하는 비밀을 접하게 된 자, 곧 그걸 본 사람을 에폽테스epoptēs라고 한다. 당시 아테네 사람들은 대개 일생에 한 번은 엘레우시스 밀교에 입교했는데, 이러한 체험은 일상을 벗어난 것에 대한 체험이며 그런 언어를 접하는 기회였다고 할 수 있다. 이를 빗대어 플라톤은 일상적인 감각적 지각에만 머물러 있으면 우리는 참된 앎에 이를 수 없다고 말하는 것이고, 그래서 선행되어야 하는 것이 바로 인식주관을 순수하게 하는 혼의 정화(淨化, katharsis)인데 그것을 위해서 사다리를 타고 오르는 것처럼 단계적인 과정을 밟아야 한다고 밝히고 있다. 그리고 드디어 에로스에 인도되어 갑자기 '놀라운 아름다움(thaumaston kalon)'을 바라봄(katidein)으로써 궁극적으로 철학적 앎으로의 상승이 일어나게 되는 것이다. 그래서 플라톤은 '철학자의 파토스(pathos: 격정, 상태, 속성, 감정, 경험)는 놀라움(thaumazein)이다. 이것 말고 다른 철학의 근원은 없다'(『테아이테토스*Theaitetos*』)고 말하고 있는 것이다. 이 존재 전체에 대한 놀라움 또는 경이驚異를 아리스토텔레스는 관조(theoria)라고 표현하고 있지만 그 의미는 동일하다고 할 수 있다.

디오티마를 통해 『향연』에 나타난 플라톤의 사상은 그리스뿐 아니라 서아시아와 이집트 등 당대 지중해 연안의 밀교의 가르침을 반영하고 있으며, 이후 고대 그리스의 철학·종교뿐 아니라 그리스도교와 이슬람교의 신비주의 형성에도 막대한 영향을 끼치고 있다.

1. 미스테리아

그리스 철학과 밀교 사이의 내적 연관성은 분명하지 않지만 플라톤의 많은 저작에서 이데아의 인식을 밀교적 용어를 사용하여 표현하고 있다. 밀의密儀 · 밀의종교 · 신비주의 · 신비종교 등으로 번역되는 그리스어 미스테리아mystēria는 '(눈과 입을) 닫다', '차단하다'를 의미하는 미에인myein에서 유래한 것으로 비밀을 엄수해야 하므로 여기에는 입문식을 거친 자들만 참여할 수 있었다. 또 비밀의식에서 중요한 것은 죽음과 소생으로 표현되는 '생식력 숭배'인데, 겨울에 죽은 것처럼 보이다가 봄에 다시 살아나는 식물의 변화는 대지의 신들로 표상된다. 제의는 고통 · 죽음 · 사후세계 · 소생蘇生을 반복하는 신들의 운명을 재연하는 것이고, 피안의 세계와 불사의 염원을 표방한다. 여기서 핵심은 신과 결합하는 것이고 성스러운 것과 같아지는 것이다. 그래서 아리스토텔레스는 밀의는 무엇인가를 머리로 배우는 것(mathein)이 아니라 온몸으로 체험하는 것(pathein)이라고 했다.

그리스에 이어 헬레니즘시대와 로마제국시대에도 데메테르, 디오니소스, 오르페우스, 이시스, 오시리스, 미트라, 키벨레, 아티스, 아도니스 등을 숭배하는 밀의종교가 번성하였다.

(1) 디오니소스교

'심포시온' 자체가 포도주를 마시는 모임으로서 포도주의 신 디오니소스와 밀접한 연관을 갖는다. 파르메니데스(Parmenides, 기원전 515?~445?)와 함께 이탈리아 남부에 기반을 둔 엘레아학파(Eleatics)의 시조로 꼽히는 크세노파네스(Xenophanēs, 기원전 560?~478?)는 인간적 성정을 가진 의인화된 다신을 믿던 그리스의 전통적인 신관을 비난하고 신은 전체이자 하나이며 영원한 것이라고 주장하여, 플라톤과 아리스토텔레스의 사상에 영향을 끼쳤다. 그는 심포시온의 장면을 이렇게 생생하게 묘사하고 있다.

> 이제 바닥이 치워지고, 손과 그릇은 모두 깨끗하다.
> 누군가 화관을 우리 머리에 둘러준다.
> 누군가 쟁반에 담긴 향유를 바르라고 우리에게 내밀고
> 보라, 술을 섞는 항아리는 기쁨으로 가득 채워지네.
> 다른 포도주가 준비되어 있으니 걱정하지 마라. 포도주는 떨어지지 않는다.
> 질그릇에서 포도주 냄새가 달콤하게 피어오른다.
> 향불 연기의 성스러운 내음이 우리 사이 공중에 가득하고
> 항아리에서 반짝이는 물은 맑고 달콤하며 시원하다.
> 누르스름한 빵이 손에 쥐어져 있고, 근사한 식탁에는 치즈와 금빛 나는 꿀이 차려져 있네.
> 제단 한가운데는 꽃으로 장식되어 있으며

집안은 노랫소리, 피리소리, 축제의 기쁨으로 가득하도다.
우선 쾌활한 사내들이 신에게 노래 불러 드리는 게 마땅하고
그들의 말은 경건하고 깨끗하다네.
신에게 술을 따라 바치고 항상 올바름을 행할 수 있는 힘을 청하노니
이것이야말로 최고의 기도일지라.
비록 노인이 강요하지 않더라도, 부축 받지 않고 귀가할 만큼 술을 마시는 것은 죄가 아니리.
술 마시고도 아름다운 사람을 가장 칭찬하리니
그런 사람은 망각하지도 않으며 입 다물지도 않고 좋은 것을 생각하네.
티타네스Titanes나 기간테스Gigantes들의 싸움 이야기나 켄타우로스를 길들이는 이야기,
이전 시대의 거짓말들일랑 말하지 않네.
미친 듯이 날뛰는 싸움질, 그런 것을 듣는 것이 경건하겠나?
천상의 것을 늘 새롭게 생각하는 것, 이것이야말로 좋은 일이네.(「심포시온 비가悲歌」)

여기서 손을 씻거나 '화관'을 머리에 두르는 것은 밀의종교에 입문하는 의례의 하나이며, 신에게 술을 따라 바치는 헌주獻酒나 피리 반주에 맞춘 찬가(paian)도 이 모임의 종교적 성격을 나타내고 있다. 마지막 행의 '천상의 것을 늘 새롭게 생각하는 것'으로 『심포시온』에서는 디오니소스와 밀접한 연관을 가진 사랑의 신 즉 에로스을 다루고 있다는 것을 알 수 있다.

디오니소스(Dionysos=Bakchos, Bacchus)는 대지의 풍요를 주재하는 신이자 포도나무와 포도주의 신이며, 디오니소스를 기리는 의식을 '오르기아orgia'라고 한다. 디오니소스에 대한 신앙은 트라키아로부터 그리스로 흘러들어온 것으로 생각되며, 이 술의 신에 대한 의식은 에우리피데스(Euripidēs, 기원전 484?~406?)의 『박코스의 여신도들』에 그려져 있듯이 집단의 열광적인 입신상태와 황홀경을 수반한다. 디오니소스는 제우스와 테베 왕 카드모스의 딸인 세멜레Semelē 사이에서 태어났다. 그녀가 임신하자 헤라가 간계를 꾸며 제우스의 번개에 맞아 타죽게 만들었는데, 제우스가 재빨리 태아를 꺼내 자신의 넓적다리에 집어넣고 꿰맸다. 디오니소스가 산달을 채우고 태어나자 제우스는 그를 니사(Nysa: 그 위치는 이야기에 따라 에티오피아, 리비아, 인도, 이집트, 아라비아 등 다양하게 나타남)산의 님페(Nymphē: 바다 · 산 · 강 · 샘 · 나무 · 숲 · 동굴 등 자연에 깃들어 있는 정령, 요정)들에게 맡겨 키우게 했다. 성장한 디오니소스는 포도나무 재배법과 포도주 빚는 법을 알게 되었지만 헤라가 그를 미치게 하여 세계 각지를 떠돌게 만들었다. 그러다가 프리기아(Phrygia: 소아시아 중서부의 트라키아인 거주지)에서 지모신 키벨레(=레아)에게 광기를 치료받고, 밀의를 전수받았다. 그리고 고향인 테베로 돌아와 열광적인 숭배를 받게 되었다. 델피의 아폴론 신전에서도 모셔졌고 그곳에 디오니소스 극장과 무덤도 있었다. 또한 엘레우시스 밀의에서는 이악코스로, 오르페우스교에서는 자그레우스Zagreus로 숭배되었다.

디오니소스는 소아시아에서 열광적인 여신도들(bakchai), 광란의 여자들(mainades←mania/ 신적 영감을 주는 광기), 사티로스(Satyros: 산야의 정령으로 술을 마시고 기분이 들떠서 소동을 피우거나 요정들과 노는 것을 매우 좋아하며, 염소의 뿔과 수염, 귀와 다리, 또 말의 꼬리를 가진 반인반수의 모습으로 표현됨), 실레노스(Silēnos: 수염이 더부룩한 항상 취한 모습의 늙은 사티로스로서, 디오니소스의 양육자이자 스승) 등을 이끌고 그리스로 향했다. 그들은 술이 취한 채로 표범이나 새끼사슴의 가죽을 걸치고, 티르소스thyrsos라는 지팡이와 칸타로스(손잡이가 두 개 달린 큰 술잔)를 들고, 머리에는 담쟁이덩굴과 제비꽃으로 엮은 화관을 쓰고 머리띠를 여기저기 꽂고, 북을 치고 피리(aulos)를 불면서 노래하고, '에우오이Euoi'라고 소리를 질러대며 춤을 췄다. 광기에 사로잡혀 나무를 뿌리째 뽑기도 하고 짐승을 사로잡아 맨손으로 갈가리 찢어 죽여 피가 흐르는 고기를 날 것으로 먹기(omophagia)도 했다. 『박코스의 여신도들』에서는 테베의 군주 펜테우스가 그 오르기아의 현장에서 어머니이자 카드모스의 딸인 아가우에 등에 의해 온 몸이 찢겨져서 죽는다. 디오니소스와 그의 거친 떼거리들이 들이닥치면 원초적 세계가 다시 등장하는 것이다. 그것은 모든 장벽과 규정을 비웃고, 신분이나 성의 차이나 차별도 인정하지 않는다. 모든 존재를 공평하게 껴안고 통합시키는 원초적인 혼돈이기 때문이다.

플라톤의 『향연』에는 소크라테스가 실레노스 또는 사티로스 마르시아스Marsyas와 외모나 지혜가 닮았다는 이야기가 나온다. 그것은 소크라테스의 철학이 디오니소스적 면모 즉 '지혜 사랑의 광기(mania)와 열광(bakkheia)'을 지니고 있다는 말이다. 즉 철학은 디오니소스적 열정(enthousia, enthousiasmos: 신들림)에 의해 이끌리는 것이며, 개별성을 지양하고 모든 존재자의 통일성 안으로 들어가는 것이다. 이는 플라톤의 철학이 밀의를 받아들여 제의의 외적인 행위 없이 순수한 정신적인 방식으로 일자(一者, to hen)와 합일하려는 것임을 뜻한다. 인간은 열광을 통해 신과 같은 삶, 최고도로 고양된 축복의 삶, 신적인 삶 자체를 분유(分有)하는 삶을 살 수 있으며, 이 점에서 종교적 열광과 철학적 열광은 동일한 목표를 갖는다.

(2) 오르페우스교

오르페우스Orpheus는 디오니소스의 비의秘儀를 물려받은 트라케(Thracē=Thracia: 현재의 그리스 · 불가리아 · 터키에 걸쳐있는 발칸반도 남동부 일원을 가리키는 지명)의 왕 오이아그로스Oiagros와 무사이 중 연장자로서 서사시와 서정시를 관장하는 칼리오페Calliope 사이에서 태어났다. 그리고 예술과 문학, 학문 등을 관장하며 시인과 예술가들에게 재능을 부여하고 영감을 주는 9명의 무사이(Mousai←생각에 잠기다, 명상하다)는 제우스와 기억의 여신 므네모시네Mnemosyne 사이에서 태어났다. 그는 아폴론 신전이 있던 델포이의 파르나소스Parnassos 산에서 자라며 무사이들로부터 시와 노래를 배우고, 음악의 신 아폴론에게 리라(lyra: 고대 그리스, 서아시아, 이집트 등에서 종교적으로 신성하게 여기던 하프 모양의 악기)를 배워 뛰어난 음악가가 되었다. 그가 아폴론에게 선물 받은 황금 리라를 연주하면 초목이 감동하고 사나운 맹수들도 얌전해졌다고 한다. 장성해서 이아손Iasōn의 아르고Argo호 원정대에 헤라클레스, 테세우스 등과 함께 참여하여서는 리라 연주로 바다의 폭풍을 잠재우고 반은 여자이고 반은 새인 세이레네스 Seirenes의 유혹하는 노래 소리를 제압하였고, 또한 숲을 지키던 용을 잠재워 무사히 황금 양털을 손에 넣을 수 있었다. 그는 원정 후에 사랑하는 물의 님페 에우리디케Eurydikē와 결혼하였으나, 에우리디케는 어느 날 트라키아의 초원을 산책하다가 사람들에게 양봉 · 낙농 · 올리브나무 재배법을 전해준 아리스타이오스Aristaios가 자신을 계속 따라오는 것을 알아채고는 황급히 도망치다가 그만 뱀에 물려서 죽고 만다. 오르페우스는 에우리디케의 갑작스런 죽음에 하염없이 슬퍼하다가 아내에 대한 그리움을 이기지 못하고 그녀를 찾아 하계(저승)로 내려가기로 작정한다. 저승에 도착한 오르페우스는 애절한 노래와 연주로 그곳의 신들을 감동시켜 마침내 사랑하는 아내 에우리디케를 다시 지상으로 데려가도 좋다는 허락을 받아내기에 이른다. 단, 이미 망자가 되었던 에우리디케는 오르페우스의 뒤에서 따라가야 하고, 오르페우스는 지상에 도달하기 전까지는 절대로 아내 에우리디케를 향해 몸을 돌려서는 안 된다는 저승의 지배자 하데스의 주의를 받았다. 하지만 하계에서 지상으로의 기나긴 여정이 거의 다 끝나고 저만치서 한 줄기 빛이 비추기 시작하자 오르페우스는 사랑하는 아내를 보고 싶은 마음을 더 이상 억누르지 못하고 그만 뒤를 돌아보고 만다. 그러자 에우리디케는 안개의 정령으로 변하여 다시 저승으로 사라져 버린다. 오르페우스는 또다시 뒤따르고자 하였지만 길은 이미 막혀 버린 뒤였고, 이제는 그의 음악도 더 이상 효력을 발휘하지 못하여 오르페우스는 절망과 비통에 잠긴 채 홀로 지상으로 돌아온다. 사랑하는 아내를 다시 잃은 오르페우스는 회한과 좌절에 빠져 은둔생활을 하며 여성들과의 접촉을 끊어 원성을 사게 되었는데, 특히 트라키아의 디오니소스 여신도들인 마이나데스들은 심한 분노를 느껴 디오니소스 의식을 치르던 중에 오르페우스의 몸을 갈가리 찢어죽이고 시체를 강물에 던져버리기에 이르렀다. 버려진 시체는 바다로 흘러들어 소아시아 앞의 레스보스Lesbos 섬에 닿았고, 그곳의 주민들은 오르페우스의 머리를 거두어 장례를 치르고 무덤을 만들어주었다. 아폴론이 선물한 황금 리라는 제우스가 하늘로 올려 거문고자리(Lyra)가 되었다.

저승까지 갔다가 다시 지상으로 돌아왔다는 오르페우스의 신화는 훗날 교리와 의식을 갖춘 종교로 발전하는데 토대가 되었다. 오르페우스를 창시자로 받드는 오르페우스교(Orphism, Orphicism)의 우주론과 인간론을 담은 경전에 대한 언급은 에우리피데스나 플라톤의 저서에 잠깐 등장하고, 그 구체적인 내용은 매우 단편적인 형태로 기원후 4~6세기에 인용되어 전해지고 있을 뿐이다. 그것에 따르면 인간은 디오니소스적인 선한 요소와 티탄Titan적인 악한 요소가 함께 있어서, 선한 영혼과 그것을 구속하는 악한 육체로 이루어진다고 한다. 그래서 고통스러운 윤회전생을 반복하게 하는 악한 육체의 속박에서 벗어나 선한 영혼의 완전한 해방을 위해서는 살생 금지나 육식 금지와 같은 계율을 엄격하게 지키고 혹독한 수행을 하며 밀교의식을 엄숙하게 행하고 선행을 무수히 쌓지 않으면 안 된다고 한다. 이는 이데아와 같은 플라톤의 형이상학에 그대로 반영되어 있다고 할 수 있을 것이다.

오르페우스교의 교의와 의례는 피타고라스 교단과 비슷하다고 하지만 그 명확한 관계와 내용은 아직 밝혀지지 않고 있다.

(3) 엘레우시스교

엘레우시스Eleusis는 아테네 근교에 위치하며, 데메테르와 엘레우시스의 관계와 비밀의식의 유래를 전하는 가장 오래된 사료는 기원전 600년경에 작성되었다고 하는 『호메로스풍 찬가』 중의 「데메테르 찬가」이지만 이 의식은 이보다 훨씬 이전부터 행해졌던 것으로 추정하고 있다. 대지와 풍요의 신 데메테르(Dēmētēr=Ceres)는 농업과 곡식의 여신으로, 페르세포네(Persephone=Korē)와 플루토스(Ploutos: 부와 풍요의 신)의 어머니다. 명부의 왕인 하데스(Hadēs=Ploutōn=Pluto=Dis)가 페르세포네를 납치하여 사라지자 데메테르는 비탄과 절망에 젖어 엘레우시스로 은둔하여 켈레오스Keleos왕의 아들 트리프톨레모스Triptolemos의 유모가 되었다. 그러자 식물은 결실을 맺지 못하고 동물은 새끼를 배지 못하여 대지는 황폐해졌다. 이에 제우스가 헤르메스를 명부로 파견하여 중재를 하게 되었으니, 페르세포네는 1년의 반 또는 8달은 어머니와 함께 지내고, 나머지 반 또는 4달은 지하세계에서 보내게 되었다. 그러자 대지가 다시 살아나게 되었고 데메테르는 엘레우시스 시민들에게 보상으로 비밀의식을 가르쳤으니 그것이 '엘레우시니아 미스테리아Eleusinia Mystēria'고, 이후 매년 개최되었다고 전한다. 엘레우시스 밀의는 고대부터 존재했던 중요한 풍요제의 중의 하나였으며 그 시원은 크레타문명(기원전 2000년~1400년경)을 이은 미케네Mycenae문명(기원전 1600년~1200년경) 때로 추정된다. 로마의 키케로(Marcus Tullius Cicero, 기원전 106년~43년)는 엘레우시스교를 이렇게 칭송하였다.

> "당신들 아테네인들이 가져와서 인간의 삶에 기여한 많은 뛰어난 제도들과 참으로 신으로부터 받은 영감에 기반한 것이라고 할 수 있는 제도들 중에서, 나의 견해로는 그 어느 것도 엘레우시스 밀교보다 더 나은 것은 없다. 왜냐하면 그것 덕분에 우리 로마인들은 야만적이고 미개한 삶의 양식을 벗어나서 교육받고 품위를 지닌 문명의 상태로 될 수 있었기 때문이다. 그리고 그 의식들은 입문식이라고 불리는데, 비법 전수라는 말에 합당하게 진실로 우리들은 엘레우시스 밀교의 의식들로부터 삶의 시작에 대해 배웠으며, 현생에서 행복하게 사는 힘을 얻었을 뿐만 아니라 더 나은 희망을 가지고 죽을 수 있게 되었다."(『법률론』II.)

엘레우시스 밀의는 데메테르와 페르세포네의 성지인 엘레우시스에 세워진 텔레스테리온(Telesterion, 기원전 525년)같은 신전을 중심으로 거행되었으며, 기원전 6세기 이후에는 아테네에서도 중요한 의식이 되었다. 텔레스테리온은 페르시아 전쟁(기원전 492년~448년)으로 파괴된 이후에도 수차례에 걸쳐 재건되었는데, 그때마다 신전은 더 확장되고 신역의 규모도 확대되며 헬레니즘시대를 거쳐 로마제국시대까지 융성하다가 테오도시우스 1세에 의해 신전과 성소들이 폐쇄되었다(392).

그리스종교에서는 성스러운 행위들이 일반적으로 공개적이었고 노천에서 행해진데 비해, 밀의는 대개 신전 같은 폐쇄된 공간에서 비밀스럽게 행해졌다. 그것은 엘레우시스제가 원래 다산과 풍작을 기원하는 풍요제에서 출발하여 점차 영혼불멸 사상과 피안의 세계에 대한 희망, 그리고 사후세계의 상상과 전망 등이 결합하여 밀의 형태로 발전한 것으로 볼 수 있다.

2. 그리스도교

예수께서 세례를 받으시고 물에서 올라오시자 홀연히 하늘이 열리고 하느님의 성령이 비둘기 모양으로 당신 위에 내려오시는 것이 보였다. 그때 하늘에서 이런 소리가 들려왔다.

"이는 내 사랑하는 아들, 내 마음에 드는 아들이다."

그 뒤에 예수께서 성령의 인도로 광야에 나가 악마에게 유혹을 받으셨다. 사십 주야를 단식하시고 나서 몹시 시장하셨을 때에 유혹하는 자가 와서 "당신이 하느님의 아들이거든 이 돌더러 빵이 되라고 해 보시오"라고 말하였다. 예수께서는 "성서에 '사람이 빵으로만 사는 것이 아니라 하느님의 입에서 나오는 모든 말씀으로 살리라'고 하지 않았느냐?" 하고 대답하셨다. 그러자 악마는 예수를 거룩한 도시로 데리고 가서 성전 꼭대기에 세우고 "당신이 하느님의 아들이거든 뛰어내려 보시오. 성서에, '하느님이 천사들을 시켜 너를 시중들게 하시리니 그들이 손으로 너를 받들어 너의 발이 돌에 부딪히지 않게 하시리라'하지 않았소?"하고 말하였다. 예수께서는 "'주님이신 너의 하느님을 떠보지 말라'는 말씀도 성서에 있다"하고 대답하셨다. 악마는 다시 아주 높은 산으로 예수를 데리고 가서 세상의 모든 나라와 그 화려한 모습을 보여 주며 "당신이 내 앞에 절하면 이 모든 것을 당신에게 주겠소"하고 말하였다. 그러자 예수께서는 "사탄아, 물러가라! 성서에 '주님이신 너희 하느님을 경배하고 그분만을 섬겨라'고 하시지 않았느냐?"하고 대답하셨다. 마침내 악마는 물러가고 천사들이 와서 예수께 시중들었다.('세례를 받고 광야에서 유혹을 받으신 예수', 「마태오의 복음서」3:16~4:11)

위의 이야기는 석가모니의 일대기를 그려 사찰의 팔상전(八相殿, 捌相殿)이나 영산전靈山殿에 많이 봉안되는 팔상도 가운데 '수하항마상樹下降魔相'을 떠오르게 한다. 싯달타가 수행의 마지막 관문을 뚫기 위해 최후의 결전에 나섰다는 것을 안 마왕 파순이 갖은 방법으로 방해하지만 결국 이를 물리치고 성도成道를 하게 되는데, 수하항마상에서는 네 장면이 묘사된다. 첫째, 마왕 파순이 마녀로 하여금 유혹하게 하는 장면, 둘째, 마왕의 무리가 코끼리를 타고 위협하는 장면, 셋째, 마왕이 80억의 무리를 모아 부처님을 몰아내려고 하는 장면, 넷째, 마왕의 항복을 받고 성불成佛하는 장면이다.

그리스도Christos는 원래 '머리에 기름 부음을 받아 축성된 왕 또는 대제사장, 예언자'란 뜻을 지닌 아람어 '메시아Messiah'의 그리스어 번역인데, 신약성서에서는 "선생님은 살아계신 하느님의 아들 그리스도이십니다."(「마태오의 복음서」16:16)라고 하여 구세주를 의미하고 있다. 그리스도교는 '그리스도이신 예수'(「로마인들에게 보낸 편지」1:1)라고 표현하듯이 인간 예수(Jesus←Iesus←Iesous←Yeshua)를 그리스도로 믿는 종교를 뜻한다. 예수의 부모인

요셉과 마리아는 로마 황제의 호구조사령에 따라 다윗의 고향 베들레헴으로 갔다가 그곳에서 예수를 낳았는데, 헤로데왕의 유아 살해를 피하여 이집트로 피신하였다가 헤로데가 죽자 자신들의 고향인 북쪽 갈릴래아 지방의 나자렛 마을로 돌아가 살았다. 예수는 서른 살 무렵에 오르단 강에서 세례자 요한에게 세례를 받고 유다 광야에서 40일간의 단식기도를 하면서 악마의 유혹을 이겨내었고 이때부터 "회개하라. 하늘나라가 다가왔다"고 선포하면서 갈릴래아 지방 전도여행이 시작되었다.(『루가의 복음서』4:1~14) 예수의 소문은 온 시리아에 퍼져 갖가지 병에 걸려 신음하는 환자들과 마귀 들린 사람들과 간질병자들과 중풍병자들이 갈릴래아, 데카폴리스(: 요르단강 남동부에 있던 10개의 그리스 식민 도시), 예루살렘, 유다, 요르단 강 건너편에서 모여들어 예수를 따랐다. 이에 대사제들과 원로들이 모여 흉계를 꾸며 예수를 잡아 죽이려고 모의하였다.(『마태오의 복음서』26:3~4) 이것을 안 예수는 최후의 만찬을 베풀어 빵과 포도주로 제자들을 축복하고,(『마태오의 복음서』26:17~30) 예루살렘 동쪽에 있는 게쎄마니 동산으로 가서 "아버지, 아버지께서는 하시고자만 하시면 무엇이든 다 하실 수 있으시니 이 잔을 저에게서 거두어 주소서. 그러나 제 뜻대로 마시고 아버지의 뜻대로 하소서.", "아버지, 이것이 제가 마시지 않고는 치워질 수 없는 잔이라면 아버지의 뜻대로 하소서"하고 땅에 엎드려 마지막 기도를 올렸다.(『마태오의 복음서』26:39, 42) 그리고 예수는 빌라도 총독에게 사형판결을 받고 골고타(해골산)라는 예루살렘 교외의 언덕에서 십자가에 못 박혀 마지막으로 "엘리 엘리 레마 사박타니?(나의 하느님, 나의 하느님,

어찌하여 나를 버리셨나이까?)"라고 부르짖으며 숨을 거두었다.(「마태오의 복음서」27:15~56) 그러나 바위를 파서 만든 무덤에 모셔진 예수는 사흘 뒤에 부활하여 제자들에게 나타나 "나는 하늘과 땅의 모든 권한을 받았다. 그러므로 너희는 가서 이 세상 모든 사람들을 내 제자로 삼아 아버지와 아들과 성령의 이름으로 그들에게 세례를 베풀고 내가 너희에게 명한 모든 것을 지키도록 가르쳐라. 내가 세상 끝날까지 항상 너희와 함께 있겠다"라는 말을 남기고 승천하였다고 한다.(「마태오의 복음서」27:57~28:20, 「마르코의 복음서」16:19, 「루가의 복음서」24:51)

(1) 미스테리아와 영지주의

그리스도교가 팔레스타인 지역에서 탄생하던 무렵, 로마제국에는 앞의 세 미스테리아 외에도 다양한 사상과 종교가 혼재하며 공존하고 있었다. 먼저 사상적으로는 소크라테스와 플라톤에서 연원하는 스토아학파 · 에피쿠로스학파 · 회의주의를 들 수 있는데, 이들은 각각의 학교를 운영하며 철학적 사고체계를 형성하고 훈련하며 지적 담론을 생산해내어 그 시대 사람들에게 막대한 영향을 끼쳤다. 종교적으로 살펴보면 이집트에는 이시스와 오시리스를 믿는 종교가 있었고, 특히 알렉산드리아에서는 오시리스와 성우聖牛 아피스Apis의 합성신인 세라피스Serapis를 프톨레마이오스 왕조(: 헬레니즘 시대에 이집트를 지배한 마케도니아인의 왕조, 기원전 305년~기원전 30년)의 국가신으로 숭배했다.

또 그리스의 헤르메스가 이집트의 토트Thoth와 융합하여 '세 배 위대한 헤르메스'라는 뜻의 헤르메스 트리스메기스토스(Hermēs Trismegistos, Mercurius ter Maximus, Hermes Trismegistus)라는 신으로 탄생하여, 우주 전체의 지혜의 세 부문인 연금술 · 점성술 · 마법을 관장한다고 알려졌다. 이 헤르메스교(Hermeticism)는 고대의 미스테리아나 피타고라스교단과 긴밀한 관계에 있으며, 이후의 연금술 · 점성술 · 영지주의 · 신플라톤주의 · 강령(降靈, theurgy) · 카발라(Kabbalah: 유대교 신비주의) · 약초학(herbalism) · 장미십자회(Rosicrucians, Rosenkreuzer) · 황금의 새벽 교단(Hermetic Order of the Golden Dawn) · 프리메이슨Freemason · 신지학(神智學, theosophy) 등과도 연계되어 있는 만큼 서양밀교의 중심축이라고 할 수 있다. 그러나 헤르메스교는 하나의 독립된 교단도 아니고 특정한 단일 교리체계를 가진 것도 아니며, 다만 하나의 영적이고 정신적인 흐름을 나타내는 것이라고 할 수 있다.

페르시아의 태양신이자 계약신인 미트라Mithra는 로마제국의 전쟁의 신 미트라스Mithras가 되어 제국 전역에 걸쳐 그 교세가 확장되었고, 미트라스의 속성인 충성심 · 의무 · 용맹이라는 요소로 인해 군인들에게 특히 숭배를 받았다. 이후 그리스도교의 의례 형성에도 영향을 끼쳤으니, 예수 탄생일이나 안식일 그리고 세례나 성찬식도 미트라교와 연관을 갖는다. 그리고 프리기아의 대지모신大地母神이자 풍요와 다산의 신 키벨레Kybelē는 그녀의 연인 아티스Attis와 함께 숭배 받다가, 로마와 페니키아인의 카르타고 사이에 벌어진 3차에 걸친 포에니 전쟁(기원전 264년~146년) 중에 신탁에 의해 로마의 팔라티노Palatino 언덕 위에 세워진 신전에 프리기아에서 가져온 키벨레의 성석이 안치되었다고 한다(기원전 204년). 로마 제국에서는 초대 황제인 아우구스투스(Augustus=Octavianus Gaius Julius caesar, 재위: 기원전 27년~기원후 14년) 등의 지원에 힘입어 제국의 최고신으로서의 키벨레 숭배가 크게 확산되었다. 그리스도교의 열광적 종말론자인 몬타누스(Montanus, 미상~170)는 원래 키벨레교의 사제였던 것으로 추정하며, 그 당시에 금기시되던 여성 예언자 프리스킬라 · 맥시밀라와 함께 천년왕국을 예언하고 엄격한 금욕을 강조하면서 성령운동을 벌였다.

이렇게 각 지역에서 융성했던 종교들은 여행자, 상인, 군인들의 이동을 통해 제국 전역에 전파되었으니, 한마디로 로마제국에서는 여러 철학 이론들과 민족이나 지역 고유의 전통과 신앙, 교리들이 서로 뒤얽혀 종교혼합주의의 양상을 나타내고 있었던 것이다. 이런 흐름 속에서 유일신론을 주장하는 그리스도교는 기존의 다양하고 다채로운 교의와 의식을 선별하고 수용하여 독자적인 성사聖事와 성례聖禮를 고안함으로써 그 전파와 전도를 가능하게 할 수 있었고 영지주의도 그런 맥락에서 등장한 것이다.

그리스도교의 영지주의자들은 그리스, 이집트, 시리아, 팔레스타인, 페르시아 등 제국의 여러 지역과 제국 너머에서 다양한 안목을 지니고 등장하였다. 이집트 나그함마디에서 1945년에 발견된 문서에는 헤르메스 트리스메기스토스와 그리스 의학의 신 아스클레피오스Asklēpios 간의 대화를 담은 논고나 『오그도아드와 엔네아드에 대하여(on the Ogdoad and Ennead: 이집트의 헤르모폴리스와 헬리오폴리스에서 숭배되던 8신과 9신 이야기)』가 들어 있어 영지주의와 미스테리아 그리고 헤르메스교 사이의 교류를 추정할 수 있다. 나그함마디 문서는 그리스어 원문을 1세기 초부터 이집트에서 사용되던 콥트Copt어로 번역한 것으로, 대부분 2~4세기에 걸쳐 파피루스에 필사한 것으로 보고 있으며 영지주의적 성격의 13권 52편의 논고가 남아있다. 그중에서 유명한 것이 「토마스의 복음서」인데, '이 비밀 말씀들은 살아 있는 예수께서 말씀하시고 쌍둥이 유다 토마스가 기록하였다'고 첫 문장을 시작하고 있다.

영지靈智는 그리스어 그노시스gnōsis의 번역어로서 인식 · 앎 · 지식 · 깨달음[覺]을 뜻하는데, 진리의 세계인 이데아의 참된 지식 또는 인식을 의미하는 그리스 철학자들의 에피스테메epistēmē와 통하는 것으로 보인다. 그리고 산스크리트어의 즈냐나jñāna · 프라즈냐(prajñā, 般若)가 지혜 · 예지叡智 · 인식 · 참된 지식 · 깨달음을 가리키는 것과도 비견해볼 수 있으니, 결국 진리의 깨달음 또는 지혜를 지향한다는 점과 그로 인해 궁극적으로는 영원한 해방 · 자유 · 해탈을 목표로 한다는 점에서 동서양의 공통분모를 찾을 수 있을 것이다. 영지주의(gnosticism)라는 말은 1966년 이탈리아 메시나에서 개최된 영지주의학회에서 '영지주의는 인식을 통해서 구원을 받는 이론과 체험을 발판으로 하는 모든 교리와 모든 종교적 태도를 의미하지만 너무 추상적이고 불충분하다. … 그러나 영지주의적 태도는 역사 속에 노출된 많고 다양한 영지사상의 모습들 가운데 때로는 다행히도 서로가 독립된 정보 속에 독특한 종교성을 띠면서 항상 일관성 있고 변함없는 모습으로 나타난다'고 발표한 데서 유래한다. 영지주의자(gnōstikos=아는 자)라는 용어는 그리스도교 교부들이 정통파인 자신들과 구별하고 이단으로 규정하고 폄하하기 위해서 사용한 호칭인데, 2세기경 알렉산드리아에서 태어나 로마에서 활약한 영지주의의 대표적 철학자 발렌티누스Valentinus의 제자 가운데 한 사람인 테오도토스Theodotos는 자신들이 추구하는 영지의 내용과 의미를 이렇게 간명하게 기술하고 있다.

> "우리를 자유롭게 하는 것은 – 우리가 누구였는가, 우리가 무엇이 되었는가, 우리가 어디에 있었는가, 우리가 어디로 던져졌는가, 우리가 어디로 서둘러 가고 있는가, 우리가 무엇으로부터 자유로워지고 있는가, 진정 무엇이 태어남인가. 진정 무엇이 다시 태어남인가 – 에 대한 깨달음(그노시스)이다."

자신을 알고 자신의 고유한 근원을 찾으려는 이런 질문과 그 해답이 영지주의의 교리를 이루고 있는 것이다. 수많은 분파로 이루어진 영지주의의 사상은 단일한 체계로 이루어진 것이 아니지만 나그함마디의 문서와 그리스도교 교부들의 영지주의 비판서를 토대로 하여 다음의 세 가지로 정리해볼 수 있다.

첫째, 이 세상은 악이다.

이 세상 또는 우주 곧 시간과 공간이 탄생하기 이전에는 그 너머에 참 하느님(alethes theos)과 아이온(aiōn: 영원한 영적 존재)들 그리고 아르콘(archōn: 나중에 물질계를 지배하게 된 신)들이 사는 플레로마(plērōma, 충만)가 있었다. 플레로마는 자신을 확장시키기 시작했고 그 과정에서 아이온의 막내인 소피아Sophia가 플레로마 밖으로 추락하여 데미우르고스(dēmiurgos=Yaldabaoth: 제작자)를 낳는다. 데미우르고스는 원래 플라톤의 자연관이 담긴 『티마이오스*Timaios*』에 등장하는 창조신으로, 그는 이데아를 물질로 모방하여 불완전한 이 세상을 만든 것으로 묘사되고 있다. 소피아의 지성을 조금 소유하게 된 악하고 무지하고 권위주의적인 데미우르고스는 플레로마 밖에서 구약성서의 질투하는 신인 야훼Yahweh처럼 천지창조를 하고 인간을 만들어 지배하게 된다. 그래서 인간을 포함한 창조물 속에는 악이 스며들어 고통스럽고 불완전하게 되었던 것이다.

둘째, 인간은 선한 영과 악한 육으로 이루어져 있다.

인간은 힐레(hylē: 질료, 육체)와 프시케(psychē: 마음, 정신, 심리작용)와 프네우마(pneuma: 靈)로 구성되는데, 앞의 둘은 데미우르고스가 창조한 물질의 영역에 속하여 죽을 수밖에 없는 운명이고 영을 가두는 감옥과 같은 것이지만 영은 소피아가 몰래 전해준 것으로 플레로마의 본성을 가진 영원한 것이다. 데미우르고스와 아르콘들은 인간을 기만하기 위해 인간에게 쾌락 · 욕망 · 고통 · 공포를 부여하였는데 그로부터 인간은 물질과 죽음이라는 악의 지배 아래 놓이게 되었다. 돈 · 권력 · 명성 · 쾌락 · 도덕주의 · 추상적 개념이나 이념에 대한 집착 등은 모두 영의 자유를 구속하며 거짓된 가치를 심어준다. 헤르메스교의 비밀스러운 가르침을 기원후 2~3세기에 그리스어로 작성한 문헌을 르네상스

시대에 라틴어로 번역하여 집성한 『코르푸스 헤르메티쿰(Corpus Hermeticum, 헤르메스 총서)』에는 영지주의 사상이 이렇게 기술되어 있다.

> "너는 너를 감고 있는 피막을 갈기갈기 찢어야 한다. 그 피막은 무지의 헝겊이며, 악의 받침대, 부패의 사슬, 암흑의 막사, 살아있는 죽음, 감각 있는 시체, 네가 운반하는 네 묘지, … 너는 이러한 원수들을 겉옷처럼 걸치고 있으며, 이 피막이 너를 질식시켜 네 눈이 하늘을 보고 진리의 미를 관조할 수 없게 하고, 너를 함정에 빠뜨릴 원수의 악의를 알고도 미워할 수 없게 하여 너를 하계로 끌어내리는도다."(Ⅶ.)

셋째, 인간은 깨달음을 통해 해방된다.

깨달음은 반드시 인도자가 필요하니 아담의 셋째아들 세트Seth, 예언자 마니Mani, 붓다, 조로아스터, 특히 예수가 인간을 죄의 원인이 되는 무지로부터 벗어나게 하여 해방으로 이끈다. 그들은 참 하느님이 종말 이후가 아니라 지금 여기에서 인간의 영을 구원하기 위해 플레로마에서 파견한 아이온들이다. 깨달음을 얻은 영은 미스테리아에서와 같은 전례를 통해 재생(regenetation)을 하게 되어 육체와 정신을 버리고 플레로마로 돌아가지만, 깨달음에 도달하지 못한 영은 세상의 종말 때까지 다른 육체를 전전하며 윤회하게 된다.

많은 영지주의 문헌에서 플레로마 즉 천계에 들어가는 것을 혼인으로 묘사한다. 영과 플레로마의 합일인 혼인은 영이 자신의 뿌리와 아르콘들의 술책을 깨닫고, 자신이 데미우르고스의 노예가 아니라 자유인이라는 것을 자각하는 것이며, 기쁨과 아름다움 그리고 정결과 영원을 상징하는 것이다. 반영지주의의 기치를 내건 대표적 교부인 리옹의 이레네우스(130~208), 로마의 히폴리투스(170~235)를 이은 살라미스의 에피파니우스(315~403)의 『파나리온(*Panarion*, 약상자)』에는 이러한 성스러운 혼인의 경지를 다음과 같이 인용하고 있다.

> "나는 너고, 너는 나다. 네가 있는 곳에 내가 있노라. 나는 만물 속에 존재하니, 네가 원하는 어느 곳에라도 너는 나를 불러 모으고, 너는 나를 불러 모으면서 너를 불러 모을 것이다."

그리고 영지주의 문헌에서뿐 아니라 『신약성서』 곳곳에서도 영지사상을 다음과 같이 찾아볼 수 있다.

> "너희는 하늘나라의 신비를 알 수 있는 특권을 받았지만 다른 사람들은 받지 못하였다."(「마태오의 복음서」13:11)
>
> "너희에게는 하느님 나라의 신비를 알게 해 주었지만 다른 사람들에게는 보아도 알아보지 못하고 들어도 깨닫지 못하게 하려고 비유로 말하는 것이다."(「루가의 복음서」8:10/ 「마르코의 복음서」4:11~12)
>
> "누구든지 새로 나지 아니하면 아무도 하느님의 나라를 볼 수 없다"(「요한의 복음서」3:3)
>
> "물과 성령으로 새로 나지 않으면 아무도 하느님 나라에 들어 갈 수 없다. 육에서 나온 것은 육이며 영에서 나온 것은 영이다"(「요한

의 복음서」3:5~6)

“너희가 내 말을 마음에 새기고 산다면 너희는 참으로 나의 제자이다. 그러면 너희는 진리를 알게 될 것이며 진리가 너희를 자유롭게 할 것이다.”(「요한의 복음서」8:31~32)

“나는 부활이요 생명이니, 나를 믿는 사람은 죽더라도 살겠고 또 살아서 믿는 사람은 영원히 죽지 않을 것이다”(「요한의 복음서」11:25~26)

“그러나 우리는 신앙생활이 성숙한 사람들에게는 지혜를 말합니다. 다만 그 지혜는 이 세상의 지혜나 이 세상에서 곧 멸망해 버릴 통치자들의 지혜와는 다릅니다. 여기에서 말하는 지혜는 하느님의 심오한 지혜입니다. 그것은 하느님께서 우리의 영광을 위하여 천지 창조 이전부터 미리 마련하여 감추어 두셨던 지혜입니다.”(「고린토인들에게 보낸 첫째 편지」2:6~7)

“우리가 받은 성령은 세상이 준 것이 아니라 하느님께서 주신 것입니다. 그래서 우리는 하느님께서 우리에게 주시는 은총의 선물을 깨달아 알게 되었읍니다. 우리는 그 은총의 선물을 전하는 데 있어서도 인간이 가르쳐 주는 지혜로운 말로 하지 않고 성령께서 가르쳐 주시는 말씀으로 합니다. 이렇게 우리는 영적인 것을 영적인 표현으로 설명합니다. 그러나 영적이 아닌 사람은 하느님의 성령께서 주신 것을 받아들이지 않습니다. 그런 사람에게는 그것이 어리석게만 보입니다. 그리고 영적인 것은 영적으로만 이해할 수 있으므로 그런 사람은 그것을 이해하지도 못합니다. 영적인 사람은 무엇이나 판단할 수 있지만 그 사람 자신은 아무에게서도 판단받지 않습니다. 성서에는 ‘누가 주님의 생각을 알아서 그분의 의논 상대가 되겠느냐?'고 하였지만 우리는 그리스도의 생각을 알고 있습니다."(「고린토인들에게 보낸 첫째 편지」2:12~16)

"자기가 무엇을 좀 안다고 생각하는 사람이 있다면 그는 마땅히 알아야 할 것을 아직 알지 못하고 있는 것입니다."(「고린토인들에게 보낸 첫째 편지」8:2)

"우리가 지금은 거울에 비추어 보듯이 희미하게 보지만 그 때에 가서는 얼굴을 맞대고 볼 것입니다. 지금은 내가 불완전하게 알 뿐이지만 그 때에 가서는 하느님께서 나를 아시듯이 나도 완전하게 알게 될 것입니다."(「고린토인들에게 보낸 첫째 편지」13:12)

"흙의 인간들은 흙으로 된 그 사람과 같고 하늘의 인간들은 하늘에 속한 그분과 같습니다. 우리가 흙으로 된 그 사람의 형상을 지녔듯이 하늘에 속한 그분의 형상을 또한 지니게 될 것입니다. 형제 여러분, 이 말을 잘 들어 두십시오. 살과 피는 하느님의 나라를 이어 받을 수 없고 썩어 없어질 것은 불멸의 것을 이어 받을 수 없습니다."(「고린토인들에게 보낸 첫째 편지」15:48~50)

"자랑해서 이로울 것은 없지만 나는 자랑하지 않을 수 없습니다. 이제 나는 주님께서 보여 주신 신비로운 영상과 계시에 대하여 말씀드리겠습니다. 내가 잘 아는 그리스도 교인 하나가 십사 년 전에 세째 하늘까지 붙들려 올라간 일이 있었습니다. – 몸째 올라갔는지 몸을 떠나서 올라갔는지 나는 모릅니다. 그러나 하느님께서는 알고 계십니다.– 나는 이 사람을 잘 압니다. – 몸째 올라갔는지 몸을 떠나서 올라갔는지 나는 알지 못하지만 하느님께서는 아십니다. – 그는 낙원으로 붙들려 올라가서 사람의 말로는 표현할 수 없는 이상한 말을 들었습니다."(「고린토인들에게 보낸 둘째 편지」

12:1~4)

“인간의 본성이 약하기 때문에 율법이 이룩할 수 없었던 것을 하느님께서 이룩하셨습니다. 하느님께서는 당신의 아들을 죄 많은 인간의 모습으로 보내어 그 육체를 죽이심으로써 이 세상의 죄를 없이 하셨습니다. 이렇게 해서 육체를 따라 살지 않고 성령을 따라 사는 우리 속에서 율법의 요구가 모두 이루어졌습니다. 육체를 따라 사는 사람들은 육체적인 것에 마음을 쓰고 성령을 따라 사는 사람들은 영적인 것에 마음을 씁니다. 육체적인 것에 마음을 쓰면 죽음이 오고 영적인 것에 마음을 쓰면 생명과 평화가 옵니다.”(『로마인들에게 보낸 편지』8:3~6)

“그리스도의 인성 안에는 하느님의 완전한 신성이 깃들어 있습니다. 여러분도 그리스도와 하나가 됨으로써 완전에 이르게 됩니다. 그리스도는 하늘의 어떤 권세나 세력보다 더 높은 분이십니다.”(『골로사이인들에게 보낸 편지』2:9~10)

“그리스도 안에서는 하나님의 모든 신성이 몸이 되어서, 충만하게 머물러 있습니다. 여러분도 그의 안에서 충만함을 받았습니다. 그리스도는 모든 통치와 권세의 머리이십니다.”(『골로새서』2:9~10, 『표준새번역 성서』)

“아직까지 하느님을 본 사람은 없습니다. 그러나 우리가 서로 사랑한다면 하느님께서는 우리 안에 계시고 또 하느님의 사랑이 우리 안에서 이미 완성되어 있는 것입니다. 하느님께서 우리에게 당신의 성령을 주셨습니다. 그러므로 우리가 하느님 안에 있고 또 하느님께서 우리 안에 계시다는 것을 알 수 있습니다.”(『요한의 첫째 편지』4:12~13)

(2) 『성서』의 기도

그리스도교에서 인간의 참된 존재 의미는 오직 하느님 안에서 파악되며 하느님과의 관련 속에서 성찰되고 완성된다. 그래서 그리스도교에서 '기도'는 죄인인 인간이 자신 안에서 현존하며 역사役事하는 창조주 하느님과 만나는 것이다. 인간의 하느님을 향한 찬양과 경배의 고백을 성서 전체의 축소판이자 세상에서 가장 아름다운 시라고 일컬어지는 구약성서 「시편」에서는 이렇게 기술하고 있다.

> "야훼께서 주신 법을 낙으로 삼아 밤낮으로 그 법을 되새기는 사람. 그에게 안 될 일이 무엇이랴!"(「시편」1:2~3)
>
> "내 입술 기쁘고 내 입이 흥겨워 당신을 찬양합니다. 잠자리에 들어서도 당신 생각, 밤을 세워가며 당신 생각뿐, 나를 도와주신 일 생각하면서 당신의 날개 그늘 아래에서 즐겁습니다. 이 몸 당신에게 포근히 안기면 당신 오른팔로 붙들어 주십니다."(「시편」63:5~8)
>
> "나의 눈을 열어 주시어 당신 법의 그 놀라운 일을 보게 하소서."(「시편」119:18)
>
> "당신의 말씀은 내 발에 등불이요 나의 길에 빛이옵니다."(「시편」119:105)
>
> "당신의 언약이 너무나도 놀라와 이 몸은 성심껏 그것을 지키리이다. 당신 말씀 밝히시어 빛을 내시니, 우둔한 자들이 손쉽게 깨닫습니다. 당신의 계명을 탐한 나머지 입을 크게 벌리고 헐떡입니

다. 당신의 이름을 사랑하는 자에게 하시던 대로 나에게도 얼굴을 돌이키사 불쌍히 여기소서. 당신 약속에 힘을 얻어 꿋꿋이 걷게 하시고 악이 나를 이기지 못하게 하소서. 사람들의 압박에서 이 몸 빼내 주소서. 당신의 법령대로 살리이다. 당신의 종에게 웃는 얼굴을 보이시고 당신의 뜻을 가르쳐 주소서. 사람들이 당신의 법을 지키지 아니하니 시냇물처럼 눈물이 흐르옵니다."(「시편」119:129~136)

"야훼여, 목청껏 당신을 부르오니 대답하소서. 당신의 뜻을 따르리이다. 당신을 부르오니 구해 주소서. 당신의 언약을 내가 지키리이다. 당신의 말씀에 희망을 걸고 새벽보다 먼저 일어나, 이렇게 부르짖사옵니다. 뜬눈으로 밤을 지켜보며 당신의 약속을 묵상합니다."(「시편」119:145~148)

구약성서에서의 하느님을 향한 간절하고 절실한 기도는 신약성서로 오면서 예수의 하느님을 향한 기도로 나타나는데, 먼저 기도의 본보기를 예수는 이렇게 보여주고 있다.

"하늘에 계신 우리 아버지, 온 세상이 아버지를 하느님으로 받들게 하시며 아버지의 나라가 오게 하시며 아버지의 뜻이 하늘에서와 같이 땅에서도 이루어지게 하소서.
오늘 우리에게 필요한 양식을 주시고 우리가 우리에게 잘못한 이를 용서하듯이 우리의 잘못을 용서하시고 우리를 유혹에 빠지지 않게 하시고 악에서 구하소서.
(나라와 권세와 영광이 영원토록 아버지의 것입니다. 아멘)"('주의 기도', 「마태

오의 복음서」6:9~13)

복음의 전파를 마친 후 예수는 로마군에 체포되기 전에 게쎄마니 동산으로 가서 "아버지, 아버지께서는 하시고자만 하시면 무엇이든 다 하실 수 있으시니 이 잔을 저에게서 거두어 주소서. 그러나 제 뜻대로 마시고 아버지의 뜻대로 하소서", "아버지, 이것이 제가 마시지 않고는 치워질 수 없는 잔이라면 아버지의 뜻대로 하소서"하고 땅에 엎드려 기도를 올렸다. 그리고 십자가에 못 박힌 뒤 "아버지, 저 사람들을 용서하여 주십시오! 그들은 자기가 하는 일을 모르고 있습니다"라고 기원하고,(「루가의 복음서」23:34) 숨지기 직전에 마지막으로 "엘리 엘리 레마 사박타니?(나의 하느님, 나의 하느님, 어찌하여 나를 버리셨나이까?)"(「시편」1:1)라고 부르짖으며 숨을 거두었다.

로마제국에서 그리스도교가 공인(313)된 이후 니케아 공의회(325)에 이은 콘스탄티노폴리스 공의회(381)에서 영지주의를 금하고 아리우스와 아타나시우스 논쟁의 최종적 해결을 위해서 채택된 '니케아-콘스탄티노폴리스 신조(信條=信經, creed, confession)'는 가톨릭교회 · 동방정교회 · 개신교회가 모두 신앙의 기준으로 삼고 있다. 니케아신조는 예배나 미사, 기도할 때마다 암송하고 있으며, 그 내용은 다음과 같다.

"(한분이신 하느님을 저는 믿나이다.)

전능하신 아버지, 하늘과 땅과 유형무형한 만물의 창조주를 믿나이다.

또한 한 분이신 주 예수 그리스도, 하느님의 외아들,
영원으로부터 성부에게서 나신 분을 믿나이다.
하느님에게서 나신 하느님, 빛에서 나신 빛, 참 하느님에게서 나신 참 하느님으로서,
창조되지 않고 나시어 성부와 한 본체로서 만물을 창조하셨음을 믿나이다.
성자께서는 저희 인간을 위하여, 저희 구원을 위하여 하늘에서 내려오셨음을 믿나이다.
또한 성령으로 인하여 동정 마리아에게서 육신을 취하시어 사람이 되셨음을 믿나이다.
본시오 빌라도 통치 아래서 저희를 위하여 십자가에 못박혀 수난하고 묻히셨으며,
성서 말씀대로 사흗날에 부활하시어 하늘에 올라 성부 오른편에 앉아계심을 믿나이다.
그분께서는 산 이와 죽은 이를 심판하러 영광 속에 다시 오시리니 그분의 나라는 끝이 없으리이다.
또한 주님이시며 생명을 주시는 성령을 믿나이다.
성령께서는 성부와 성자에게서 발하시고, 성부와 성자와 더불어 영광과 흠숭을 받으시며,
예언자들을 통하여 말씀하셨나이다.
하나이고 거룩하고 보편되며 사도로부터 이어오는 교회를 믿나이다.
죄를 씻는 유일한 세례를 믿으며, 죽은 이들의 부활과 내세의 삶을 기다리나이다.

아멘."(가톨릭)

또 가톨릭교회와 개신교회에서는 '사도신경'을 신앙고백문으로 니케아신조 대신 사용하기도 하는데, 동방정교회에서는 인정하지 않고 있다.

"(전능하신 천주 성부 천지의 창조주를 저는 믿나이다.)
그 외아들 우리 주 예수 그리스도님
성령으로 인하여 동정 마리아께 잉태되어 나시고
본시오 빌라도 통치 아래서 고난을 받으시고
십자가에 못 박혀 돌아가시고 묻히셨으며
저승에 가시어 사흗날에 죽은 이들 가운데서 부활하시고
하늘에 올라 전능하신 천주 성부 오른편에 앉으시며
그리로부터 산 이와 죽은 이를 심판하러 오시리라 믿나이다.
성령을 믿으며
거룩하고 보편된 교회와 모든 성인의 통공을 믿으며
죄의 용서와 육신의 부활을 믿으며
영원한 삶을 믿나이다.
아멘."(가톨릭)

여기서 '성인의 통공(通功, communion of saints)'은 교회 공동체의 모든 구성원이 선행과 공로를 서로 나누고 공유함을 뜻하는데, 이는 지상 · 천국 · 연옥 등에 있는 모든 성도의 공로와 기도가 서로 통한다는 믿음이며 기도 안에서 산 자와 죽은 자 사이에 영적 도움을 주고받는 것이다.

(3) 수도사의 기도

그리스도교인은 "하늘에 계신 아버지께서 완전하신(teleios) 것같이 너희도 완전한 사람이 되어라"(「마태오의 복음서」5:48) 또는 "너희의 아버지께서 자비로우신(ōiktirmōn) 것같이 너희도 자비로운 사람이 되어라"(「루가의 복음서」6:36)라는 예수의 가르침을 실천하고 실현시키고자 해야 한다. 그것은 "원수를 사랑하고 너희를 박해하는 사람들을 위하여 기도하여라. 그래야만 너희는 하늘에 계신 아버지의 아들이 될 것이다. 아버지께서는 악한 사람에게나 선한 사람에게나 똑같이 햇빛을 주시고 옳은 사람에게나 옳지 못한 사람에게나 똑같이 비를 내려 주신다"(「마태오의 복음서」5:44~45)라는 설교와 호응하여, 신의 자비와 완전함을 인간이 그대로 따라야 함을 말한다.

특히 '홀로 살아가는 사람[隱修士]'을 의미하는 그리스어 모나코스(mōnachos→monachus)에서 유래한 그리스도교 수도사(修道士=修士, monk, friar)는 그것을 전문적으로 하는 사람들이고, 이 단어에서 파생한 라틴어 모나스테리움(monasterium→monastery)은 수도원을 의미한다. 그리스도교 최초의 수도사들은 이집트·팔레스타인·시리아의 사막이나 황야에서 수행하던 은수사들이었는데 이들은 그리스도교가 공인 이후 급속히 세속화되자 본래의 복음정신을 살리고자 세상을 떠나 사막에서 극기와 고행의 수행을 선택했다. 특히 이집트의 안토니오(Antonius, 251~356)는 단식과 철야기도, 몸과 마음의 청정, 무소유, 겸허한 손님 접대 등을 분별력에 기반할 것을 강조하였다. 또 파코미우스(Pachomius, 290~346)는 안토니오의 수도생활을 발전시켜 나일강 연안의 타베니시Tabennisi에 공동생활[共住] 수도원을 처음 열었고, 노동 · 기도 · 공동 식사 등의 「수도규칙」을 제정하여 후대의 수도원 규범과 운영에 영향을 미쳤다. 소아시아지역 갑바도기아Cappadocia의 주교이자 동방정교의 교부인 바실리우스(Basilius, 329~379)는 '수도생활의 아버지'로 불리며 그의 「수도규칙」은 동방정교회의 수도원과 수도사들의 지침서인데, 그가 도시에 세운 수도원은 사회구제기관과 교육기관의 역할을 하였고 동방교회 수도원의 전형이 되었다. 이는 '서방 수도생활의 아버지'로 불리는 베네딕토(Benedictus von Nursia, 480~547)가 지은 『베네딕토 규칙서(*Regula Benedicti*)』가 서방 가톨릭수도원에서 갖는 비중이나 위치와 비견될 수 있다. 베네딕토는 베네딕토수도회를 창설하여 로마 근처에 서방 최초의 수도원인 몬테 카시노 대수도원(Monte Cassino Abbey)을 비롯하여 수비아코Subiaco에 12개의 수도원을 세워 균형 · 중용 · 합리성을 강조하는 서방 수도생활의 초석을 놓았으며, 청빈淸貧 · 정결貞潔 · 순명順命을 서약하고 수도원에 들어가 수도생활을 하도록 규정하였다. 이러한 그리스도교의 수도사나 수도원은 그리스의 금욕적 전통과 유대교의 한 분파로서 공동 식사를 하며 매일 정결하게 목욕하고 성서의 율법을 연구하거나 필사하며 기도 · 예배 · 노동의 엄격한 수도생활을 했던 쿰란 공동체(Qumran community)나 에세네파Essenes 전통이 융합한 것으로 볼 수 있다.

수도사들의 생활의 대부분은 공동기도, 개인기도, 노동에 할당되었는데, 보통 새벽 2시부터 시작해서 오후 6시경까지 공동예배를 기준으로 일과가 짜여졌다. 여기서 '기도'는 '하느님과의 관계 안으로 들어감' 또는 '하느님과의 관계를 더 깊게 함'이라는 뜻으로, 묵상默想과 관상觀想이 있다. 서양에서 '명상'에 해당하는 용어는 메디테이션meditation과 컨템플레이션contemplation인데, 우리나라 그리스도교에서는 이를 각각 묵상(묵상기도)과 관상(관상기도)이라고 한다. 묵상(meditatio)은 정신적으로 이치를 더듬으면서 하는 상념적인 기도로서 초보적 영성 단계에 해당하며, 스페인의 이냐시오 데 로욜라(Ignacio de Loyola, 1491~1556)가 자신이 창립한 예수회(Societas Jesu) 수련자들의 영성 단련을 위해 저술한 『영신수련(靈神修鍊, *Spiritual Exercises*)』(1548)이 묵상방법론으로 가장 유명하다. 내용적으로는 성서에 들어있는 하느님의 말씀 구절들을 꾸준히 반복하여 읽고 음미하고 되새기는 렉시오 디비나(lectio divina: 영적 독서)가 중심을 이루고 있다. 처음에는 이성에 의한 추론적 기도의 형태로 출발하지만 점차 단순한 대화의 기도로 승화되어 가며, 초보자들은 영성 지도자의 여러 가지 도움을 받아 자신에 맞는 묵상방법을 찾아갈 수 있다. 미국의 복음주의 개신교에서는 하느님과 개인적으로 갖는 영적 교제의 시간인 '경건의 시간(Q.T.=quiet time)'을 통해 성서를 묵상하기도 한다.

관상(contemplatio)은 그리스도교에서는 아리스토텔레스의 '관조적 삶(bios theōrētikos)'이나 피타고라스의 '테오리아(theōria: 대상을 편견 없이 있는 그대로 바라봄)'의 사상을 계승하고, 유대교의 하느님 사랑을 통한 경험적 지식이라는 뜻의 히브리어 다아트(da'ath=gnōsis)의 의미를 더하여 '사랑으로 충만된 하느님에 대한 지식'이며 묵상의 열매라고 이해하였다. 라틴어 어원으로는 '성스러운 곳에서 사물들의 근원인 하느님을 발견하고 바라보는 것'이라는 의미로, 이미지나 언어를 사용하지 않고 침묵 속에서 하느님 품안에서 자아를 놓아버리고[放棄] 아무 생각 없이[無念無想] 쉬는 기도라고 할 수 있다. 그러나 묵상과 관상은 서로 분리 독립된 것이 아니라 상호연계 속에서 옮아가기도 하고 동시에 나타나기도 한다. 가톨릭 관상수도회의 하나인 이스라엘 북부 가르멜산에 있는 가르멜회(Ordo Fratrum Carmelitarum) 수사이자 사제인 스페인 출신의 십자가의 성 요한(Saint John of the Cross, 1542~1591)은 그의 『영혼의 노래』에서 관상을 이렇게 말하고 있다.

"참새는 다섯 가지 특성을 지니고 있다. 첫 번째는 흔히 제일 높은 곳에 머무는 것인데, 영혼도 이와 마찬가지로 그 정도에 따라 매우 숭고한 관상 안에 머문다. 두 번째로는 바람 부는 쪽으로 언제나 그 부리를 향하고 있는데, 영혼도 마찬가지로 사랑의 바람, 즉 하느님을 향해 그 애정의 부리를 향한다. 세 번째는 늘 고독하게 있는 것인데, 다른 어떤 새도 제 곁에 있게 하지 않는다. 만일 다른 새가 곁에 오면 참새는 곧 날아가 버린다. 영혼도 관상 안에서 모든 것에서 떠나고 온갖 것을 벗어버리면서 자기 안에 오직 하느님으로 말미암은 고독밖에는 아무것도 받아들이지 않는다. 네 번째는 매우 아름답게 노래 부른다. 영혼도 그 상태에서는 하느님께

이처럼 아름다운 노래를 부른다. 영혼이 하느님께 올리는 찬미의 노래는 더욱더 감미로운 사랑으로 가득하므로 영혼 자신에게는 무척 기분 좋은 것이고, 하느님께는 극히 귀중한 것이다. 다섯 번째는 일정한 색깔이 없다. 이와 마찬가지로 완전한 영혼도 이 자아 망각의 경지에서 감각적 애정이나 자애심의 그 어떠한 색깔도 지니고 있지 않을 뿐더러 나아가 천상의 것에도 지상의 것에도 특정한 생각을 갖지 않고, 그 방식들에 관해서도 아무 말도 할 수 없다. 영혼은 앞서 말했듯이 하느님께 대해서 깊은 지식을 갖고 있기 때문이다."

그러나 대부분의 개신교에서는 관상기도는 인간의 자유의지에 의한 노력과 하느님의 은총이 합하여 구원에 이르게 된다는 반半펠라기우스적인 사상(semi-Pelagianism)이라고 보고 있으며, 성경적인 참된 기도는 그리스도의 십자가 구속救贖에만 의존하여 성령의 감화 안에서 삼위일체 하느님과 교제하는 것이라고 주장한다.

3. 이슬람

"나는 알라 이외의 다른 신이 없다는 것을 증언하며, 무함마드는 알라의 사자使者임을 증언한다."

(ashhadu al-lāilāha illā-allāh, wa ashha-du anna muḥammadan rasūlu-allāh/ lā 'ilāha 'illāllāh muḥammadun rasūlu llāh)

이는 이슬람의 신앙 고백인 샤하다shahādah인데, 여기서 알라는 관사 'al'과 신성을 뜻하는 'ilāh'라는 두 단어의 합성어로서 '신성(al-ilāh)'의 축약형이다. '알라 이외에 다른 신은 없다(lāilāha illā-allāh)'라는 문구는 쿠란에 반복적으로 등장하며 이슬람의 종교적 믿음을 대변하는 전형적인 말이다. 신앙고백문은 하디스에 근거한 것인데, 이슬람의 유일신 사상과 무함마드가 신의 마지막 예언자임을 증언하므로 이슬람 교의의 핵심을 담고 있는 가장 대표적인 표현이라고 할 수 있다. 처음 이슬람을 받아들이는 사람은 샤하다를 고백함으로써 비로소 무슬림muslim이 되며, 예배와 기도 때에도 반복하여 언급한다. 샤하다는 시간을 초월하여 일어나는 유일한 사건인 반면에 인간은 한정된 환경과 조건 속에서 살기 때문에 신자가 그 증언을 받아들이는 깊이와 또 그 증언을 통해 변화되는 정도는 한번 말하는 것으로 충분히 확립될 수 없다. 그러므로 샤하다는 성스러운 깨달음이 각자의 존재 속으로 파고들어 개인의 실체가 변화되고 그 자체가 진리를 충족시킬 때까지 반복해야 하는 것이다.

이슬람에는 모든 교파에서 인정하는 다섯 가지 신앙적 실천 의무가 있어 이를 다섯 기둥(al-arkān al-khamsa, 5柱, 5行)이라고 하는데, 무슬림들은 그 실천에 자신의 미래의 운명을 걸고 있으며 일상의 삶 자체라고 할 수 있다.

첫째, 신앙고백(shahādah): "나는 알라 이외의 다른 신이 없다는 것을 증언하며, 무함마드는 알라의 사자임을 증언한다."

둘째, 예배(ṣalāh): 메카(mecca=makkah)의 카바(ka'bah) 신전을 향해 하루에 다섯 번씩 정해진 시각(해뜨기 직전, 정오, 오후 4시경, 해진 직후, 잠자기 전)에 동일한 방식으로 예배를 올린다. 허리를 구부리고 무릎을 꿇고 앉아 바닥에 이마를 대는 동작(rak'a)을 반복하면서 끊임없이 쿠란의 문구들을 암송한다. 이에는 종교의식, 간청과 기원, 명상, 신과의 대화라는 의미가 담겨있다.

셋째, 희사(喜捨, zakāt): 이슬람법에서의 종교세나 구빈세救貧稅를 의미하지만 현재는 일부 국가를 제외하고는 자카트의 의무가 개인의 자발적 행동으로 이행되고 있다. 무슬림들은 모스크·교육기관·자선기관 또는 이슬람 재무성 등 자신이 원하는 곳에 자카트를 납부한다. 이슬람은 원칙적으로 사유재산과 빈부격차 등을 인정하지만, 지나친 재물 축적은 바람직하지 않은 것으로 간주하며, 모든 재화는 개인이 영원히 소유하는 것이 아니라 알라의 것이므로 서로 나누고 돕도록 가르친다. 쿠란에서는 고아와 가난한 자, 자선을 구하는 자, 자카트 모금에 헌신하는 자, 이슬람을 위해 일하는 자(이슬람 선교·교육·문화사업 종사자 등), 여행자, 노예, 죄수 등을 위해 자카트를 사용하라고 규정하고 있다.

넷째, 단식(ṣawm): 이슬람력 9월인 라마단ramadān 한 달 동안의 단식기간에는 해 뜰 때부터 해질 때까지 음식 · 음료 · 흡연 · 성관계를 끊고 철저한 금욕의 시간을 갖는다. 라마단 달의 마지막 3~5일은 이슬람에서 가장 영적인 날들이라고 하며, 이 기간에 쿠란이 최초로 계시되었고 무함마드도 이때 승천했다고 한다. 라마단 달이 끝난 다음 새 달이 떠오르면 화려한 의상을 입은 군중들이 거리로 쏟아져 나와 단식이 끝났음을 축하하는 풍습이 있다.

다섯째, 순례(ḥajj): 이슬람력 12월인 두 알 히자dhu al-ḥijjah의 8일부터 12일까지 행해지는 성지순례로서 쿠란은 건강과 재정 형편이 허락하는 무슬림이라면 평생에 한 번은 해당 기간에 순례할 것을 명시하고 있으며, 현재는 매년 백만 명 이상의 순례객들이 메카의 하람 성원(masjid al-ḥaram)과 교외의 아라파트arafat 산 등을 정해진 순서에 따라 참배하고 있다. 남자들은 바느질하지 않은 하얀 천 두 장으로 된 순례복을 입는데, 이는 신 앞에 모든 사람이 평등하다는 것을 의미한다. 여자들은 헐겁고 간편하며 온몸이 가려지는 각국의 전통의상을 입는다. 순례를 다녀온 사람의 이름 앞에는 '하지(al-ḥājjī)'라는 칭호가 붙는다.

(1) 이슬람과 『쿠란』

이슬람에서는 샤하다를 진심으로 받아들이면 알라에게 순종(islām)하게 되고 이슬람신자 즉 무슬림muslim이 된다고 하는데, 이슬람은 아랍의 예언자인 무함마드(muḥammad, 570~632)가 만든 일신교로서 서아시아 · 아프리카 · 인도 · 동남아시아 등을 중심으로 18억의 신자를 갖고 있는 세계적인 종교다. 또한 유대교 · 그리스도교와 더불어 세계 인구의 60%를 점하는 '아브라함의 종교'임을 내세우며, 이슬람이야말로 신의 뜻을 가장 완벽하게 구현해낼 수 있는 종교라고 자임한다. 이슬람 경전 『쿠란*qur'ān*』은 무함마드가 천사 가브리엘jibrā'īl에게 받은 알라의 계시를 기록한 것으로 3대 칼리파khalīfa 우스만 이븐 아판(uthmān ibn 'affān, 재위: 644~656)이 총 30편 114장으로 완성하였으며, 이를 보완하기 위해 무함마드의 순나(sunnah: 관행 · 관습 · 관례, 특히 무함마드의 언행)를 담은 『하디스*ḥadīth*』들이 여러 종 편찬되었다. 이 문헌들을 바탕으로 하여 이성적 유추(qiyās)와 합의(ijmā': 종교적 권위자 울라마들의 합의나 이슬람 공동체 움마의 대중적 합의)를 더하여 성립된 이슬람법(sharī'ah)이 무슬림들의 출생에서 죽음까지 종교와 세속의 일상생활 모두를 대상으로 하여 이슬람세계를 지배해왔었다. 그러나 현재 대부분의 이슬람국가에서는 공공행정이나 상업 등 세속의 영역에서는 서유럽의 자본주의 법률체계를 적용하고 있다.

이슬람에서는 종교적 의무('ibādah)인 다섯 기둥과 함께 다음과 같은 여섯 가지 종교적 신앙(imān)을 들어 이슬람이라는 장엄한 수레를 움직여가는 두 축이라고 한다.

첫째, 알라allāh: 알라는 지고하신 분의 명칭이고 최대 최고 권위의 이름이라고 하며, 쿠란과 하디스에서는 '유일한 분', '창조자', '자비로우신 분', '용서해주시는 분', '성스러운 분', '인자하신 분' 등 '신에게는 가장 아름다운 99가지의 이름이 있다'고 밝히고 있다. '알라'는 이슬람에만 국한되는 것이 아니라 아랍어를 사용하는 서아시아의 그리스도교 신자들이 신을 부를 때 '위대하고 위엄 있는'이나 '그의 위엄은 위대하시다'라는 상투어와 함께 사용하는 이름이기도 하였다.

둘째, 천사(malā'ikah): 이슬람에서는 지브라일, 미카일, 이스라필, 이즈라일 등 4명의 대천사를 인정한다. 이들은 알라의 명령을 집행하고 알라의 계시를 빠짐없이 사자에게 전하며, 지상의 인간생활을 관장하고 인간의 활동에 간여하기도 한다. 인간의 바람을 신에게 전하기도 하고 인간들의 행동을 일일이 기록했다가 최후의 심판의 날에 알라에게 보고하여 천당행과 지옥행을 결정하도록 돕는 역할도 한다. 또 천사와는 별개로 정령(jinn=genie)의 존재를 믿는데, 이들은 동식물의 체내나 그 밖의 모든 사물에 깃들어 있는 영혼을 가리킨다. 인간은 점토로 빚어졌지만 정령은 '연기나지 않는 불'로 창조되었고 천사는 빛으로 창조되었으며, 사람에게 우호적인 정령도 있고 적대적인 정령도 있다고 쿠란에 전한다. 알라에게 복종하는 정령은 알라의 계시를 인간들에게 전하는 예언자적 역할을 맡기도 한다.

셋째, 경전: 모세의 오경(:「창세기」·「출애굽기」·「레위기」·「민수

기」·「신명기」), 다윗의 「시편」, 예수의 '복음서', 무함마드의 『쿠란』 등을 신의 계시로 인정하고 있다. 그런데 이슬람에서는 타종교의 경전이나 창시자들을 각기 다른 시대와 다른 지역에서 그곳의 사람들에게 내린 알라의 계시라는 점에서 무함마드와 쿠란에 비해 불완전하기는 하지만 존중해야 한다고 주장하고 있다.

넷째, 예언자: 아브라함 · 모세 · 예수 · 무함마드를 신이 직접 파견한 사자(rasūl)로 인정하지만, 다른 종교나 민족들의 예언자(nabī)에 대해서도 포용적이다. 그러나 이슬람에서는 예언자는 알라의 계시를 사람들에게 설명하고 해석하는 임무를 받은 사람이고, 사자는 그 외에도 자신의 복음을 인간들에게 전달하고 가르치며 실천하도록 인도하는 임무까지 부여받은 모세 · 예수 · 무함마드 같은 사람이라고 구분하고 있다.

다섯째, 내세(akhira): 쿠란에서 내세는 말일을 의미하는데, 이에는 부활과 최후심판이라는 내용이 포함되어 있다. 즉 말일에 인간의 영혼은 이전의 육신과 다시 합해져서 재판을 받게 되는데 살아있었을 때의 선악의 행위에 따라 천국이나 지옥으로 가는 최후심판을 받게 된다. 그리스도교에서는 믿음으로 구원을 받는다고 하지만, 이슬람에서는 순전히 생전의 자신의 행위를 저울에 달아봐야지만 구원 여부를 알 수 있다고 한다.

여섯째, 정명(定命, qadar): 인간은 경전의 가르침 속에서 알라가 정해준 운명대로 삶을 영위하고, 우주의 모든 현상이 알라의 의지에 따라 일어나며, 어떤 것이라도 알라의 지배를 받도록 예정되어 있으며, 인간은 알라에 대한 순종의 삶을 감수해야 평정을 얻고 사회의 평화를 확립할 수 있다고 한다. 즉 한편으로는 알라의 권능과 그에 대한 절대적인 신앙에 기초를 두고 있으면서도 또 한편으로는 인간은 자발적 의지로 그것을 능동적으로 따라야 한다는 말이다. 인간과 우주의 삼라만상은 알라가 미리 정해놓은 길을 가게 되어 있다고 하면서도 알라의 절대적 예정과 인간의 자유의지를 모두 인정하고 있는 것이라고 할 수 있다. 『쿠란』에 나오는 "어떤 일이 있어도 '나는 내일 반드시 이것을 할 것이다'라고 해서는 안 된다. 단 '신의 뜻이라면(in shā' allāh)'이라고 하면 된다"(18장)는 구절에서 '인샬라'는 인간의 의지적 행위는 전적으로 알라에게 달려있다는 의미다.

(2) 수피와 영지

수피즘(Sufism, taṣawwuf)은 양털을 뜻하는 수프ṣūf에서 파생하여 신비주의자를 의미하는 수피ṣūfī에서 만들어진 영어식 표기이다. 이는 『쿠란』의 계시를 깊이 되새기고 수행에 의해 신과의 합일을 내면적으로 체득하려는 이슬람 신비주의로서, 메디나 태생으로 최초의 수피라고 일컬어지는 거친 양털 옷을 입은 금욕주의자 하산 알 바스리(hasan al-basri, 642~728), 바그다드의 주나이드(al-junayd, ?~910), 이란의 가잘리(al-ghazālī, Algazel, 1058~1111), 스페인 태생의 이븐 아라비(ibn 'arabī, 1165~1240) 등에 의해 체계적으로 이론화되어 이슬람세계에서 중요한 역할을 해왔다. 수피즘의 기원은 예언자 무함마드의 청빈 · 검소 · 금욕 정신과 승천(昇天, mi'rāj) · '밤의 여행(isrā')' 체험에 두기도 하고, 조로아스

터교·마니교·불교·신플라톤주의가 융합한 페르시아의 에르판(erfan= irfan: 신비주의, 지식)에서 찾기도 하지만, 아무튼 이슬람의 양대 종파인 수니파와 시아파에서 모두 수피즘과 서로 경쟁관계이면서도 시대의 추이에 따라 적극적으로 인정하거나 또는 박해하면서 영향을 주고받아 왔다.

무슬림들은 원래 내세를 준비하며 현재의 삶을 종교적 규범에 따라 살기위해 이슬람법인 샤리아의 실천을 중시하였으나 법학자들이나 종교학자('ulamā')들은 그것을 지나치게 강조하여 사람들의 삶을 고착시켜 정형화된 틀에서 벗어나지 못하게 하였으며, 이슬람 팽창정책을 사방으로 활발하게 펼쳤던 우마이야 왕조(661~750)와 아바스 왕조(750~1258)에서는 물질적 풍요와 세속적 풍토가 만연하게 되었으니, 이에 반발하여 초기 이슬람 정신을 되살려 자유로우면서도 영적인 삶을 구현하여 마음의 눈을 뜨고자 하는 고행자·금욕주의자·헌신자·행려자·탁발승들이 나타나게 되었고, 8세기 경에 이르러 수피와 수피 집단(ṣūfīyah)라는 용어가 등장하였다.

시간이 지나면서 정신적 깨달음을 열망하는 자(mūrīd, faqīr, dervish)들이 스승(shaykh: 원로, 장로)을 찾아 무리를 이루어 종단(ṭarīqah: 道, 道程) 또는 학파를 형성하기에 이르렀다. 스승과 제자 사이의 관계는 엄격한 성직체계로 발전하였고 예언자에게까지 소급되기도 하는 종단의 계보(sisilah)를 통해 권위를 입증하고자 하기도 하였다. 그리고 공동체 생활과 교육을 위해 신학교와 유사한 형태의 수도원(ribāṭ, khānqā)을 건립하고 그 운영을 위해 자카트를 모금하였다. 최초의 종단은 까디리야qādiriyyah종단으로 이란 태생의 까디르('abd al-qādir al-jīlānī, ?~1166)가 바그다드에서 창시하여, 모로코 · 알제리 · 인도네시아 · 인도 · 카프카스(코카서스) 등지에 수도원을 세우고 적극적으로 포교활동을 벌였다. 몽골의 바그다드 함락(1258) 무렵인 13세기 이후에는 집단적이고 조직적인 신앙생활을 하는 종단이 대거 등장하여 200여 개에 이르게 되어 세계 각지로 퍼져나가 활동하였으며 17세기까지 이슬람 국가의 정치 · 경제 · 사회 · 문화 전반에 걸쳐 막대한 영향력을 발휘하였다. 이로서 이슬람세계는 넓은 길인 샤리아의 길 즉 현교顯教와 좁은 길인 타리까의 길 즉 밀교密教로 나뉘게 되었으니, 전통을 완고하게 지키려는 울라마와 자유롭게 영적 체험의 길을 모색하는 수피의 긴장관계는 지금도 진행되고 있다. 그러나 17세기 이후에는 세속적인 물질주의를 선도하는 서유럽 문명의 유입과 와하비즘(Wahhabism, 1745)과 같은 이슬람 전통주의와 원리주의의 부흥과 개혁운동 등으로 전세계의 다양한 문화 · 풍속 · 사상 · 종교와 융합해온 수피즘은 쇠퇴의 길을 걷게 되었다.

이슬람의 수피즘은 그리스도교의 영지(gnōsis)나 인도의 반야(prajñā)처럼 깨달음을 지향하지만, 수피즘에서의 깨달음은 '신의 유일성(taw-ḥīd)'을 실현하기 위한 신과의 합일을 의미한다. 알라와의 합일을 위해서는 심신수련을 통해 영적 상승단계(maqām: 숙소, 역)를 거쳐야 하는데, 마깜의 숫자나 순서는 수피나 종단에 따라 다양하게 제시된다. 예를 들어 가잘리는 회개, 인내와 감사, 두려움과 희망, 금욕과 청빈, 유일성과 신탁信託, 사랑과 영적 그리움, 의도 · 성실 · 진실, 명상과 자아성찰, 숙고, 죽음과 내세의 언급 등 10개의 단계를 두었는데, 각 단계마다 수행자에게 홀연히 빛(ḥāl)과 같은 신의 은총이 내려오며, 상승의 끝에는 자아가 사라지는 '소멸(fanā'=nirvāṇa)'과 알라만이 남는 '영존(永存, baqā')'이 있다. 이러한 수행의 근간은 염송(dhikr)으로 인도의 자파요가japayoga 또는 만트라요가mantrayoga와 유사하며, 수니파나 개별의식에서는 암송을 주로 하고 시아파나 집단의식에서는 낭송을 선호하며, 일부 종단에서는 춤과 음악과 음주와 마리화나 등을 병행하기도 한다. 염송은 마음을 집중시키기 위해 적절한 숨쉬기 기법을 사용하여 신의 99가지 이름을 수없이 부르거나 샤하다를 읊는 것으로 이루어지며 스승의 엄격한 지도 아래 행해진다. 또 수피의 수행법을 신을 향한 두려움과 숭배의 감정을 가리키며 정화淨化의 의미를 내포하는 '두려움의 길(makhāfah)', 헌신과 자기희생 그리고 하느님 사랑을 뜻하는 '사랑의 길(maḥabbah=agape, bhakti, karuṇā)', 진리의 깨달음인 '지식의 길(ma'rifah=gnōsis, jñāna)'인 3단계로 구분하여, 최종 경지에 다다른 수피를 '하느님 곁에 있는 현자(ārif bi allāh)'라고 부른다.

이란에서 태어나 소아시아의 코니아Konya에서 활동하며 '신비주의 바이블' 또는 '페르시아어 쿠란'이라고도 불리는 대서사시 『정신적인 마스나위*mathnavī-ye ma'navī*』를 저작한 수피 시인 루미(jalāl al-dīn al-rūmī, 1207~1273)는 자아가 소멸하여야 진정으로 신 안에 머물 수 있음을 이렇게 노래하고 있다.

- '나'라고 말한 그 친구 -

어떤 사람이 친구를 찾아가 문을 두드리자

그 친구는 '누구십니까?'라고 물었네.

그 사람이 '나요'라고 대답하자

그 친구는 '너무 일찍 왔군. 내 식단에 설익은 것을 둘 수 없소'라고 말했네.

부재不在의 불 외에 무엇으로 날 것을 익힐 것인가?

그리움 이외에 그 무엇이 위선에서 그를 구해줄 것인가?

그 사람은 슬픔을 안고 떠나갔네.

1년 내내 이별의 불꽃으로 자신을 태웠네.

그리고 그 사람은 다시 찾아와

친구의 집 주변을 서성거렸네.

크나큰 두려움과 존경을 다해 그 문을 두드렸네.

어떤 불경한 말이 자신의 입술에서 새어나올까 두려워하면서.

그 친구는 이렇게 말했네.

"누구십니까? 당신 오, 모든 마음의 매혹자시여.

이제 되었군. 그대가 곧 나이니 들어오시오.

이 집엔 두 개의 '나'가 머물 수는 없는 것이니."

제5장 현대의 명상

제5장 현대의 명상

슬프다! 인간이 동경의 화살을 더 이상 자신의 너머로 쏘지 못하고, 윙윙거리며 활시위를 울리게 할 줄도 모르는 그런 때가 머지않아 오겠구나!

그대들에게 말하거니와, 춤추는 별을 낳으려면 인간은 자신 속에 혼돈을 간직하고 있어야 한다.

슬프다! 인간이 더 이상 별을 낳지 못하는 때가 오겠구나! 슬프다! 자기 자신을 더 이상 경멸할 줄 모르는, 경멸스럽기 그지없는 인간들의 시대가 오고 있다!

보라! 나는 그대들에게 종말인을 보여주련다.

"사랑은 무엇인가? 창조는 무엇인가? 동경은 무엇인가? 별은 무엇인가?" 종말인은 이렇게 물으며 눈을 깜박인다.

그러자 대지는 작아지고, 그 대지 위에선 만물을 왜소하게 만드는 종말인들이 깡충거리며 뛰어다닌다. 이 종족은 벼룩과 같아서 근절되지 않는다. 종말인이 가장 오래 사는 것이다.

"우리는 행복을 찾아냈다." 종말인들은 이렇게 말하며 눈을 깜박인다.

그들은 살기 어려운 지방을 떠났다. 온기가 필요해서였다. 게다가 아직도 이웃을 사랑하며 이웃사람과 몸을 비비고 있다. 온기가 필요해서다.

병에 걸리거나 의심하는 것을 그들은 죄로 여긴다. 그들은 조심조심 걸어 다닌다. 돌이나 인간에게 걸려 비틀거리는 자는 바보일 뿐이다!

이따금 조금씩 독을 머시며 아늑한 꿈을 꾼다. 그리고 끝내는 많은 독을 마시고 즐거운 죽음을 맞이하기도 한다.

그들은 여전히 일한다. 일 자체가 일종의 소일거리기 때문이다. 하지만 그들은 이 소일거리 때문에 몸을 상하는 일이 없도록 조심한다.

그들은 가난해지지도 부유해지지도 못한다. 둘 다 너무 성가시기 때문이다. 아직도 다스리려고 하는 자가 있는가? 아직도 순종하려는 자가 있는가? 이 둘다 너무 성가신 것이다.

돌보아 줄 양치기는 없고 가축 떼만 있을 뿐! 모두가 평등을 원하고 모두가 평등하다. 자기가 특별히 다르다고 느끼는 자는 제 발로 정신병원으로 가게 마련이다.

"옛날에는 세상이 온통 미쳤었다." 가장 세련된 자들이 이렇게 말하며 눈을 깜박인다.

사람들은 영리하며 이 세상에서 일어나는 모든 일을 알고 있다. 그러므로 그들의 조소에는 끝이 없다. 그들은 다투기도 하지만 곧 화해한다. 그러지 않으면 위가 상하기 때문이다.

그들은 낮의 쾌락도 밤의 쾌락도 조촐하게 즐긴다. 그러면서도 건강은 알뜰하게 챙긴다.

"우리는 행복을 찾아냈다." 종말인들은 이렇게 말하고 눈을 깜박인다. -『차라투스트라는 이렇게 말했다』「머리말5」

그대들에게 초인을 가르치려 하노라. 인간은 극복되어야 할 그 무엇이다. 그대들은 자신을 극복하기 위해 무엇을 했는가?

지금까지 모든 존재는 자신을 넘어서 그 무엇인가를 창조해왔다. 그런데도 그대들은 이 거대한 밀물의 한가운데서 썰물이 되기를, 자신을 극복하기보다는 동물로 되돌아가기를 원하는가?

-『차라투스트라는 이렇게 말했다』「머리말3」

나는 인간들에게 그들의 존재의미를 가르치려고 한다.

존재의 의미는 초인이며, 인간이라는 검은 구름을 뚫고 번쩍이는 번개가 아닌가. -『차라투스트라는 이렇게 말했다』「머리말7」

모든 것은 가고 모든 것은 되돌아온다. 존재의 수레바퀴는 영원히 굴러간다. 모든 것은 죽고, 모든 것은 다시 꽃피어난다. 존재의 세월은 영원히 흘러간다.

모든 것은 꺾이고, 모든 것은 새로이 이어진다. 존재의 동일한 집이 영원히 세워진다. 모든 것은 헤어지고, 모든 것은 다시 인사를 나눈다. 존재의 둥근 고리는 영원히 자기 자신에게 충실하다.

모든 순간에 존재는 시작한다. 모든 '여기'를 중심으로 '저기'라는 공이 회전한다. 중심은 어디에나 있다. 영원의 오솔길은 굽어있다.

…

하지만 내가 거기에 얽혀있는 원인들의 매듭은 회귀하고, 이 매듭은 나를 다시 창조하리라! 나 자신이 영원회귀의 원인들에 속해있는 것이다.

나는 다시 온다. 이 태양과 더불어, 이 대지와 더불어, 이 독수리와 더불어, 그리고 이 뱀과 더불어. 그러나 하나의 새로운 삶, 또는 보다 나은 삶, 또는 비슷한 삶으로 다시 돌아오는 것은 아니다. 나는 최대의 것에서도 그리고 최소의 것에서도 동일한 이 삶으로 영원히 되돌아오는 것이다. 만물에게 다시 영원회귀를 가르치기 위함이며, 위대한 대지의 정오와 위대한 인간의 정오에 대해 다시 말하기 위해서이며, 다시 사람들에게 초인의 도래를 알리기 위함이다.

나는 나의 말을 했고, 나의 그 말 때문에 부서진다. 그러므로 나의 영원한 운명은 다음과 같이 되기를 원하다.

예고자로서 나는 파멸하고자 한다!

이제 몰락하는 자가 자신에게 축복을 내릴 때가 왔다. 이렇게 하여 차라투스트라의 몰락은 끝난다. –『차라투스트라는 이렇게 말했다』「치유되고 있는 자」

니체(Friedrich Wilhelm Nietzsche, 1844~1900)는 『차라투스트라는 이렇게 말했다(*Also sprach Zarathustra,* 1883~1885)』에서 갖가지 우상을 숭배하며 무기력과 허무주의에 빠진 시대를 질타하면서, 우주의 '영겁회귀(ewige Wiederkunft)'를 깨닫고 '힘을 향한 의지(Wille zur Macht)'를 실현해내고자 분투하며 디오니소스적 자유정신(der freie

Geist)을 실천하는 초인(Übermensch: 저편으로 건너간 인간)을 등장시켜 인류의 귀감을 삼게 하고자 한다. 그러나 이 시대의 사람들 즉 비천하기 짝이 없는 종말인(der letzte Mensch)들은 계몽주의 이래의 이성적 · 합리적 판단에 근거하여 '우리는 행복을 찾아냈다'며 무력하게 안주하고자 한다. 이들은 기존의 대중적 · 전통적 가치나 가치관을 뒤집고 극복할 의지나 용기를 갖고 있지 않으며 스스로 새로운 가치나 목표를 설정할 능력도 생각도 없다. 너도 나도 '소확행(小確幸: 일상에서 느낄 수 있는 작지만 확실하게 실현 가능한 행복. 또는 그러한 행복을 추구하는 삶의 경향, 1986)'을 부르짖는 지금 우리의 모습이다.

1. 심리치유

> "흔히 심리학자들은 종교를 비합리적인 사람들이 하는 행위로 간주해 정말로 종교적이고 신비적이며 영적으로 지향된 내담자들을 상담에서 떠나가게 하고 잘못된 진단을 내리곤 한다. 반면 종교적, 영적 지도자들은 심리학자와 심리치료자들을 세속적이고 탐욕적이며 영감이 떨어지는 사람들로 평가절하하곤 한다."(프랜 그레이스, 레드랜즈 대학 종교학과/『현대심리학과 고대의 지혜』)

종교는 인간 존재가 통상적인 경험세계 너머의 초월적 가치를 지닌 신, 신성, 궁극적 실재, 영원, 무한 등 초인간적 세계를 향해 열리도록 독려하지만 그것은 세속의 사물[俗物]을 통해서만 가능하다. 현대 종교학을 대표하는 루마니아 태생의 엘리아데(Mircea Eliade, 1907~1986)는 인간 삶의 세계를 일상을 넘어선 영역인 '성(聖 sacred)'과 일상의 영역인 '속(俗 profane)'으로 나누고 그 두 세계는 공존하고 있으면서 상황에 따라 인간 주체의 구체적 경험 속에서 성스러움이 드러나기도 하고 드러나지 않기도 한다고 하며, 그 드러남을 '성현(聖顯, hierophany)'이라고 표현하고 있다. 그래서 '인간이 다루었고, 느꼈고, 접촉했고, 사랑한 어떤 것도 모두 성현이 될 수 있다'라고 하여 삶 자체가 바로 성현이고, 선험적인 것이 아니라 '경험적 실재(empirical reality)'이며, 이것은 바로 '존재의 드러남(ontophany)'을 뜻한다고 말하고 있다. 이런 시각에서 볼 때 성과 속의 두 세계를 이분법적으로 단절시켜 우열관계에 놓고자 하는 마음 자체가 속물적인 근성(snobbism)에서 발현된 것이라고 볼 수 있다.

(1) 의료명상

의료명상(medical meditation) 또는 명상치료(meditation therapy)는 명상을 통해 각종 질병을 치료하고 예방하며, 나아가 노화를 방지하고 삶에 활력과 건강을 줄 수 있다고 한다. 이러한 흐름이 활성화된 것은 1960년대 이후 인도의 요가와 동양의 종교 전통에서 행하던 수행법들이 본격적으로 서양에 알려지면서부터이다. 특히 스트레스에 관련된 질환과 약물치료 부작용에 불만족스러웠던 의사들에 의해 널리 보급되면서 명상이 신경조직을 평온하게 하고 심장의 박동을 감속시키며 혈압과 물질대사를 원활하게 해주는 등의 역할을 한다는 것이 여러 의료관련 기관들의 연구를 통해 밝혀지고 있다. 현대의 질병 특히 위궤양, 기관지 천식, 궤양성 대장증상, 류마티스성 관절염, 고혈압, 신경성 피부염, 갑상선 등은 많은 부분이 심리적인 원인으로 신체적 이상이 발생하는 정신신체적인 조건(psychosomatic condition)에서 연원하고 있다. 세조(재위: 1455~1468)의 『의약론』(1463)에 나오는 "심의心醫라는 것은 사람으로 하여금 항상 마음을 편안하게 가지도록 가르쳐서 병자病者가 그 마음을 움직이지 말게 하여 위태할 때에도 진실로 큰 해害가 없게 하고, 반드시 그 원하는 것을 곡진히 따르는 자이다. 마음이 편안하면 기운이 편안하기 때문이다"라는 구절은 현대 정신신체의학 개념에 부합한다고 할 수 있다. 신경성 식욕부진, 비만증, 대식증大食症, 십이지장궤양, 과민성 대장질환, 협심증, 부정맥, 호흡장애, 피부가려움증, 두드러기, 월경 장애, 두통 등 정신신체적인 질환(pschosomatic disease)은 일반 내과적 치료에 더하여 적극적으로 심리치료를 병행할 필요가 있으며 따라서 치료법으로서의 명상에 대한 관심이 고조될 수밖에 없다.

의료적 수단으로 사용되는 명상의 방법은 다음과 같은 것들이 있다.

① 기도(Prayer): 가령 14세기에 그리스 아토스 산의 수도사들이 일으킨 신비주의의 한 교파인 헤시카스트Hesychast의 '예수기도(Jesus Prayer)'처럼 '예수'라는 말을 계속 반복하여 외는 것을 들 수 있다.

② 심상법(Visualization): 편안하고 행복해지는 상상을 하는 것만으로 마음이 편안해지고 근육이 이완된다.

③ 수피명상(Sufi Meditation): 염송을 하며 마음을 집중시킨다.

④ 유도된 심상법(Guided Imagery): 일정한 시각 심상을 주거나 자신의 문제를 스스로 떠올리게 하여 치유로 인도한다.

⑤ 마음챙김 명상(Mindfulness Meditation)

⑥ 이완반응(Relaxtion Response): 조용한 환경, 정신적 장치, 수용적 태도, 편안한 자세 등이 필수요소인데, '정신적 장치'로서는 편안히 호흡하며 날숨에 특정 단어나 만트라를 속으로 읊조리는 것을 들

고 있다. 미국의 허버트 벤슨(Herbert Benson, 1935~)이 초월명상 수련자들을 과학적으로 연구하여 명상의 가치를 입증하면서 창안한 비종교적 명상방법이다.

⑦ 초월명상(Transcendental Meditation): 수행자는 진언을 반복하여 염송하는데, 의도적인 노력을 기울이지 않고 자연스럽게 행하며 순수한 각성 · 수면 · 꿈과 같이 행복한 의식상태에 도달하도록 한다. 하루에 두 차례, 한 번에 15~20분 정도씩만 수련한다.

⑧ 선불교 명상(Zen Buddhist Meditation): 가부좌를 틀고 참선을 행한다.

⑨ 미국 원주민 명상(Native American Meditation): 우리의 삶을 치유를 위한 여행(healing journey)이라고 보며, 그것은 궁극적으로 자신과 자연의 전체성을 받아들이는 것을 의미한다. 치유하는 힘이 있으며 정체성을 명료하게 하는 것은 '이야기'다. 이야기는 문화적 · 영적 연속성을 강화하여 공동체의 통합을 돕고, 개인의 질병을 치유한다.

⑩ 태극권과 기공氣功 등 운동명상(Movement Meditation, Including Tai Chi & Qi Gong): 태극권은 17세기 명나라 말기에 진 씨陳氏가 창안한 진식陳式태극권에서 유래하였다는 설과 13세기 송나라 말기에 장삼봉 진인이 『역경』의 태극오행설과 『황제내경소문』의 동양의학, 노자의 철학사상 등에 양생도인법, 호신술을 절묘하게 조화해 집대성한 것이라는 설이 있다. 태극권의 근본목적은 치병 및 건강장수에 있지만 그 수련과정에서 자위自衛의 능력이 자연히 생겨나는 체용體用이 겸비된 기예이며, 유연하고 완만한 동작 속에 기를 단전에 모아 온몸에 원활하게 유통시키고 오장육부를 강화하

는 것이 특징이다. 질병 치유와 건강에 뛰어난 효과가 있다는 사실이 알려져 전세계적으로 유행하고 있다.

기공은 중국 전래의 양생법을 가리키며, 중국에서는 1979년 이후 "기공이란 기의 흐름을 정상적으로 유도하여 심신의 건강을 도모하기 위한 동양체육학의 집대성이다. 기는 사람의 오관을 통해 감촉하는 형태와 의지력 · 영감 · 심체로써 느끼는 형태로 존재하며, 이 2가지가 서로 간섭 교차하여 변화를 꾀한다. 사람은 인체 내의 경락經絡을 열어주는 기공의 삼조(三調: 調心, 調身, 調息)를 통해 인체 내외의 기를 잘 조화시켜 심신 긴장완화, 진기 촉진, 도덕수양, 지력과 특수능력개발, 질병예방을 통한 무병장수를 꾀한다"라고 그 개념을 정립하였다. 현대의학에서는 환자와 의사의 관계를 중시하며 치료를 위한 모든 적절한 방법을 동원하려는 통합의학(Integrative medicine)의 관점에서 기공은 중요한 치료법으로 사용되고 있다.

⑪ 요가Yoga

⑫ 마음조절(Mind Control): 산만한 추리를 벗어나 깊은 심적 수준에 들어갈 수 있도록 마음을 편안하게 이완시킨다. 호세 실바(Jose Silva, 1915~1999)의 '실바 마인드 컨트롤'이라는 프로그램에 의한 잠재능력 개발법이다.

위 명상법들의 공통점은 '생각을 멈춘 채 이완하는 것(Relaxation, with a Suspension of Thought)'으로 이를 유지하면 스트레스 반응과는 정반대의 생리적 효과가 나타난다. 명상의 효과에 대한 과학적 규명 중에서 대표적인 것이 뇌파에 미치는 영향이라고 할 수 있다. 독일 생리학자 한스 베르거(Hans Berger, 1873~1941)는 1920년대에 인간 의식상태와 뇌파(brain wave: 뇌 속의 신경세포가 활동하면서 발산하는 전기적 파동) 사이의 관계를 연구하기 시작하여 전극을 통해 뇌의 전기적 활동을 기록하는 전기생리학적 측정방법인 '뇌전도(腦電圖, electroencephalography, electroencephalogram, EEG)'(1929)라는 말을 처음 만들어 뇌과학 연구에 사용하였다. 뇌파는 다섯 개의 주파수 대역으로 발산되는데, 주파수 대역은 바로 뇌의 상태를 나타낸다.

① 베타β파/13~30 헤르츠Hz: 일반적인 각성상태에서 인지적 사고활동을 할 때 나타나는 파형으로, 외부세계를 향해 마음이 주의를 집중하거나 적극적으로 사고하는 경우로서 스트레스를 낳는 불안과 긴장을 동반한다.

② 알파α파/8~12.99 헤르츠: 내면을 향한 이완된 의식이나 내면에 초점을 맞춘 상태에서 나타나는 파형으로, 쾌적하고 편안한 기분상태와 관련된다. 대부분의 사람들은 눈을 감고 완전히 이완했을 때 비로소 알파파가 나오며, 눈을 뜬 채 동요하지 않고 지속적으로 알파파를 발산하기는 어려운 만큼 명상의 달인들의 특징에 속한다고 할 수 있다.

③ 세타θ파/4~7.99 헤르츠: 무의식이나 수면으로 빠져들 때 나타나는 파형으로, 각성과 수면 사이의 명상상태를 반영한다. 이때 깊은 통찰을 경험하기도 하고, 창의적인 생각이나 문제해결 능력이 솟아나기도 한다. 유쾌하고 이완된 기분과 극단적인 각성이 결합된 뇌파다.

④ 델타δ파/0.2~3.99 헤르츠: 꿈을 꾸지 않는 깊은 수면 상태에서 나타나는 파형이다.

⑤ 감마γ파/30 헤르츠 이상: 긴장하거나 흥분한 상태에서 나타나는 파형으로, 극도의 각성과 격앙 시에 발산되는 뇌파다.

명상 중 깨달음의 순간에 나타나는 뇌파가 '세타파'라고 할 수 있는데, 이때 뇌 속에 일산화질소(NO)가 발생한다. 일산화질소는 신경세포 사이의 접합부분인 시냅스synapse 사이에서 신경전달물질로 작용하여 뇌가 효율적으로 작용할 수 있도록 돕는 것으로 알려져 있으며, 도파민이나 엔돌핀의 방출을 촉진하여 안정감을 증진시키고, 최상의 신체적 쾌감을 경험하도록 해준다. 또한 뇌 부위의 혈행을 개선하고 산소 부족을 치료하며, 우울증 치료에도 효과적이고 혈관을 확장하여 심장의 혈액 흐름을 개선시키고, 남성의 성적 무력증을 개선하고 면역계통을 강화한다. 이처럼 일산화질소는 스트레스 관련 질병 치료에 효과가 있는 것을 밝혀지고 있다.

(2) MBSR

불교에서는 초기부터의 수행법인 선정(samatha)과 지혜(vipassanā)를 합하여 '지관止觀'이나 '정혜定慧'라는 용어로 나타내왔는데, 전자는 일체의 외경이나 어지러운 상념에 움직이지 않고 마음을 특정 대상에 쏟는 것이고 후자는 그것에 의해 지혜를 일으켜 대상을 바르게 보는 것이다. 그래서 전자를 얻기 위해서는 '5정심관'을 닦고, 후자를 얻기 위해서는 '4념주(念住=處: 身·受·心·法)'를 닦아야 한다고 하였는데, 그 지혜의 내용은 3법인(法印: 제행무상·제법무아·일체개고)을 가리킨다. 그리고 경전에서는 "비구들이여, 이 도는 유일한 길이니 중생들의 청정을 위하고 근심과 탄식을 다 건너기 위한 것이며, 육체적 고통과 정신적 고통을 사라지게 하고 옳은 방법을 터득하고 열반을 실현하기 위한 것이다. 그것은 바로 '네 가지 마음챙김의 확립'이다"라고 하여 깨달음을 얻기 위한 '4념처'수행의 중요성을 강조하고 있다. 그리고 '마음챙김[念]'은 대상에 깊이 들어가는 것이고, 대상을 거머쥐는 것이고, 대상을 확립하는 것이고, 마음을 보호하는 것이니, 그것은 언어에 의해 만들어진 개념적 존재를 해체하여 사물의 진상을 여실하게 드러나게 하려는데 목적이 있다고 하겠다.

'마음챙김에 근거한 스트레스 감소(mindfulness-based stress reduction=MBSR)'프로그램은 불교의 '4념처(sati paṭṭhāna)'수행을 근간으로 하여 미국의 존 카밧진(Jon Kabat-Zinn, 1944~)이 개발하였다. 그는 달라이 라마, 틱낫한, 캄보디아 종정 마하 고사난다와 함께 세계 4대 생불로 불린 숭산스님(1927~2004)으로부터 선불교와 불교수행을 배우고 명상을 연구하다가 1979년 〈스트레스 감소 클리닉(the Stress Reduction Clinic)〉을 설립하여 종교적 색채를 뺀 8주 코스의 프로그램을 운영하였으며, 이후 〈의료, 건강 돌봄, 사회 마음챙김 센터(the Center for Mindfulness in Medicine, Health Care, and Society)〉로 확대하여 전세계적으로 널리 확산

시켰다. 그는 마음챙김을 '의도적으로 현재의 순간에 비판단적으로 주의를 기울이는 것'이라고 정의하고, 마음챙김 명상의 기본 태도로서 다음의 일곱 가지를 들고 있다.

① 비판단(non-judging): 자신의 경험을 편견 없이 바라보도록 한다. 자신의 마음에 주의를 기울여 보면 거기 있는 모든 것이 이런저런 종류의 판단이라는 것을 알 수 있다. 바로 그 판단에 대해 다시 판단하거나 변화시키려고 하지 말고 단지 그것이 나의 '판단'이라는 것을 알아차리도록 한다.

② 인내(patience): 지금보다 더 좋은 순간, 더 좋은 시간으로 빨리 이동해야겠다는 강한 충동을 이겨내야 한다. 고치 속의 나비는 조급하게 억지로 끄집어낼 수 있는 것이 아니라 때가 되면 스스로 나오는 것처럼, 지금 이 순간순간의 오롯한 경험은 우리를 무한의 시간 속으로 안내한다.

③ 초심(beginner's mind): 모든 사물을 마치 처음 대하듯이 보며, 이미 아는 것과 경험한 것에 사로잡히지 않는다. 우리는 선입견이나 편견의 틀 안에서 세상을 바라보고 판단하고 있으며 거기서 자신과 세상에 대한 권태로움을 느낀다. 아이들은 매 순간 새롭고 매 순간 재미나게 놀면서도 지치지 않으며 싫증을 내지 않는다.

④ 신뢰(trust): 자신과 자신의 생각에 대한 믿음이 수행의 근본 전제다. 아무리 훌륭한 스승이나 경전이라도 결국은 타인일 뿐이며 궁극적인 관심은 나 자신이 아니겠는가? 자신의 갖가지 잘못은 스스로에 대한 믿음으로만 극복될 수 있는 것이다.

⑤ 애쓰지 않음(non-striving): 우리가 이 순간을 소중히 할 때 따로

도달해야할 목표는 존재하지 않는다. 앞뒤에 늘어선 시간들을 팽개치고 지평선 너머에 미래의 어느 시점에 더 나은 내 삶이 고고하게 걸려있는 것이 결코 아니다.

⑥ 수용(acceptance): 지금의 현상이 어떤지 인식한 뒤 그것과 지혜로운 관계를 맺는 방법을 찾는 것이다. 그런 다음에라야 그 명료함의 관점에서 볼 때 적절하다고 생각되는 행동을 취할 수 있게 된다. 수용은 수동적 체념이 아니라 현재의 상황이나 사실에 대한 바른 앎을 뜻하며, 이러한 자각이 있어야만 그에 대한 적절한 행동을 취할 수 있다. 수용이 없으면 까닭모를 두려움에 압도되어 명료성과 평정심을 잃어버릴 수 있기 때문이니, 온전한 수용은 인식의 대전환을 가져와 자신을 자유롭게 할 수 있다.

⑦ 내려놓기(letting go): 우리가 싫다고 밀쳐내는 혐오하는 것이나 강하게 매달려 집착하는 것을 억지로 끊어내는 것이 아니라, 밀쳐내거나 꽉 붙잡지 않았을 때의 결과에 대한 집착이 없이 그대로 내버려두는 마음상태이다. 내버려둘 때 우리는 만족을 모르는 끝없는 욕망의 희생자가 될 필요도 없고, 집착과 두려움을 내려놓을 수 있으며, 있는 그대로의 현상을 인정할 수 있게 된다. 이는 우리가 애써서 성취하고 도달해야 할 이상적인 목표가 아니라 우리를 괴로움의 굴레에서 해방시켜주고 진정한 행복과 건강함을 느끼게 해주는 것이다.

마음챙김 훈련은 8주 동안 한 주에 한 번씩, 한 번에 2~3시간 정도 진행하는 집단프로그램이다. 그리고 매일 집에서 45분간 마음챙김 연습에 관한 숙제 훈련을 해야 한다. 참여집단은 끊임없이 변화하는 자신의 내면 상태의 흐름을 경험하고, 매 순간에 대한 자각 능력을 키우고자 하는 사람들로 이뤄진다. 훈련의 내용으로는 다음과 같은 것들이 있다.

① 건포도 먹기 훈련: 먼저 건포도를 받아서 과거에 한 번도 보지 않았던 것처럼 흥미와 호기심을 갖고 관찰한다. 그리고 나서 건포도의 표면을 천천히 관찰하고 손으로 촉감도 느끼고 불빛에 비춰도 보고 귀로 가까이 가져가 비빌 때 소리가 어떻게 들리는지도 알아보고 냄새도 맡아본다. 그 후에 입 속에 넣고 어디에서 침이 나와 고이는지 등을 살핀 후 천천히 씹으면서 입과 혀의 반응이나 맛과 질감 등을 알아차리고, 삼켰을 때 목구멍에서 일어나는 감각적 느낌 등에 주의를 기울인다. 이러한 알아차림 능력의 증가는 건성으로 기계적으로 일상적으로 해왔던 일을 의도적으로 선택할 수 있게 해준다.

② 보디스캔 훈련: 눈을 감은 채 바닥에 등을 대고 가만히 눕거나 의자에 편안하게 앉아 왼쪽 발의 발가락으로부터 시작해서 서서히 상체 쪽으로 차례차례 주의의 초점을 옮겨간다. 오직 열린 마음과 호기심을 가진 채 지금 이 순간 나타나는 감각만을 주의깊게 살펴본다. 주의가 다른 데로 벗어나 그것을 알아차리면 원래의 집중 대상으로 다시 돌아오면 된다.

③ 정좌명상: 의자나 방석 위에 앉아 마음을 각성한 채 편안한 자세를 취하고, 등은 똑바로 펴서 머리와 목과 등뼈가 일직선이 되도록 하며, 눈은 가볍게 감거나 아래쪽을 응시한다. 호흡, 신체감각, 감각의 변화, 외부에서 들려오는 소리, 냄새 등을 알아차리고,

의식에 떠오르는 생각이나 감정을 관찰한다. 이러한 것들이 왔다가 바뀌다가 사라지는 것을 알아차리도록 주의를 기울인다.

④ 하타요가: 신체를 움직여 특정 자세를 유지하면서 몸의 동작·균형·감각 등에 대해 순간순간 마음챙김을 키워나간다.

⑤ 걷기명상: 걷는 동안 신체 감각과 균형에 주의한다. 눈은 정면을 향하고 발쪽을 내려다보지 말아야 한다. 다리를 들어올리고 움직일 때 발과 다리의 움직임과 감각 등을 알아차리도록 한다. 매우 느린 속도로 걷기 시작하여 조금씩 속도를 올린다. 특정 도착지점을 정하지 않고 행하며, 처음에는 발과 다리에서 일어나는 감각에 초점을 두지만 시간이 지나면서 걷는 동안 몸 전체에서 일어나는 감각으로 주의를 확대해간다.

⑥ 일상생활 속에서 알아차림: 설거지·청소·식사·운전·쇼핑 등 일상생활에서 오는 감각·감정·생각 등에 대해 마음챙김을 하는 것이다. 이는 지각력과 통찰력을 증진시키고, 자신의 습관적이고 자동적인 생각과 행동반응을 자각할 수 있게 해준다.

이외에도 리네한(Marsha Linehan) 등의 '변증법적 행동치료(dialectic behavior therapy=DBT, 1999)', 헤이즈(S.C. Hayes, K.D. Strosahl, K.G. Wilson) 등의 '수용-전념 치료(acceptance and commitment therapy=ACT, 1999)', 티즈데일(J.D. Teasdale, Z.V. Segal, J.M.G. Williams) 등의 '마음챙김에 근거한 인지치료(mindfulness-based cognitive therapy=MBCT, 2002)', 거머(Christopher K. Germer)의 '마음챙김 자기연민(mindful self-compassion=MSC, 2009)' 등이 마음챙김 명상에 기반하여 개발된 치료방법들이다. 그들이 추구하는 것은

마음챙김을 통해 자신의 정서와 생각을 더 잘 알고 숙고반응을 하여 심리적 증상의 원인이 된 습관적인 부적절한 정서 및 사고를 하지 않는 것이고, 나아가 자신의 내적인 고통을 바라보는 훈련을 통해 부정적 사고에 따른 이차적인 정서 및 사고를 경감하는 것이라고 한다.

2. 수련단체

서유럽사회는 17세기 계몽적 사고 전환의 결실로서 전세계를 정복하고 지배자로서의 우월적 지위와 부를 누려오다가, 1차 대전(1914~1918) 이후에는 인간과 인간 이성 중심의 합리주의적 사고와 과학 · 기술 중심의 산업사회가 오히려 인간의 존엄성을 위협하고 자연 생태계를 파괴한다는 우려를 제기하는 사람들이 등장하기 시작했다. 이러한 흐름은 1960년대 이후 본격화되어 '포스트모더니즘postmodernism'과 '뉴에이지운동(new age movement)'이라는 형태로 나타나게 되었다. 프랑스 철학자 리오타르(Jean-François Lyotard, 1924~1998)는 근대 이후의 이성중심주의적 방식에 기반한 '총체성을 지향하는 획일적인 가치체계'를 거부하고 다원주의를 옹호하였다. 그리고 그는 모든 것을 하나의 이론틀로 설명하려는 거시적 · 전체적 · 통합적 담론의 체계를 비판하며 우리에게 필요한 것은 이론이나 사물, 인종, 문화 간의 차이를 확인하고 다원성과 다양성을 인정하는 것이라고 주장하였다. 그는 '포스트'를 '이후(after)', '반대(anti)', '넘어서(trans)'라는 세 가지 의미가 동시에 함축된 것으로 해석한다. 그래서 포스트모더니즘은 근대 이후의 사유체계이자 근대의 사유체계를 반대하는 사조이며 또한 그것이 지니고 있는 문제들을 극복해야 한다는 의미를 지니게 된다. '뉴에이지'는 포스트모더니즘의 영향을 받은 1960년대 서유럽의 반계몽적 · 반문화적 흐름에서 연원하고 있는데 어원적으로는 서양의 점성학에 기반을 두고 있다. 이 시대는 하늘의 황도黃道 12궁 가운데 물고기자리를 지나 물병자리(Aquarius)라는 새로운 세대에 진입했다는 뜻으로, 인간의 정신적 갈증과 영혼의 공허함을 채워주고 영성의 개방을 상징하는 표현으로 보고 있다. 절대적이고 초월적이고 독선적인 신 중심사상에서 벗어나 인간의 무한 잠재력을 개발하여 스스로 해방되고 치유될 수 있도록 독려하고 인도하는 운동이라고 할 수 있다. 결국 기존의 서유럽식 가치와 문화에 반기를 들고 종교 · 의학 · 철학 · 천문학 · 환경 · 건축 · 미술 · 음악 등의 영역에서 발전되어온 새로운 문화운동인 것이다.

1960년대 이후 서유럽에서 일어난 포스트모더니즘 운동과 뉴에이지 운동의 여파는 우리나라를 비롯한 전세계의 정치 · 경제 · 사회 · 문화 · 종교 각 방면에 큰 영향을 끼쳤다. 1970년대부터 한국에서는 영성과 과학의 조화와 일치를 꾀하는 카프라(Fritjof Capra, 1939~)의 '신과학이론(기계론적 세계관에서 출발한 자연과학사상을 근본적으로 반성하고, 새로운 유기체적 세계관에 입각한 과학사상을 모색하는 사조, 1975)'과 연계한 동양사상 우월주의나 뉴에이지 운동과 결합하여 자기수련, 잠재력 개발, 심신치유 등을 목적으로 하는 '기'수련 · 단전호흡 · 요가 · 명상 운동이 대유행을 하게 되었다. 우리나라에는 현재 선무도禪武道, 기천문氣天門, 심무도心武道, 국선도國仙道, 천도선법天道仙法, 단월드, 한국단학회 연정원研精院, 석문石門호흡, 수선재樹仙齋, 마음수련, 동사섭同事攝, 명상월드, 미내사(미래를 내다보는 사람들) 등 수많은 자생적 수련단체들과 중국·인도·미국 등에서 발원한 기공·무술·요가 단체들이 활동하고 있다. 이들은 형식상으로는 단군·한민족·백두산족 계열, 중국의 기공계열, 인도의 요가계열, 유·불·도 및 무교·기독교·영지주의 등 각종 종교계열, 의료명상 계열, 초세속적 신비주의 계열 등으로 구분할 수 있겠으나 실제 내용상으로는 새로운 시대환경 속에서 세속적이고 개인적인 성공과 건강을 지향하는 자본주의적 가치와 더불어 다양하게 혼합되어 있는 경우가 대부분이라고 하겠다. 이들 중 임의로 두 개의 수련단체를 살펴보도록 한다.

(1) 국선도

국선도國仙道는 속리산·태백산·치악산 등에서 입산수련하던 청산(1936~1984?·본명 고경민)이 스승인 청운의 명으로 1967년에 하산하여 세상에 알려지기 시작하였다. 처음에는 국선도를 알리기 위해 물 속에서 숨을 참거나 불 속에서 견디는 등의 외공을 주로 보이고 가르치고 하였으나 이후에는 내공에 중점을 두어 제자들을 양성하였다. 국선도에서는 그 연원과 의미를 이렇게 말하고 있다. 국선도는 우리민족 고유의 전통 심신수련법이다. '선'은 사람[亻]과 하늘[天]이 묘합한다는 뜻으로 원래 명칭은 '밝돌법(=밝도, 밝돌법)'이라고 하는데 '밝'은 태양, '돌'은 돌고 도는 자연의 변화법칙을 상징하는 말로써, 사람이 태양의 밝음을 받아 자연의 법칙과 하나가 되게 하는 법이라는 의미다. 밝도는 9,700

여 년 전에 천기도인이라는 분이 백두산에 들어가 도인들을 만나 수련법을 배우고 나서 하산하여 세상사람들에게 전해주어 그 수련법이 전래되었고 이후 신선도 · 선비도 · 현묘지도 · 풍류도 · 화랑도 등으로 불려왔으니, 유 · 불 · 도 성립 훨씬 이전부터 전해져온 동이민족 고유의 도법이다. 국선도의 수련은 수신련성修身煉性, 즉 몸을 닦고 성품을 단련한다는 의미로, 소우주인 사심과 사욕을 가진 인간이 대우주인 무욕의 대자연을 닮아가는 과정이다.

현재 국선도는 청산의 아들 고남준의 '국선도연맹', 허경무의 '세계국선도연맹', 박진후의 '국선도무예협회', 도리비달의 '국선도단전호흡', 김성환의 '덕당국선도' 등 여러 단체로 나뉘어있지만 공통적으로 수련법은 내공과 외공으로 이루어져 있다. 내공법內功法은 음적인 고요함 속에 정신을 집중하고 호흡을 통해 기를 쌓아 몸 안의 정기를 충만하게 하고 나아가 몸 안의 기운과 대자연의 기운이 막히지 않고 잘 통하고 열리게[疏通大開] 하는 법으로, 다음과 같이 3단계 9단법丹法으로 나뉜다.

(1) 정각도(正覺道: 육체적 단계)

① 중기中氣단법: 50가지 행공

② 건곤乾坤단법: 23가지 행공

③ 원기元氣단법: 360가지 행공

(2) 통기법(通氣法: 정신적 단계)

① 진기眞氣단법: 5가지 행공

② 삼합三合단법: 2가지 행공

③ 조리造理단법: 자유로운 행공

(3) 선도법(仙道法: 육체와 정신 합실合實)

① 삼청三淸단법: 자유로운 행공

② 무진無盡단법: 자유로운 행공

③ 진공眞空단법: 자유로운 행공

이렇게 수련을 하여 얻어진 단의 힘[丹力]은 성취도에 따라 수修・련煉・지智・지地의 4단계이다. 그리고 외공법外功法은 내공으로 쌓여진 정기를 원리와 법에 맞추어 양陽적으로 강력하게 순환시켜 기로 변화시키는 법으로 기화법氣化法이라고 하며, 외부의 위협으로부터 자신을 보호하는 호신법이기도 한데, 내공 수련의 수준에 따라 외공을 맞추어 하게 되어 있다. 먼저 머리・가슴・배・손・발을 단련시킨 후에 본격적으로 외공으로 들어가며, 외공법에는 다양한 권법과 검법, 그리고 창술・봉술・부채술 등의 다양한 무기술이 있다. 가령 여러 권법 중에서 오운육기(5運: 木・火・土・金・水, 6氣: 風・寒・暑・濕・燥・火)에 맞춰 구성된 권법인 기화용법氣化用法은 44개의 형법形法과 124개의 세勢와 2,664개의 동작으로 이뤄져있다.

'국선도연맹'에서는 일반 수련인들에게는 단전호흡을 주로 하는 내공수련을 위주로 지도하고 있고, 외공은 지도자과정에 들어선 사범들에게 전수하고 있다. 단전호흡은 아랫배 부위의 하단전을 작용시켜 숨쉬는 것을 말하고, 단전행공은 여러 가지 동작을 하면서 단전호흡을 하는 것을 의미한다. 단전행공은 한 자세로 오래있으면 기혈 순환이 잘 안 되기 때문에 행하는 것으로 국선도의 특징이라고 할 수 있으며, 균형 잡힌 동작들을 하면서 기혈순환과 신진대사를 원활하게 하고 기혈이 맑아지게 한다. 다음은 청산이 전한 호흡의 비법이다.

> "숨을 마실 때 배를 최대한 내밀고 토할 때 최대한 움츠리는 식으로 움직이는 것은 처음 단전호흡할 때나 허용되는 것이지 본격적인 호흡에 들어가서는 최대한 단전을 내밀고 당기는 식의 극단은 피해야 한다. 만약 그렇게 하면 이마에 땀이 나고 잘 되는 것 같지만 실상 단전으로 모여야 할 화기火氣는 흩어지는 것이다. 그래서 단전호흡을 할 때는 80~90% 정도만 마시고 토하면서 약간의 여유를 두어야 한다. 이것을 가리켜 이단二段호흡이라고 한다."

마음을 단전에 두고 고르게 깊은 숨을 쉬다보면 자연히 머리와 마음이 비워져 맑아지고 최고의 명상 상태로 들어가게 되어 무아無我와 우아일체宇我一體의 경지를 체험하게 된다.

(2) 마음수련

마음수련은 우명(본명 우희호)이 입시학원을 운영하면서 구도에 힘써오다가 박영만을 만나 지도를 받으며 수행을 거듭하여 1996년에 가야산에서 깨달음을 얻어 창시하였다고 하며, 마음수련은 종교가 아니고 모든 종교와 문화를 초월하는 초종교 수련법이라고 공식적인 입장을 밝히고 있다. 그래서 불교의 견성·

성불 · 대자대비 · 인과응보 · 윤회 · 평상심 · 깨침 · 자비 · 전생 · 해탈 · 참마음 · 참나, 도교의 도통 · 신선 · 도인 · 도술, 그리스도교의 조물주 · 창조주 · 하나님 · 하느님 · 예수 · 구세주 · 계시 · 영생 · 천국 · 마귀 · 회개 · 거듭남, 신종교의 개벽 · 한얼 등 각 종교 고유의 전통적인 용어들을 자유롭게 사용하고 있다.

'마음수련명상센터'에서는 마음 닦는 방법을 참나를 찾도록 안내하는 '빼기명상'이라고 하여 다음과 같이 7단계로 나누어 설명하고 있다. 마음은 참마음과 거짓마음으로 나눌 수 있는데, 참마음은 부처님 · 하나님 · 본성 · 하느님 · 한얼님인 우주 이전 자리를 가리키고 거짓마음은 우리가 살아왔던 삶이고 기억된 생각이고 그 기억을 담고 있는 이 몸이니, 마음이 현재의 자기로부터 벗어나 대우주 자체로 되돌아가면 참마음을 찾을 수 있다. 빼기명상은 그 되돌아가는 여정을 말한다.

첫째 과정: 산 삶의 기억된 생각 버리기/ 우주가 나임을 아는 과정

업을 지우고 마음을 없애는 첫 단계로서 '지구점 수련'을 통해 진리의 존재로부터 응답을 듣는다. '지구점 수련'은 벽에서 1m쯤 되는 곳에 편안하게 앉아서 벽을 응시하는데, 벽에 지구를 상징하는 지름 6~7mm 정도의 검은 점을 붙여놓은 후 자신의 모든 기억을 던져 넣는 상상을 통해 기억을 버리는 것을 말한다. 먼저 눈을 감고 자기가 죽어서 지구상에 나의 몸이 없다고 상상하면서 그동안 살아왔던 지구상에 남아있는 온갖 집착과 미련을 모두 떨쳐버리고 나의 영혼이 하늘 높이 올라가서 별이 총

총한 우주 가운데서 이 까만 지구를 내려다보고 있다고 생각한다. 그리고 눈을 뜨고 '친 · 인척관계를 어릴 적부터 더듬어 생각해서 집어넣는다' 등 30여 항목을 보면서 자기가 살아오는 동안 무의식 속에 저장되어 있던 모든 기억을 하나하나 지구(점) 속에 던져 넣는다고 상상하고 나서, 마지막 기억을 지구에 던지는 순간, 지구를 보고 있는 나 자신마저 완전히 없어져버렸다고 생각한다.

둘째 과정: 자기의 상과 인연의 상 버리기/ 마음 없음을 아는 과정

마음이 없어져 나와 우주가 하나임을 아는 단계로서, 진리와 하나가 되었음을 진리로부터 응답을 듣는다.

셋째 과정: 자기 몸 버리기/ 내 안에 우주 있음을 아는 과정

습을 지우고 습인 몸을 없애는 첫 단계로서, 내 속에 진리가 있고 내 속에 진리가 있음을 진리 자체로부터 응답을 듣는다.

넷째 과정: 자기 몸과 우주 버리기/ 본 정신 아는 과정

내 속의 우주의 정신을 보는 단계로서, 내 속의 우주의 몸과 마음을 깨치고 진리로부터 진리의 정신이 있다는 응답을 듣는다.

다섯째 과정: 자기 몸과 우주 버리기/ 본 정신과 본 정신의 나라 아는 과정

의식을 키우고 나의 의식이 우주의 신과 하나가 되는 첫 단계로서, '천상천하유아독존', 내가 진리 자체임을 깨치고, 우주에는 오로지 유일신만이 존재함을 안다. 진리만이 존재한다는 응답을 들으며, 영생천국을 보고 영생천국을 건성하고 무한대의

진리를 보게 된다.

여섯째 과정: 자기가 없어져 우주되기/ 본 정신이 되는 과정

천국을 보는 단계로서, 천국을 보았음을 진리로부터 응답을 듣는다. 완전한 유정의 진리를 본다.

일곱째 과정: 허상세계와 그 속에 살고 있는 자기 버리기/ 본래만 남기

신 자체와 완전 합일하고 우주 자체인 신이 되는 단계로서, 영생을 깨치고 영원불변의 에너지 자체인 신이 됨을 깨친다. 내가 완전히 진리와 하나가 되었음을 진리로부터 확인받고 완전한 진리 자체가 되었음을 깨친다. 또한 천국에 영원히 사는 단계로서, 진리와의 대화가 자유자재하고 천국의 삶을 살아 하늘에 복이 쌓인다. 내가 천국에 완전히 났음을 진리로부터 확연하게 응답을 들으며 완전한 유정의 진리로 영원히 살게 된다.

이 과정들은 마음을 버리는 단계, 습을 버리는 단계, 마음세계를 없애는 단계로 구분할 수 있는데, 한 단계씩 마음을 비워갈수록 마음이 커지고 세상의 이치를 알게 되는 것이니, 그것이 바로 깨침이다. 마음속에 저장된 사진을 버리면 버릴수록 마음이 깨끗해지고 본래의 마음이 드러나 참 자아를 깨닫게 되는 것이니, 자신의 내면에서 진리인 '우주'를 되찾는 것이 바로 깨달음이다.

| 서문 |

Mircea Eliade editor in chief, *The Encyclopedia of Religion*, vol. 9, Macmillan Publishing Company, New York, 1987.

네이버 지식백과

다음 백과사전

| 제1장 한국의 명상 |

일연,『삼국유사』, 김원중 옮김, 을유문화사, 2002.

김부식,『삼국사기』I Ⅱ, 이강래 옮김, 한길사, 1998.

『산해경』, 정재서 역주, 민음사, 2002.

이승휴,『제왕운기』, 김경수역주, 역락, 1999.

『한단고기』, 임승국 번역 · 주해, 정신세계사, 1986.

『한국기인전 청학집』, 이석호 역주, 명문당, 1990.

홍만종,『해동이적』, 이석호 역, 을유문고, 1981.

북애,『규원사화』, 고동영 옮김, 흔뿌리, 2011.

진단학회 편,『동국이상국집』, 일조각, 2000.

『파한집』역주, 고려대학교 한국사연구소 고려시대사연구실, 경인문화사, 2013.

김대문,『화랑세기』, 조기영 편역, 도서출판 장락, 1997.

강원향토문화연구회 편역,『국역 매월당전집』, 강원도, 2000.

국사편찬위원회, 조선왕조실록(http://sillok.history.go.kr/main/main.do).

김용덕,『한국민속문화대사전』(상,하), 창솔, 2004.

염정삼,『《설문해자주》 부수자 역해』, 서울대출판부, 2007.

서울대 종교문제연구소 편,『단군-그 이해와 자료-』증보판, 서울대 출판부, 2001.

이능화,『조선도교사』, 이종은 역주, 보성문화사, 1996.

최영성,『고운사상의 맥』, 심산, 2008.

유동식,『풍류도와 한국의 종교사상』, 연세대학교출판부, 1997.

유동식,『한국무교의 역사와 구조』, 연세대학교출판부, 1975.

차주환, 『한국도교사상연구』, 서울대출판부, 1978.
송호정, 『단군, 만들어진 신화』, 산처럼, 2004.
이은봉, 『증보 한국고대종교사상』, 집문당, 1999.
김낙필, 『조선시대의 내단사상』, 한길사, 2000.
『육당최남선전집』, 역락, 2005.
한국도교사상연구회 편, 『도교의 한국적 수용과 전이』, 아세아문화사, 1994.
한국도교사상연구회 편, 『도교와 한국문화』, 아세아문화사, 1988.
도광순 편, 『신선사상과 도교』, 범우사, 1994.
한국도교문화학회 편, 『도가사상과 한국도교』, 국학자료원, 1997.
한국도교문화학회 편, 『한국의 신선사상』, 동과서, 2000.
김승혜 · 이강수 · 김낙필, 『도교와 그리스도교』, 바오로딸, 2003.
금장태, 『유교사상과 종교문화』, 서울대출판부, 1994.
미르치아 엘리아데, 『샤마니즘』, 이윤기 옮김, 까치, 2001.
김인회, 『한국무속사상연구』, 집문당, 1987.
김태곤, 『한국무속연구』, 집문당, 1981.
조흥윤, 『무-한국무의 역사와 현상』, 민족사, 1997.
조흥윤, 『한국의 샤머니즘』, 서울대출판부, 1999.
김낙필 · 박영호 · 양은용 · 이진수, 「한국신선사상의 전개」, 『도교문화연구』15, 2001.
차주환, 「한국신선사상의 시원」, 『민족문화』26, 한국고전번역원, 2003.
도광순, 「한국사상과 신선사상」, 『도교학 연구』7, 한국도교학회, 1991.
조인성, 「『규원사화』 · 『단기고사』 · 『환단고기』 위서론의 성과와 과제」, 『동북아역사논총』55, 동북아역사재단, 2017.
최광식, 「신라의 화랑도와 풍류도」, 『사총』, 2016.
김용덕, 「단군신화와 신선사상의 연원」, 『한국민속학』, 1984.
최영성, 「최치원의 풍류사상이해와 그 기반」, 『한국철학논집』, 2014.
강돈구, 「한국의 종교적 상황과 민족통합과제」, 『고조선단군학』7, 2002.
최삼룡, 「선인설화로 본 한국 고유의 선가에 대한 연구」, 『도교문화연구』1, 1987.
양은용, 「통일신라시대의 도교사상과 풍류도」, 『도교의 한국적 수용과 전이』, 한국도교사상연구회 편, 아세아문화사, 1994.
양은용, 「청한자 김시습의 단학수련과 도교사상」, 『도교와 한국문화』,

한국도교사상연구회 편, 아세아문화사, 1988.
유명종, 「장자의 신선사상」, 『신선사상과 도교』
임균택, 「동이족의 원시신앙과 무축」, 『도교학 연구』9-1, 1992.
임균택, 「고대한국의 무와 신선사상」, 『도교학 연구』11, 1993.
송항룡, 「한국 고대의 도교사상」, 『도교문화연구』, 1987.
최근덕, 「한민족의 천사상」, 『유교사상문화연구』, 1992.
금장태, 「제천의례의 역사적 고찰」, 『유교사상문화연구』, 1992.
윤이흠, 「천사상의 종교적 의미」, 『유교사상문화연구』, 1992.
윤이흠, 「한국식 자기수련법의 역사적 전개」, 『한국종교연구』권5, 집문당, 2003.
신광철, 「이능화의 한국신교연구」, 『종교학연구』11, 1992.
네이버 지식백과
다음 백과사전

| 제2장 인도의 명상 |

정태혁, 『요가의 복음』, 까치, 1980.
정태혁, 『인도철학』, 학연사, 1984.
정태혁, 『명상의 세계』, 정신세계사, 1987.
M. 엘리아데, 『요가-불멸성과 자유』, 정위교 옮김, 고려원, 1989.
길희성, 『바가바드기타』, 현음사, 1988.
이태영, 『요가-하타요가에서 쿤달리니탄트라까지』, 여래, 2000.
혼다 메구무(本多惠), 『ヨーガ書註解』, 平樂寺書店, 1978.
나카무라 하지메(中村元), 『ヴェーダの思想』, 春秋社, 1989.
다카사키 지키도(高崎直道) 등, 『佛教・インド思想辭典』, 春秋社, 1987.
S. Radhakrishnan, *The Bhagavadgītā*, George Allen & Unwin Ltd., 1971.
S. Radhakrishnan, *The Principal Upaniṣads*, George Allen & Unwin Ltd., 1968.
Raimundo Panikkar, *The Vedic Experience*, All India Books, 1977.
Swami Gambhirananda, *Bhagavadgītāwith the Commentary of śaṅkarācārya*, Advaita Ashrama, 1984.
『법구경』, 김달진 역해, 현암사, 1974.
『법구경-담마파다』, 전재성 역주, 한국빠알리성전협회, 2008.

오기하라 운라이(荻原雲來)編纂, 『漢譯對照 梵和大辭典』, 講談社, 1979.
나카무라 하지메(中村元), 『佛敎語大辭典』, 東京書籍, 1981.
정승석 편, 『불전해설사전』, 민족사, 1989.
월폴라 라훌라, 『붓다의 가르침』, 진철승 옮김, 대원정사, 1988.
권오민, 『아비달마불교』, 민족사, 2003.
권오민, 『인도철학과 불교』, 민족사, 2004.
각묵, 『초기불교이해』, 초기불전연구원, 2010.
『네 가지 마음챙기는 공부-대념처경과 그 주석서』, 각묵스님 옮김, 초기불전연구원, 2011.
임승택, 『빠띠쌈비다막가(無礙解道)의 수행관연구-들숨.날숨에 관한 논의를 중심으로』, 박사학위 논문, 2000.
사쿠라베 하지메(櫻部建), 우에야마 슌페이(上山春平), 『아비달마의 철학』, 정호영 역, 민족사, 1989.
무라키 히로마사(村木弘昌), 『釋尊の呼吸法-大安般守意經に學ぶ』, 柏樹社, 1979.
사야도 우 자나카, 『위빠사나 수행-통찰수행에 대한 가르침』, 김재성 옮김, 불광출판부, 2003.
마사히 사야도우 『깨달음으로 이끄는 명상』, 정동하 옮김, 경서원, 1995.
교육원 불학연구소 편저, 『수행법 연구』, 조계종출판사, 2005.
이지관 · 원산 편, 『세계 승가공동체의 교학체계와 수행체계』, 대한불교 조계종 교육원, 가산불교문화연구원, 1997.
빅쿠 붇드하빠-라, 『불교수행의 이론과 실제』, 근본불교학교 출판부, 2002.
하리쉬 조하리, 『호흡, 마음 그리고 순수의식』, 김재민 옮김, 여래, 2008.
네이버 지식백과
다음 백과사전

| 제3장 중국의 명상 |

동양고전종합DB, www.db cyberseodang.or.kr
한국고전번역원, www.itkc.or.kr
道藏本『太平經』(『正統道藏』太平部 外字號至入字號).
王明, 『太平經合校』, 上海, 中華書局, 1960.
王明, 『抱朴子內篇校釋』, 北京, 中華書局, 1996.

한국동양철학회 편,『동양철학의 본체론과 인성론』, 연세대학교 출판부, 1982.
『논어』, 황희경 풀어옮김, 시공사, 2000.
한국도교사상연구회 편,『도교의 한국적 수용과 전이』, 아세아문화사, 1994.
김항배,『노자철학 이해』, 예문서원, 2006.
김항배,『노자철학의 연구』, 사사연, 1985.
『장자』, 송지영 역해, 동서문화사, 1975.
윤찬원,『도교철학의 이해-태평경의 철학체계와 도교적 세계관』, 돌베개, 1998.
김낙필,『조선시대의 내단사상』, 한길사, 2000.
한국도가도교학회 엮음,『포박자연구』, 도서출판 문사철, 2016.
한국동양철학회 편,『동양철학의 본체론과 인성론』, 연세대학교 출판부, 2003.
사까이 다다오(酒井忠夫) 외,『도교란 무엇인가』, 최준식 옮김, 민족사, 1990.
구보 노리따다(窪德忠),『도교사』, 최준식 옮김, 분도출판사, 1990.
요시오카 요시토요(吉岡義豊),『중국의 도교-불사의 길』, 최준식 옮김, 민족사, 1991.
꺼자오꽝(葛兆光),『도교와 중국문화』, 심규호 옮김, 동문선, 1987.
김승혜 · 이강수 · 김낙필,『도교와 그리스도교』, 바오로딸, 2003.
정은해,『유교 명상론』, 성균관대학교 출판부, 2014.
백련선서간행회 편역,『선림보전』, 장경각, 1988.
정성본,『간화선의 이론과 실제』, 동국대학교 출판부, 2005.
김호귀,『묵조선의 이론과 실제』, 동국대학교 출판부, 2006.
오경웅,『선의 황금시대』, 류시화 옮김, 경서원, 1996.
다카사키 지키도(高崎直道) 外,『佛教 · インド思想辭典』, 春秋社, 1987.
남회근,『정좌수행의 이론과 실제-유 · 불 · 도 삼가의 수행법』, 최일범 역, 논장, 1988.
아베 쵸이치 외,『인도의 선, 중국의 선』, 최현각 옮김, 민족사, 1990.
야나기다 세이잔,『선의 사상과 역사』, 추만호 · 안영길 옮김, 민족사, 1989.
이리야 요시타카,『마조어록』, 박용길 옮김, 고려원, 1988.
승조법사,『조론』, 송찬우 옮김, 고려원, 1989.
가도와키 가키치(門脇佳吉),『선과 성서-한 가톨릭 사제의 참선체험』, 김윤주 옮김, 분도출판사, 1985.
네이버 지식백과

다음 백과사전

ㅣ제4장 지중해의 명상ㅣ

『플라톤의 향연/ 파이드로스/ 리시스』, 박종현 역주, 서광사, 2016.
『향연-사랑에 관하여』, 박희영 옮김, 문학과지성사, 2003.
토마스 L. 쿡시, 『플라톤의 『향연』입문』, 김영균 옮김, 서광사, 2013.
『공동번역 성서』(가톨릭용), 대한성서공회, 1977.
칼 알버트, 『플라톤 철학과 헬라스종교』, 이강서 옮김, 아카넷, 2011.
앤드루 달비, 『디오니소스』, 박윤정 옮김, 랜덤하우스중앙, 2004.
브루노 보르체르트, 『초월적 세계를 향한 관념의 역사』, 강주헌 옮김, 예문, 1999.
에두아르 쉬레, 『신비주의의 위대한 선각자들-비밀스러운 종교의 역사』, 진형준 옮김, 사문난적, 2009.
앤드루 라우스, 『서양 신비사상의 기원-플라톤에서 디오니시우스까지』, 배성옥 옮김, 분도출판사, 2001.
게르하르트 베어, 『유럽의 신비주의』, 조원규 옮김, 자작, 2001.
마들렌 스코펠로, 『영지주의자들』, 이수민 편역, 분도출판사, 2005.
티모시 프리크 · 피터 갠디, 『예수는 신화다』, 동아일보사, 2001.
티모시 프리크 · 피터 갠디, 『웃고있는 예수 -종교의 거짓말과 철학적 지혜』, 유승종 옮김, 어문학사, 2009.
스티븐 횔러, 『이것이 영지주의다-기독교가 숨긴 얼굴, 영지주의의 세계와 역사』, 이재길 옮김, 샨티, 2006.
일레인 페이젤, 『성서밖의 예수』, 방건웅 · 박희순 옮김, 정신세계사, 2003.
E. 페이걸스, 『영지주의 신학』, 최의원 등 공역, 한국로고스연구원, 1998.
토머스 키팅, 『마음을 열고 가슴을 열고-누구라도 할 수 있는 관상기도 입문서』, 엄무광 옮김, 가톨릭출판사, 1997.
토머스 키팅, 『관상기도를 통해 하느님께 나아가는 길-사랑에로의 초대』, 엄무광 옮김, 가톨릭출판사, 1999.
페레즈 발레라, 『열흘간의 영신 수련』, 정구현 옮김, 가톨릭대학교출판부, 2002.
성 마리아의 프란치스꼬 신부, 『빛나는 밤-십자가의 성 요한의 영성 입문(서거 400주년 기념)』, 부산 가르멜 여자 수도원 옮김, 분도출판사, 1991.

십자가의 성 요한, 『영가』, 방효익 옮김, 기쁜소식, 2009.
십자가의 성 요한, 『가르멜의 산길』, 방효익 옮김, 기쁜소식, 2012.
스베덴보리, 『스베덴보리의 위대한 선물』, 스베덴보리 연구회 편역, 다산초당, 2009.
김승혜 등, 『그리스도교와 불교의 수도생활』, 바오로딸, 1998.
김승혜 등, 『불교와 그리스도교의 수행』, 바오로딸, 2005.
윌리암 존스톤, 『선과 기독교 신비주의-불교와 기독교가 만나는 고요한 정점』, 이원석 옮김, 대원정사, 1995.
A.B. 알-칼라바디, 『신비주의자들의 교리-이슬람』, 정무삼 옮김, 조명문화사, 1995.
지운 등(전남대학교 종교문화연구소), 『영성과 명상의 세계』, 전남대학교출판부, 2009.
찰스 폰스, 『카발라-비밀의 유대 신비주의』, 조하선 옮김, 물병자리, 1997.
네이버 지식백과
다음 백과사전

| 제5장 현대의 명상 |

프리드리히 니체, 『차라투스트라는 이렇게 말했다』, 장희창 옮김, 민음사, 2004.
샤론 미자레스 편저, 『현대심리학과 고대의 지혜』, 김명식 · 최정윤 · 이재갑 공역, 시그마프레스, 2006.
크리스토퍼 거머 · 로날드 시걸 · 폴 풀턴 편저, 『마음챙김과 심리치료』, 무우수, 2009.
존 카밧진, 『존 카밧진의 처음 만나는 마음챙김 명상』, 안희영 옮김, 불광출판사, 2012.
장현갑 등 공저(마음챙김 명상 전문가 협의회), 『마음챙김명상 108가지 물음』, 학지사, 2007.
장현갑, 『마음챙김』, 미다스북스, 2007.
존 웰우드, 『동양의 명상과 서양의 심리학』, 박희준 옮김, 범양사, 1987.
유아사 야스오(湯淺泰雄), 『기 · 수행 · 신체』, 박희준 옮김, 범양사, 1990.
윌리엄 존스턴, 『소리없는 음악-명상과학』, 김상준 옮김, 분도출판사, 1992.
김홍철, 『한국 신종교 사상의 연구』, 집문당, 1989.

정규훈, 『한국의 신종교』, 서광사, 2001.
노길명, 『한국의 신흥종교』, 가톨릭신문사, 1988.
노길명, 『한국신흥종교연구』, 경세원, 1996.
하야시마 마사오(早島正雄), 『건강도인술』, 김종오 편역, 정신세계사, 1986.
호세 실바 · 해리 맥나이트, 『실바 마인드 컨트롤』, 봉준석 옮김, 정신세계사, 1987.
무라키 히로마사(村木弘昌), 『건강호흡법』, 박영 옮김, 자유시대사, 1989.
김재은, 『기의 심리학』, 이화여자대학교 출판부, 1996.
판딧 라즈마니 티구네이트, 『만트라의 힘과 수행의 신비』, 서민수 옮김, 대원출판, 2000.
스와미 시바난다 라다, 『신성한 소리의 힘』, 서민수 옮김, 대원출판, 2001.
고남준, 『청산선사-우리시대의 위대한 도인』, 정신세계사, 2010.
김성환, 『덕당 국선도 단전호흡법』, 도서출판 덕당, 2004.
우명, 『세상 너머의 세상-신과 인간 그리고 진리에 관한 이야기』, 도서출판 마음하나, 2003.
김연수, 『깨달음도 버려라』, 한언, 2002.
이필원, 「간화선과 심리치료」, 『인도철학』44집, 2015.
박재용, 「유식불교의 심리치료적 특징 고찰」, 『인도철학』45집, 2015.
전명수, 「포스트모던 사회의 종교문화에 관한 성찰; 포스트모더니즘이 종교에 미친 영향과 전망을 중심으로」, 『신종교연구』15집, 2006.
우혜란, 「동시대 한국의 기수련 문화와 무속-그 습합적 성격을 중심으로-」, 『종교연구』44집, 2006.
우혜란, 「신자유주의와 종교문화의 상품화」, 『종교문화비평』13, 2008.
우혜란, 「포스트모던 시대의 새로운 종교현상-한국의 예를 중심으로」, 『신종교연구』19집, 2008.
우혜란, 「한국 명상단체의 세계화 기획과 서구사회의 대응-'단월드'와 '마음수련'을 중심으로-」, 『신종교연구』25집, 2011.
강돈구, 「미래 한국의 또 다른 종교들?-선도계 수련단체들을 중심으로-」, 『신종교연구』33집, 2015.
네이버 지식백과
다음 백과사전

|색 인|

ㄱ

ㅂ

ㅅ

ㅇ

ㅈ

ㅊ

ㅎ